치과의사가 말하는

# 치과의사

지은이들 안현세 연세대학교 치과대학 본과 3학년 | 여상호 연세대학교 신촌세브란스 치과대학병원 보존과 레지던트 | 임세호 국민건강보험 일산병원 구강악안면외과 레지던트 | 남대호 국군양주병원 군의관 (치주과 전문의) | 김진구 파주 연세구치과 원장 | 권민수 서울 위드치과의원 원장 | 이강희 연세대학교 임상연구조교수 | 이현주 수원 사람사랑치과 소아치과 원장 | 윤승현 의정부 '이 예쁜 나라의 앨리스 치과' 원장 | 권진일 서울 지방병무청 (구강악안면외과 전문의) | 안상수 평택시 공중보건의사 (교정과 전문의) | 김유란 일산 연세덴티프로치과원장 | 이진선 국군강릉병원 치과부장 (보철전문의) | 장성일 연세대학교 대학원 박사 과정 | 이수구 한국국제보건의료재단 총재 | 오동찬 국립소록도병원 의료부장 | 최종희 보건복지부 과장 (미국 조지타운대학교 로스쿨 파견 근무) | 김형근 미국 러트거스치과대학 졸업 예정 | 최혜영 서울 연세우리치과 원장 (이상 원고 게재 순)

# 치과의사가 말하는 치과의사

2015년 2월 27일 초판 1쇄 발행
2023년 4월 19일 초판 7쇄 발행

지은이 안상수 외 18인 | 펴낸곳 부키(주) | 펴낸이 박윤우 | 등록일 2012년 9월 27일 등록번호 제312-2012-000045호 | 주소 03785 서울 서대문구 신촌로3길 15 산성빌딩 6층 전화 02) 325-0846 | 팩스 02) 3141-4066 | 홈페이지 www.bookie.co.kr 이메일 webmaster@bookie.co.kr | 제작대행 올인피앤비 bobys1@nate.com ISBN 978-89-6051-464-5 14300 | ISBN 978-89-85989-61-9(세트)

부키 전문직 리포트 21

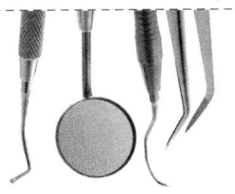

치과의사가 말하는

# 치과의사

19명의 치과의사들이
솔직하게 털어놓은
치과의사의 세계

부·키

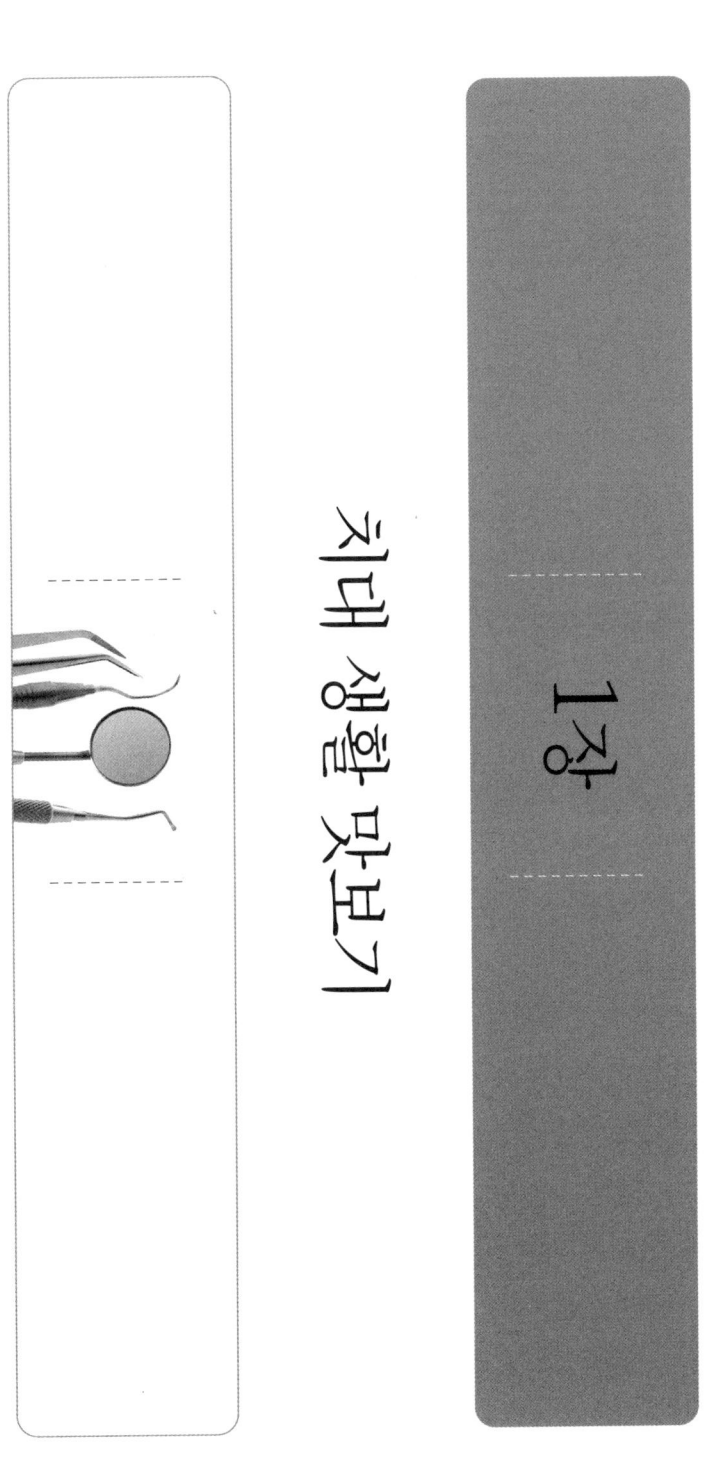

1장

치대 생활 맛보기

# 치대가 곁다리 의대라고요?

| 안현세 |

2011년에 연세대 치의예과에 입학하여 현재 본과 3학년에 재학 중이다.

"우리 집 애들은 다들 의대는 의대인데 '곁다리 의대'에 들어 갔어."

명절 날 친척들이 함께 모일 때면 아버지가 우스갯소리로 혹은 자랑으로 하시는 말씀이다. 현재 누나는 모 대학교 수의학과 학생이고 나는 연세대학교 치의학과 본과 2학년생이다. 그런데 수의학과는 논외로 두고, 과연 치의학과가 의학과의 곁다리일까?

사실 치대에 지원할 당시, 나는 어떤 대단한 동기나 사명감을 갖고 있지 않았고 치대에 대한 정보도 그리 많지 않았다. 그래서 나도 치대가 의대의 곁다리쯤 되지 않을까 생각했고, 주변에 치대를 의대의 부속 기관 정도로 생각하는 사람도 더러 있었다.

그러나 치대에 재학한 지 4년째인 지금은 생각이 달라졌다. 치대는 의대와 마찬가지로 예과 2년과 본과 4년, 총 6년의 교육과정을 거치며 의료계에 속해 있다. 일반인이 알기 힘든 전문 분야인 데다 그 실상이 널리 알려져 있지 않아서 "치의학과는 의학과의 곁다리"라는 오해가 생긴 것 같다.

치대와 의대는 독립적인 대학이다. 치대생은 치과대학 건물에서 수업을 받고 의대생은 의과대학 건물에서 수업을 받기 때문에 서로 만날 일이 생각보다 적다. 게다가 대한의사협회와 대한치과의사협회는 각각 따로 있고, 또 의사와 치과의사는 역사적으로 봐도 그 뿌리가 전혀 다르다. 이처럼 아버지를 포함한 꽤 많은 분들의 오해와는 다르게 치대는 의대의 곁다리가 아닌, 독립적인 대학이다.


## 여행하고 연애하고 공부하고, 즐거운 예과 2년

부끄럽게도 나는 어떤 동기나 사명감이 아닌, 사람들이 흔히 말하는 "수능 점수에 맞춰 대학을 간" 경우이다. 다만 손을 쓰는 일을 나름 잘하는 편이라고 생각했고, 의대보다는 공부에 대한 부담이 덜할 것이라고 생각했기 때문에 치대를 선택했다.

치대에 입학하자마자 시작된 예과 생활은 초등학교 문턱을 들어선 이후 가장 자유로운 시간이었다. 대학에 이제 막 입학한 학생들은 갑자기 주어진 자유 시간을 어떻게 활용하느냐에 따라 같은 과 동기생들끼리도 엄청나게 다양한 삶을 살게 된다. 자기계발에 집중하거나, 공부를 열심히 하거나, 여행을 자주 다니거나, 연애를 실컷 하거나, 게임을 무진장 하거나, 음주 문화에 심취하는 등등.

젊고 시간은 많기에 학교 축제나 연고전 등 흥미로운 행사에도 적극적으로 참여할 수 있다. 이런 자유로움이 가능한 이유는 예과 때는 성적에 대한 부담이 비교적 적기 때문이다. 예과 때는 주로 교양과목과 기초과학을 배우는데, 대부분의 학생들이 이 시기에는 공부를 안 해도 나중에 진로를 결정할 때 큰 영향을 주지 않는다고 생각한다.(물론 이것은 사실이 아니지만 많은 예과생들이 그렇게 믿고 싶어 한다.)

여기에 "본과 때는 공부할 것이 많아서 시간도 없고 체력도 없어. 예과 때 많이 놀아야 해."라는 몇몇 선배님의 푸념까지 듣다 보면, 치대 예과생들이 해야 할 일 우선순위에서 '공부'는 하위권으로 밀려나 버린다. 하지만 너무 놀다가 성적이 일정 수준에 미달되거나 F를 맞는 과목이 있으면 예과 때도 유급을 당할 수 있다. 나 역시 예과 때 성적은 평균에 조금 못 미치는 정도였다. 해외여행 다녀오고, 음주 문화 즐기고, 운동과 동아리 활동 열심히 하면서 예과 2년을 보냈다.

나의 대학 생활에서는 동아리 활동이 매우 큰 부분을 차지하고 있다. 다른 과 학생들과 함께할 수 있는 동아리도 있지만, 정규 수업과 실습이 늦게 끝나는 경우가 많아서 다른 과와 시간을 맞추기 쉽지 않은 치대의 특성상 많은 학생들이 치대 내 동아리에 참여하는 편이다.

치대 내 동아리는 학년당 70명 정도인 학생 수에 비하면 좀 많은 20여 개가 있다. 축구, 농구 등 운동 동아리와 합창, 밴드, 오케스트라, 미술 등 취미 생활을 즐기는 동아리, 종교 동아리, 과의 특성을 살려 진료 봉사를 다니는 진료 봉사 동아리 등이 있다. 대부분의 학생들이 한두 개의 치대 동아리에 참여하고 있고, 나는 조금 많은 편인 세 개의 동아리에 참여하고 있다. 우리 학교 간호학과와의 연합 동아리인 기독 합창 동아리와 축구부, 미술부에서 활동하고 있다.

동아리 활동을 하면서 얻는 이점이라면 좋아하는 활동을 하며 소중한 추억들을 쌓을 수 있다는 점과 많은 사람들과 친해질 수 있다는 점이다. 더욱이 같은 학년 동기들끼리야 다들 어느 정도 친하지만 다른 학년 선후배들과 친해질 기회는 동아리 활동 외에는 많지 않다. 이렇게 친해진 선배들은 학교생활에 크고 작은 도움을 준다. 또 그렇게 선배들에게 받았던 도움을 나중에 후배들에게 돌려주기도 한다.

치대는 학년별 커리큘럼이 매년 거의 비슷하기 때문에 1, 2년 전에 지금 나의 학년이었던 선배들에게 "○○ 과목은 시험 문제가 강의 PT보다는 책에서 많이 나오고 ○○ 과목은 양이 많아서 미리미리 공부를 해 놓는 것이 좋아."와 같은 조언을 받기도 하고 실습용 기구들을 물려받기도 한다. 실습용 기구들은 몇십만 원에서 100만 원까지 하는 것도 있기 때문에 기구를 다 새로 사기에는 경제적으로 부담이 크다. 감사하게도 나는 선배님들께 많은 도움을 받았다. 나 역시 선배님들을 이어 후배들에게 도움을 줄 생각이다.


**공부에 치여도 시험에 치여도, 행복한 본과 1년**


본과 과정부터는 예과 때와 달리 내가 수업을 신청하는 것이 아니라 마치 고등학생으로 돌아온 것처럼 정해진 시간표가 나오고, 시간표에 맞춰 교수님이 학년 강의실에 들어오신다. 또 특이한 점은 한 학기를 2쿼터로 나누어(1년 4쿼터) 쿼터제 수업을 한다는 것이다. 매 학기 중간고사가 끝나면 다음 쿼터로 넘어가는 식이며 쿼터마다 시간표가 바뀐다. 그 덕에 치대생은 한 학기에 많은 수의 과목을 이수할 수 있다.

**공부**

　본과 1학년 1학기에는 치의학 공부에 본격적으로 들어가기 전에 선행되어야 하는 기초의학, 즉 해부학, 조직학, 생리학, 생화학 등을 배운다. 내 경우, 이 중에서도 특히 기억에 남는 과목은 가장 큰 학점을 차지하고 있는 해부학이다. 해부학은 과목 자체의 내용이 많기 때문에 수업 시간은 물론 실습 시간이 많고 시험도 8번이나 본다.

　해부학 실습은 기증받은 실제 시신으로 하는데, 치대의 경우 실습을 진행하는 정도가 학교마다 다르다. 대부분의 학교에서는 치과에서 가장 중요한 머리, 목 부분만 실습을 진행한다. 그런데 우리 학교에서는 머리, 목 부분뿐만 아니라 전신을 해부 실습한다.

　해부학 실습은 실제 기증자들의 시신을 가지고 진행하기에 사람의 몸에 직접 기구를 대야 한다는 부담감도 있고 독한 보존액 냄새 속에서 몇 시간씩 있어야 하기 때문에 굉장히 힘든 것도 사실이지만, 아무나 해 볼 수 없는 일이고 의료인으로서 책임감을 키울 수 있는 정말 좋은 기회이다.

　해부학 외에 조직학, 생화학, 생리학을 배우는데, 치아만 보면 되는 치대생이 왜 이렇게 많은 기초의학을 배우는지 의아할 수 있겠지만, 치의학은 치아뿐만 아니라 구강과 안면의 모든 구조를 다루며 전신 질환과도 관련이 있기에 기초의학 공부는 치과의사가 되기 위한 필수 과정이다. 또 학년이 올라감에 따라 배우는 본격적인 치의학 과목들의 기본 지식이 되므로 열심히 공부해 두어야 한다.

　기초과목 외에도 치아의 기본적인 형태를 배우는 치아형태학은 기

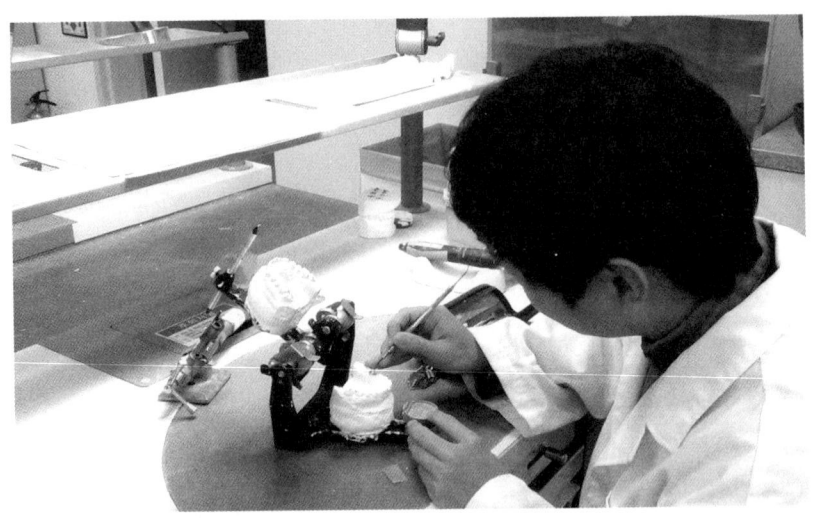
:: 왁스를 녹여 치아 모양을 만들고 있다.

초의학 내용을 외우느라 정신없는 본과 1학년 와중에도 우리가 치대생이라는 정체성을 잊지 않도록 해 준다. 치아형태학에서는 석고로 치아 모형을 만드는 '카빙' 실습과 왁스를 쌓아 올려 치아 모형을 만드는 '왁스업' 실습이 매우 흥미롭다. 특히 왁스업 실습은 본과 1학년 때뿐만 아니라 이후로도 많이 하고 나중에 임상에 가서도 쓰이므로 매우 중요하다. 따라서 1학년 때부터 그 실력을 쌓아야 한다.

이런 실습을 할 때면 기술력(손재주)을 두고 '신의 손', '사람 손', '곰 손'으로 나누며 "와, ○○이는 신의 손이구나." "하하하, △△이는 곰 손이 분명해." 하고 우스갯소리를 하기도 한다.

1학년 2학기에는 생리학, 미생물학, 병리학, 약리학 등의 기초의학과 예방치과학, 수복학, 고정성보철학 등의 치의학을 병행해 배운다. 치의학 과목들은 맛보기 정도라고는 해도 실제 임상과목이고, 모형 치아와 자연치(실제 치아)를 가지고 하는 아말감 치료와 레진 치료 실습도 하기 때문에 벌써 치과의사가 된 듯한 느낌이 들기도 한다.

### 시험

사실 기초의학이든, 치의학이든, 실습이든 치과 공부는 쉽지 않다. 치과대 학생들은 대부분 고등학교 때 수학, 과학을 잘한 이과생들이다. 그런데 본과 1학년 공부는 과목 특성상 암기 위주인 데다 외워야 할 양도 엄청나게 방대해서, 학기 초 대부분의 학생들이 공부에 어려움을 겪는다. 또 2, 3주에 한 번은 꼭 치는 잦은 시험을 위한 밤샘 공부와 빠르면 오후 6시, 늦으면 밤 11시까지 계속되는 실습들 때문에 체력적으로 힘들어하는 학생도 많다. 본과생에게는 오늘 실습이 밤 10시에 끝나서 지치고 힘든데 내일모레에 방대한 암기를 요구하는 시험이 있는 그런 일상이 계속되는 것이다.

이렇듯 만만치 않은 본과 생활을 위해 학생들이 나름의 대비책을 만들었는데, 그것은 바로 '족보' 시스템이다. 족보라는 이름에서도 알 수 있듯이, 족보는 선배들이 후배들에게 물려주는 기출 문제와 강의 요약집이며, 매년 만들어져서 그 학년 학생들이 공부할 때 활용될 뿐 아니라 이듬해에는 후배들에게 물려주게 된다.

매년 강의 내용이 크게 바뀌지 않고 출제 유형도 비슷해서 족보를 보면 방대한 양의 시험 범위에서 어떤 것이 더 중요한 내용인지, 무엇이 시험에 자주 나오는지 등을 대강 파악할 수 있다. 공부할 시간이 부족할 때 족보는 매우 요긴하다. 그러나 정말 고득점을 얻기 위해선 방대한 시험 범위를 전체적으로 다 공부해야 한다. 족보 시스템은 좋게 말하자면 그 학년에서 낙오되는 학생 없이 다 같이 공부를 잘해 보자는 취지로 만들어진 것이기 때문이다. 나 역시 시험공부를 할 때마다 (주로 시험 전날에 닥쳐서야) 시간 대비 최대 효율로 공부하기 위해 족보를 엄청 요긴하게 활용하고 있다.

### 유급

암기 공부, 잦은 시험, 밤늦게 끝나는 실습 외에도 일부 학생들에게 엄청난 스트레스를 주는 제도가 있으니, 그것은 바로 '유급'이다. F(낙제)가 하나라도 있거나 평균 학점이 1.75(대략 C-에 해당) 이하면 유급이 되어 학년을 못 올라가고 이듬해에 그 학기를 다시 이수해야 한다.

고등학교 때 아무리 공부를 잘했더라도 치대에 와서 암기 중심 공부에 적응하지 못하거나 어떤 이유로 학업에 흥미를 잃는다면 '유급 위기'에 대한 스트레스를 받을 수 있다. 실제로 해마다 1, 2명 정도는 유급을 당한다. 특히 본과 1학년 과정에서 그 빈도가 가장 높다. 그러므로 학점이 최소 1.75는 넘도록 공부해야 하고 출석이 부족해서 어이없이 F를 맞는 일이 없도록 항상 주의해야 한다. 나도(앞에서 시험 전날에 족보를 엄청나게 활용한다는 점에서 눈치챌 수 있듯이) 학점이 그다지 높은 편이 아니기 때문에 항상 주의하고 있다.

### 학교 행사

물론! 본과 생활이 공부와 그에 따른 스트레스로만 가득 차 있는 것은 아니다. 학교 축제와 각종 행사에 참여할 수도 있고, 매년 전국 11개 치과대학 학생들이 함께 모여 즐거운 시간을 갖는 전국치과대학축제, 일명 '전치제'도 있다. 전치제는 전국 11개의 치과대학이 해마다 돌아가며 주최하는데 보통 1박 2일로 진행된다. 당구 대회, 컴퓨터게임 대

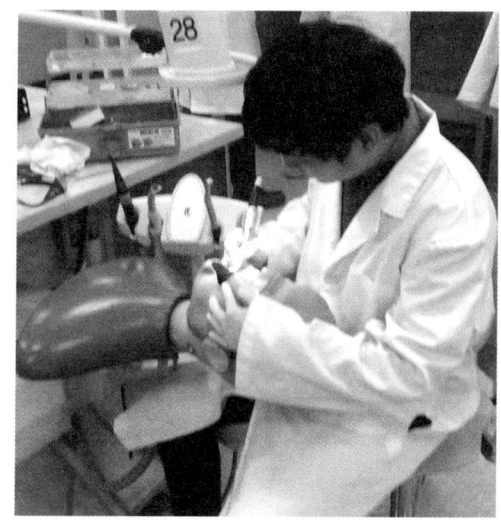

:: 환자 모형으로 충치를 치료하는 실습을 하고 있다.

회, 왁스업 대회 등 이색적이고 재미있는 행사들부터 야구, 배구 등 각종 운동 종목에서 최강의 학교를 가리는 운동대회도 열린다. 내가 속한 우리 학교 축구부가 작년 전치제에서 우승을 차지한 일은 아직도 내 머릿속에 즐겁고 뿌듯한 기억으로 남아 있다.

또 가을에는 우리 학교 치과대학만의 축제인 연아제(연세의 '연(延)'에 치아의 '아(牙)' 자를 합쳐 만든 이름)도 열린다. 이때는 푸짐한 경품과 함께 우리만의 작은 대회들, 각자가 숨겨 왔던 장기자랑으로 즐거운 하루를 보낸다.

굳이 이런 행사들 덕분이 아니더라도 본과 생활을 즐겁게 해 주는 것은 뭐니 뭐니 해도 동고동락하는 동기와 친한 선후배 그리고 그들과 함께하는 작은 추억들이다. 늦은 밤까지 실습하고 잠깐 짬을 내서 마시는 맥주 한 캔, 밤새워 가며 공부하다가 먹는 야식, 한 학기가 끝날 때쯤이면 떠나는 엠티, 방학 때 삼삼오오 모여 떠나는 여행 등 많은 추억들과 늘 곁에 있는 소중한 사람들 덕분에 치대생으로서의 삶이 즐거울 수 있는 듯하다.

## 드디어 본과 2학년, 유능하고 양심적인 치과의사를 꿈꾸다

본과 1학년을 무사히 보내고 나는 어느덧 본과 2학년이 되었다. 본과 2학년의 생활도 작년과 크게 다르지는 않다. 아침 8시 반까지 학교에 와서 오전에는 주로 강의를 듣고 오후에는 주로 실습을 한다. 다만 강의와 실습 내용은 많이 바뀌었다. 배우는 것들이 점점 실제 임상과목들로 바뀌고 실습도 더 구체적인 치과 진료 실습으로 바뀌면서, 이제 나도 1년 뒤면 실제 환자들을 만나는 '원내생'이 된다는 사실을 실감하고 있다.

학업 이외의 생활은 변함이 없다. 일주일에 두세 번은 동아리 모임에 참여하고, 주말에는 친구들을 만나 놀거나 취미 활동을 하는 등 여가를 즐긴다. 그리고 한 학기에 두 번씩 어김없이 찾아오는 시험 기간에는 여전히 밤을 지새우고 있다.

치대를 졸업한 뒤에는 최대한 많은 일들을 경험하며 사는 것이 내 삶의 목표이자 꿈이다. 여행도 다니고, 진료 봉사도 하고, 이것저것 다양한 취미 생활에 도전하면서 살고 싶다.

내게 주어진 여러 의무를 충실히 수행하는 것은 기본이다. 내게 주어진 의무는, 먼저 이제 코앞에 와 있는, 대한민국 건장한 남성 누구나 하는 국방의 의무(내 경우는 군의관)를 다하는 것이다. 그다음 의무는, 환자들의 불편을 해소하고 고통을 치유하는 유능하고 양심적인 치과의사가 되는 것이다. 그러기 위해서 열심히 배우고 노력하고는 있지만 오늘 하루도 시간이 참 빨리 가는구나 싶다. 아직도 해야 할 공부가 책상 위에 가득이다.

# 브레인스토밍?
# 아이 오브 더 스톰!!

| 여상호 |

2010년 KAIST 생명과학과를 졸업한 뒤, 2010년 연세대 치과대학전문대학원에 입학해 2014년 졸업했다.
신촌세브란스 치과대학병원에서 인턴을 하고 치과보존과 레지던트로 근무 중이다.

연세대학교 치과대학전문대학원의 원서 마감을 하루 앞두고 고민에 빠졌다. 나는 왜 치과대학전문대학원(이하 치전원)에 들어가려고 하는 걸까? 돌아보면 과학고등학교에 진학할 때도, KAIST에 입학원서를 쓸 때도 별 생각이 없었던 것 같다.

KAIST에 입학해서 나는 만족스러운 학교생활을 해 왔다. 심각해 보일 정도로 엉뚱할 때도 있지만 함께 있으면 웃음이 끊이지 않게 해 주는 친구들이 있고, 열정적이고 승부욕을 자극하는 수업 분위기도 마음에 들고, 취미 활동을 할 수 있게 도와주는 학교의 여러 시설들도 꽤 훌륭하다. 심지어 나는 학점도 수준급이다. 무엇보다 통금 없는 기숙사 생활!! 그런데 이 모든 것을 포기하면서 치전원에 가려는 이유는 대체 무엇일까?

KAIST 3학년 때, 과 실험실에서 즐거운 경험을 했다. 당시 과 실험실 식구들은 굉장히 친절했고 창의력이 넘쳤으며 다른 어떤 곳의 연구자들보다도 열정적이었다. 과 실험실에서는 생명과학과 연구실이라고 하기엔 정말 다양한 주제로 연구 활동을 하였다. 그러던 어느 하루는 '현재 쓰이고 있는 약들이 효능은 뛰어나지만 인체에 효과적으로 전달되지 못하고 있다'는 문제점을 기본 주제로 브레인스토밍을 하였다. 나의 연구 사수는 언제나 즐겁게 일하는 분이셨는데, 매번 감탄을 자아내게 하는 창의력 대마왕이었다. 그가 있어 나의 하루하루는 정말 흥미진진하였다.

그러나 그날의 브레인스토밍(brainstorming)이 태풍의 눈(eye of the storm)이었을까? 그 뒤부터 음식을 씹을 때 오른쪽 어금니 부위가 불편하더니만, 밤잠도 못 자고 진통제도 효과가 없을 정도로 심한 치통을 앓았다. 이튿날 아침 치과에 갔더니, 5초도 안 되어 통증이 말끔히 사라졌다. 이럴 수가. 나를 치료해 준 선생님이 영웅처럼 느껴졌다.

그 무렵 나는 이런 의문을 품고 있었다. KAIST에 남아 오랜 시간 연구 활동에만 집중할 수 있을까? 그럼으로써 보람을 느낄 수 있을까? 저널에 논문이 실리는 것만으로 보람과 행복을 느끼며 살 수 있을까? 내가 하는 일이 다른 사람들에게 직접적으로 도움이 되고, 그들이 행복해하는 모습을 가까이서 보며 살면 좋을 것 같은데 과연 그럴 수 있을까?

그러던 중 우연히 인터넷을 통해 인도의 아라빈드 안과병원 이야기를 접했다. 아라빈드는 똑같은 병원 시설로 부유한 환자에게는 비싼 치료비를 받고 가난한 환자에게는 무료로 치료를 해 주고 있었다. 속으로 '이거다!' 하고 외쳤다. 어렸을 때 영화 〈패치 아담스(Patch Adams)〉

를 보고 따뜻한 의사를 꿈꾼 적이 있었다. 그 시절의 꿈이 되살아났다. 그래! 환자들을 위해 따뜻한 마음으로 최선을 다해 치료하던 패치 아담스 같은 의사가 되자.

KAIST에서 나는 생체 재료 분야를 공부했다. 그 분야와 접목해 많은 사람들을 도울 수 있는 곳 중 하나가 바로 치과병원이다. 획기적인 치과 치료 재료를 개발한다면, 많은 이들이 행복해하는 모습을 가까이서 지켜볼 수 있을 것이라 생각했다.

그러나 시간이 지나, 나는 또 다른 태풍의 눈 속에 서 있게 된다.


## 본과 1학년 - 조용한 혼돈

해부학 실습실은 늘 조용하다. 본과 1학년이 된 지 벌써 3개월째. 나는 아직도 포르말린 냄새와 이상야릇한 냄새가 가득한 해부학 실습실의 공기에 적응이 되지 않는다. 혈관신경의 주행 방향을 찾아내고자 다들 집중하고 있다. 하지만 나의 눈, 코, 목에서 느껴지는 건조함 때문인지 도무지 실습에 집중할 수 없다.

치과대학 본과 1학년 1학기에서 가장 중요한 과목 중 하나가 해부학이다. 가장 많은 수업 시간과 가장 많은 시험과 가장 높은 학점이 걸린 과목으로, 가장 많은 고통을 우리에게 안겨 주는 과목이기도 하다. 우리 학교의 가장 큰 자랑거리인 해부학 교실. 하지만 그곳은 학생들에게 공포의 대상이다. 평일 밤 10시에 끝나는 것은 기본이고, 진도를 따라가지 못할 경우 주말까지 나와 일명 엑스트라를 해야 한다.

'엑스트라'는 치과대학 본과 생활 중에서 가장 듣기 싫은 단어이다.

그 주에 해야 할 실습 목표량을 채우지 못하면 방과 후 실습실로 끌려 간다.(본과 1학년 때는 해부학 실습이, 본과 2학년 때는 보철 삼형제인 고정성보철학, 총의치, 가철성보철학이, 본과 3학년 때는 교정과 실습이 우리에게 엑스트라를 선사한다.) 퀴퀴한 냄새가 꽉 밴 실습복을 입은 채 어디로 들어가는지도 모르게 정신없이 저녁을 먹고 다시 실습실로 향하는 우리의 표정은, 정말 생기라고는 찾아보려야 찾아볼 수 없다.

"아…."

옆 조에서 누가 또 신경을 끊어뜨렸나 보다. 해부학 실습에서는 신경과 혈관의 주행 방향을 이해하기 위해 이를 손상하지 않고 실습을 하는 것이 매우 중요하다. 하지만 조용한 실습실에선 "아이 씨…." "아!" 하는 안타까운 탄식이 고요함을 깨곤 한다.

치과대학 본과 1학년은 이렇듯 '조용한 혼돈' 속에서 빠르게 흘러간다. 함께 예과 생활을 한 동기들이나 다른 곳에서 학부 생활을 하고 전문대학원 과정으로 들어온 동기들 모두 낯선 분위기 속에서 "아…." 하다 보니 1년이 그냥 갔더라고 해야 할까. 더군다나 본과 1학년은 치과대학 건물 내에서는 막내다. 조용할 수밖에 없다.

해부학 실습의 엑스트라가 끝나고 기숙사에 올라오니 11시 45분. 곧 해부학 과목에서 가장 중요한 머리, 목 부분의 시험을 본다. 이런…. 붉은 것은 동맥이요 흰 것은 뼈고 누리끼리한 것은 신경…. 잘 모르겠다. 본과 1학년 1학기에서 가장 중요한 시험 중 하나인데 큰일이다. 일단 한숨 자고 일어나야겠다.

몇 시지? 9시 30분이다. 치과대학에 온 이후로 주말이 없다. 적어도 계획상으로는…. 오늘도 오전 6시 30분에 일어나 공부하기로 한 계획이 민망할 정도로 무산되고 만다.

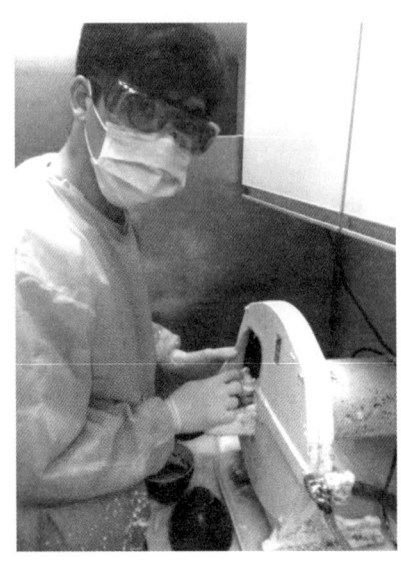
:: 치과의사는 결코 화려한 직업이 아니다.

이번 시험은 '땡시'도 함께 있기 때문에 공부할 양도 많은데 큰일이다. 땡시는 한 시험 장소에 여러 개의 해부 구조물을 올려놓은 테이블이 있고, 20초 간격으로 땡 소리가 나면 그 테이블 앞으로 가서 해부 구조물과 관련된 문제에 답을 하는 시험이다. 땡 소리는 늘 나의 머리를 때린다. 그 순간 나의 방향감각과 머릿속에 간당간당하게 걸려 있던 수많은 해부학 구조물에 관련된 정보가 우두두둑 떨어져 나가곤 했다.

그래도 어찌어찌 오늘 하루도 무사히 시간이 지나갔다. 빨리 시험들을 해치우고 알코올로 혼돈 속의 머릿속을 세척해야겠다.

### 본과 2학년 – 통금 시간과의 전쟁

밤 12시 56분. 마음이 급하다. 이놈의 택시들은 왜 이렇게 밤에 예약을 많이 받는 건지 이해할 수가 없다. 본과 2학년에 올라온 이후 본과 1학년 때에 비해 학기 중에 보는 시험 수가 확실히 줄었다. 그만큼 술자리도 많은데, 몇 마디 나누다 보면 12시는 금방 지나간다. 술자리의 시계는 왜 이렇게 빨리 지나가는지…. 수업 시간의 시계가 고장 난 것이 분명하다.

지방에서 올라온 치대생들이 생활하는 무악 3학사(기숙사)의 통금 시간은 새벽 1시다. 한창 술을 먹다가도 밤 12시가 되면 마음이 갑자기 불안해진다. 통금 시간을 넘기면 벌점이 부여되고, 벌점이 어느 정도 쌓이면 기숙사에서 나가야 한다. KAIST에서 학부 생활을 했던 나에게 이것은 너무나도 답답한 제도이다. KAIST에서는 학생들이 밤새 학문과 인생을 연구(?)하는 일이 많기 때문에 기숙사에 통금이 없었다. 스물다섯 나이에 뒤늦게 통금이 생긴 것도 짜증이 나는데, 그것도 겨우 밤 1시라니 분통이 터지지 않을 수 없다.

겨우 택시를 잡아타고 기숙사에 도착하니 1시 10분. 다행히도 사감 선생님이 문을 열어 주신다. 혹시 벌점을 주실까 봐 사감 선생님과 눈도 못 마주치고 방으로 달려간다. 평소 사감 선생님께 인사를 잘했기 때문에, 특별히 열어 주셨을 것이다. 휴~.

역시 잠은 기숙사에서 자야 한다. 과학고, KAIST에 이어 연세대학교 치과대학까지 장장 10년 넘게 기숙사 생활을 하다 보니, 이제는 기숙사가 편하다. 남들은 이해가 안 갈 수도 있겠지만 나는 고향집이 오히려 어색하다. 잠도 뒤척이게 되고 따뜻한 화장실도 낯설다.

"상호 혀어엉~" 룸메이트가 또 한잔했다. 이놈은 술자리를 너무 좋아한다. 술도 못 마시는 녀석이 만날 코알라가 되어서 방에 들어온다. 나는 이 녀석이 너무나도 안타깝다. 만날 비싼 회, 비싼 고기를 안주 삼아 남자들로만 구성된 모임에서 술을 엄청 마시고 온다. 돈은 돈대로 쓰고 별다른 성과(?!) 없이 몸만 엄청 상하는 짓을 한다.

룸메이트가 한잔하고 온 날에는 정신이 없다. 괴성과 함께 실려와 주정을 하기 때문이다. 매번 다른 방식으로 주정을 부려 긴장을 하지 않을 수 없다. 방 안 양쪽에 나란히 침대가 놓여 있는데도 하필이면 꼭 침대 사이 바닥에 누워 내 침대로 발을 올린다. 그것도 내 머리 쪽으로. 이렇게 술에 잔뜩 전 룸메이트가 잠에 빠져들면 그때부터는 소주 증기가 뿜어져 나오는 가습기가 작동하기 시작한다.

2인 1실형 기숙사이기 때문에 사생활이 없고 생활도 다소 불편하다는 단점이 있지만, 그래도 시험 기간 때에는 중요한 족보, 기출 문제 정보가 기숙사 도서관을 중심으로 나온다는 장점이 있다. 무엇보다도 학교에서 녹초가 되어 돌아왔을 때, 그 어떤 곳보다 아늑하다.


### 본과 3학년 – 웰컴 투 헬

본과 3학년, 병원에 출입하기 시작하는 원내생이 되기 전에 본과 4학년 선배들이 알려 주는 원내생 생활 오리엔테이션이 있다. 오리엔테이션 안내서의 제목은 '웰컴 투 헬(Welcome to hell)'.

본과 3학년 1학기부터 원내생이 되어 치과대학병원의 9개 과를 돌면서(로테이션) 선생님들이 실제로 진료하는 것을 옆에서 보고 배운다(옵저베이션). 또 직접 어시스트를 하게 된다.

"원내생 생활을 하면서 가장 명심해야 할 점은 어떠한 이유에서든 눈에 띄면 안 된다는 것입니다. 칭찬받을 짓을 하든, 찍힐 행동을 하든

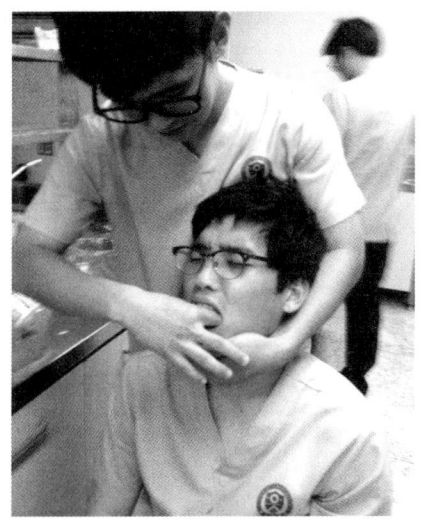

:: 훌륭한 치과의사가 되기 위한 원내생의 고군
분투.

수련의 선생님들께 눈에 띄면 좋지 않습니다. 생활해 보면 이 말을 이
해할 겁니다."

그래! 선배의 이 말만은 명심하고 원내생 생활을 시작하자.

정말 아프다. 다리가 너무 아프다. 옵저베이션을 하게 되면 오후 내
내 선생님들, 교수님들을 따라다니며 옆에 서서 진료하시는 것을 꼼꼼
히 지켜봐야 하기 때문에 다리 아픈 것이 너무나도 힘들다. 밤이면 다
리를 벽에 올리고 잘 정도로 다리가 붓는다.

옵저베이션 시간을 헛되게 보내지 않으면서 선배들이 주의를 준 것
처럼 '눈에 띄지 않으려면' 농땡이는 잠시도 용납되지 않는다. 솔직히
다리가 아프다는 생각, 앉고 싶다는 생각만 머릿속에 가득하다. 무엇이
어떻게 돌아가는지, 심지어 내가 뭘 하고 있는지조차 잘 모르겠다.

다리 아픈 것이 조금 덜하다. 아마 다리에 마비가 온 듯하다. 다리
아픈 것이 괜찮아지니 조금씩 다른 것들이 보이기 시작한다. 바쁘게 움

:: 치과대학 FC YUDC 동아리 친구들이 전국치대축구대회에서 우승한 뒤 즐거워하고 있다.

직이는 병원 사람들, 통증 때문에 인상을 쓰고 있는 환자들, 의사만을 믿으며 도움을 기대하는 환자들의 눈빛, 그리고 환자들이 불편해하는 부분을 해결하기 위해 집중하는 수련의 선생님들과 교수님들의 모습이 보이기 시작한다. 수업 시간에 정말 고통스러울 정도로 유체 이탈을 시켜 주시는 교수님도 갑자기 정말 멋져 보인다. 치료가 끝나고 감사하다는 인사를 하며 병원 문을 나서는 환자들의 모습은, 뭐라 말로 표현할 수 없는 느낌이다.


## 본과 4학년 – 감사합니다

"감사합니다."

매번 내가 더 감사하다는 마음이 들게 하는 듣기 좋은 말이다. 불과 1년 전, 환자들이 선생님들께 하는 이 인사말을 듣고 매우 부러워했는데, 그 인사를 이제는 내가 듣고 있다.

본과 4학년이 되어 환자를 직접 보면서 가장 많이 배우는 것은 치료 술식도, 의료 행정도 아닌 환자들이 나에게 느끼는 감정이다. 정식 의료 면허는 갖고 있지 않지만, 법적인 안전보장제도 안에서 임상 지도교수님들의 도움을 받아 진행되는 원내생 진료실에는 생각보다 많은 환자 분들이 찾아온다.

연세대학교 치과대학의 원내생 진료실에는 40개가 넘는 진료 의자가 있어, 다른 학교보다 원내생들이 진행하는 치료 술식이 많다. 그래도 아직은 초짜인 본과 4학년생인 나는 술식 하나하나가 다 조심스럽다. 시간은 조금 걸릴지 모르겠지만 환자들에게 성의를 다해 진료에 참여한다. 나로 인해 환자가 합병증 없이 불편함을 잘 해소하기를 진심으로 바란다.

환자와 직접 소통하는 원내생이 된 이후로 나는 매사에 진지하게 임하고 성의를 다해 환자를 치료하려고 애쓴다. 그래서인지 환자들도 내가 미안해질 정도로 진심을 담아 감사의 인사를 건넨다. 내가 한 의료 행위에 더욱 책임감을 갖고 보람을 느끼게 해 준다. 진심이 가득 담긴 "감사합니다."

### 힘든 본과 4년 생활을 견디게 하는 힘

연세대학교 치과대학 안에는 20개가 넘는 동아리가 활발한 활동을 하고 있다. 한 사람이 여러 개의 동아리에 가입하여 활동하는 것은 기본이다. 내가 가입한 동아리는 축구 동아리 FC YUDC이다. 어렸을 때부터 축구를 좋아했기 때문에 가벼운 마음으로 가입했다. 하지만 FC YUDC는 상상을 초월하는 동아리였다.

새벽 훈련이 있는 날에는 오전 6시 30분까지 운동장에 모여야 한다. 4학년도 예외는 아니다. 훈련 시간에 늦으면 무조건 운동장 열 바퀴를 뛰어야 한다. 치과 대학 생활을 하면서 새벽부터 뛰는 일이 셀 수 없을 정도로 많아졌다. 아침잠이 많은 나로서는 처음에는 정말 이해할 수 없었다.

"프로 선수도 아니고, 무슨 대단한 일을 한다고." 갓 동아리 활동을 시작한 본과 1학년 때 나는 항상 투덜거리면서 새벽 훈련에 나갔다. 수업과 시험 일정도 빡빡한데 동아리까지 이렇게까지 빡세게 해야 하나 싶었다. 시험 기간에 다른 동기들이 도서관으로 향할 때 우리는 운동장으로 향했다. 하지만 본과 4학년이 되니, 투정은커녕 축구부의 모든 일이 당연시되고 매우 중요한 일로 여겨진다.

그리고 드디어 본과 4학년의 마지막 육구제. 나는 최전방공격수로 뛰었다. 이렇게 간절한 목표를 갖고 열정을 다해 여러 사람들과 함께 노력하는 시간을 다시는 못 갖게 된다고 생각하니, 순간순간이 소중했다.

결과는 우승! 준결승전에서 골은 넣지 못했지만, 모든 사람들이 칭찬을 해 줄 정도로 좋은 경기를 펼쳤다. 그리고 대망의 결승전에서는 역전의 결승 헤딩골까지 넣었다. 그런데 결승전에서 그만 앞니가 부러졌다. 이가 시렸다. 그래도 행복했다. 우승하고 나서 마시는 소주가 이가 시린 것을 잊게 해 주니까 괜찮았다.

지난 4년, 나에게 축구 동아리는 본과 생활의 스트레스를 날려 주고 좋은 선후배, 동기를 만나게 해 준 아주 소중한 활동이었다.

---------------------------------------------------

# 2장

홍보 치과의사의 최종율을 진료 일지

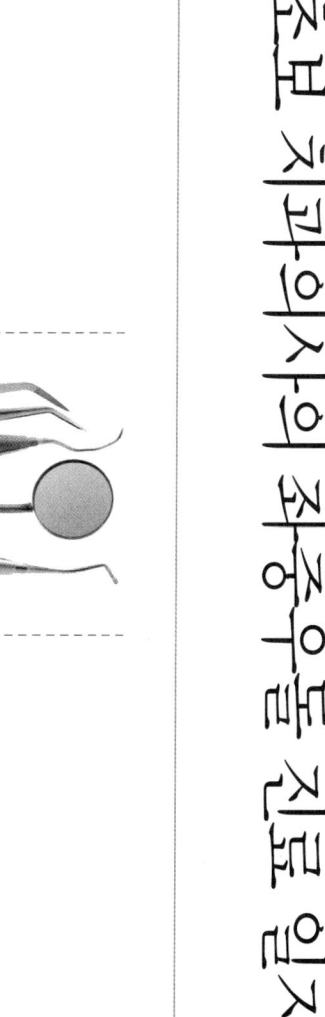

# 레지던트는 미운 오리 새끼

| 임세호 |

2009년 연세대 치과대학을 졸업하고 삼척시 공중보건의로 근무했다. 2012년에 일산병원에서 치과 인턴 과정을 마치고 현재 같은 병원 구강악안면외과 레지던트로 일하고 있다.

"love ~ love ~ love ~"

새벽 3시 30분. 가사 내용과는 다르게 그다지 달갑지 않은 벨소리가 단잠을 깨우며 울린다.

"네, 구강외과입니다."

"응급실 인턴입니다. 53세 남환, 술 마시고 귀가하던 중 넘어지면서 턱 부위와 치아 부위를 수상했다는 주소로 내원하셨습니다."

"네, 알겠습니다."

잠이 덜 깬 목소리로 전화를 받고는 응급실로 향한다. 환자를 진찰하고 CT를 확인해 보니, 치아가 파절되고 하악골이 골절된 것으로 보인다. 흔들리는 치아는 고정을 하고 골절 부위는 입원한 후에 수술해야만 하는 상황이다. 술에 취한 환자는 이 상황을 아는지 모르는지 코까지 골며 잠을 자고 있다. 응급처치를 시행하고, 황급히 달려온 가족들에게 환자의 상태를 설명한다. 가족들은 걱정 반, 속상함 반으로 환자를 바라본다.

수술에 앞서 전신 상태 검사를 시행하고 환자를 입원시키고 처방을 낸다. 오늘도 잠은 다 잔 것 같다. 전신 상태 검사가 끝나고 보호자들에 다시 한 번 설명을 하고 나니, 이제 곧 외래 진료를 시작할 시간이다. 대충 씻고 나서 남들보다 조금 일찍 외래로 내려가 병동 환자들 환부를 소독한다.

아침 8시 반. 다른 과와 같이 외래 진료를 시작한다.


### "치과의사가 왜 당직을 서?"


나는 치과의사다. 구강악안면외과 레지던트 2년 차다. 치과에도 교정과, 보존과, 보철과, 소아치과, 치주과, 구강내과 등 여러 가지 과가 있는데, 그중 구강외과(구강악안면외과)는 악안면 부위의 수술을 주로 하는 과이다. 작게는 사랑니 발치부터 크게는 악교정 수술, 구강암 같은 수술과 재건을 담당한다.

이렇다 보니 흔히들 생각하는 치과나 치과의사와는 다른 면이 있다. 우선 응급 상황이라는 것이 존재하고 입원 환자가 존재한다. 그래서 당직을 서고 밤에도 병원에서 일하며, 치과의사임에도 불구하고 환자의 전신 상태에 대한 의과적 지식, 병동 시스템에 대한 이해, 의과적 술기 등이 요구된다. 물론 치과대학 학부 과정에서 해부학, 생리학, 병리학, 면역학, 약리학 등 기초적인 의학 지식은 습득하지만 점차 구강

:: 필자가 근무하던 강원도 삼척은 바다와 산과 계곡이 모두 있는 깨끗하고 조용한 시골 마을이었다. 아침에 보건소 창문을 열면 옆으로는 강이 흐르고 뒤편으로는 바다가 보였다.

과 두경부 위주로 교육을 받는 것도 사실이다. 그렇기 때문에 구강외과 1년 차는 응급의학과, 일반외과, 마취과 등에 파견을 나가 위탁 교육을 받는다. 치과 영역에 있으면서 의과적 영역에 반쯤 걸쳐 있는, 애매한 위치의 레지던트 1년 차는 흡사 미운 오리 새끼 같다.

내가 구강외과를 선택한 데에 이렇다 할 특별한 이유가 있었던 것은 아니다. 치의예과에 입학하면서 치과에도 과가 여러 개 있다는 것을 알게 되었고, 그때부터 막연히 구강외과에서 일하고 싶다고 생각했다. 어찌 보면 내가 생각하던 일반적인 치과의사와는 다른 점이 내 호기심을 자극했을 것이다. 본과에 올라가 본격적으로 치의학 과목을 배우기 시작하면서 치의학 지식을 조금씩 습득하고 본과 4학년 학생 진료실에서 환자를 볼 때까지도 나는 구강외과가 낯설었다.

그렇게 졸업을 하고 군 복무를 위해 공중보건의사로 강원도 삼척에서 3년간 환자를 진료하게 되었다. 구강 관리를 잘 못하시는 노인 분들이 찾아오셨기에 해 드릴 수 있는 치료가 주로 발치였다. 그리고 내가 근무하던 보건지소 바로 앞에 더 좋은 시설을 갖춘 치과의원이 있어서 내가 담당해야 하는 환자는 그리 많지 않았다. 바쁘게만 지내 왔던 학창 시절과 비교해 공중보건의 생활은 한층 여유로워서 이런저런 책도 보고 미래에 대한 고민도 충분히 할 수 있었다.

공중보건의 생활이 끝나 갈 때쯤 나는 다시 한 번 진로에 대한 고민에 빠졌다.

'개원가로 나가 경험을 쌓을까? 다시 종합병원으로 들어가 수련 생활을 시작할까?'

사실 또다시 바쁘고 치열한 삶 속으로 들어가기가 망설여졌다. 당직도 많고 집에도 잘 못 가는 구강외과 수련을 내가 잘 해낼 수 있을까 걱정되어 주위 선배들에게도 많이 물어보고 조언을 구했다.

그러면서 원래 내가 하고 싶었던 것이 무엇인지 다시 생각해 보았고, 좀 더 공부해 보자는 마음이 들어 이곳 일산병원에 지원하였다. 그리고 인턴 생활 1년 후 내가 원하는 과에 지원해 시험, 면접을 치르고 레지던트가 되었다. 구강악안면외과 레지던트 1년 차가 된 것이다. 그렇게 나는 학창 시절 호기심 가득한 눈으로 바라보던 구강외과 치과의사가 되었다.

구강외과 레지던트로 출근하기 전, 나는 한 달 동안 응급의학과로 파견 가서 응급의학과 인턴들과 함께 일했다. 치과 인턴 과정 때에도 응급실에서 치과 응급 환자를 치료했기에 응급실은 익숙했다. 그러나 치과 환자가 아닌 일반 응급 환자를 보는 것은 상당히 달랐다. 또 학생 때처럼 연습하고 실습할 수 있는 상황이 아닌 실전이었기에 훨씬 더 긴장하고 공부도 많이 했지만, 그래도 모르는 것투성이였다.

그런 데다 한밤의 응급실은 그야말로 전쟁터였다. 아픈 아기를 안고 달려와 아기와 함께 우는 젊은 엄마, 술 먹고 넘어져서 뼈가 부러졌는데도 술기운에 횡설수설하는 아저씨, 왜 빨리 안 봐주느냐며 소리 지르고 역정 내는 환자들…. 그 와중에 심정지 환자가 도착하면 모든 응급실 인력이 만사 제쳐 두고 달려가 심폐소생술을 시행한다. 응급실은 말 그대로 응급한 진료를 하는 곳이므로 선착순 진료가 아닌 응급 정도에 따라 진료가 행해진다. 그렇게 고달픈 밤이 지나고 아침이 와 외래 진료가 시작될 즈음이면 상대적으로 조금 여유가 있다. 그렇게 한 달간 나는 응급실의 다양한 모습을 접하며 기본적인 응급처치와 환자의 전신 상태에 따른 대처법, 기본적인 술기 등을 배웠다.

구강악안면외과 레지던트 1년 차는 일반외과와 마취과 파견을 나간다. 나는 일반외과에서 상복부 수술 등을 참관, 보조하고 환자들의 수술 후 관리 등을 담당했다. 또 마취과에서는 수술 환자들의 마취 중 관리를 담당했다. 일반외과에서 일을 시작했을 때는 문득문득 '치과의사인데 내가 왜 이런 일을 하고 있지? 이게 나한테 도움이 되기는 하는 걸까?' 하는 생각이 들었다. 하지만 내가 해야 할 모든 일은 연습이나 실습이 아닌 실전이었고 내 앞에 있는 사람은 실제 환자였다. 실수가 있어선 안 됐다. 그저 하루하루 최선을 다해 나에게 주어진 일을 해 나갔다.

처음에는 뭐가 뭔지 하나도 알지 못하겠고 처음 보는 약물 이름과 생소한 수술 내용 등 어색한 것투성이였다. 실수도 많이 하고 혼나기도 했지만, 시간이 지나 어느 정도 익숙해지자 두 달간의 일반외과 파견 업무가 끝났다. 이후 마취과 파견 업무를 거쳐 구강외과로 돌아왔다. 다른 여러 과에서 각각의 시스템에 익숙해지고 기본적인 술기와 지식을 쌓으며 '과는 달라도 결국 목표는 하나'라는 깨달음을 얻었다. 의사는 모두 아픈 환자들의 치료와 회복, 그리고 환자들의 건강한 삶을 위해 노력해야 한다는 것이다.


## 환자의 인생을 바꾸다

구강외과 레지던트 1년 차는 병동 환자 관리와 수술 준비, 외래 진료 등을 맡는다.

환자에는 진료실에서 당일 진료를 받고 가는 외래환자와, 병동에 입원을 해야 하는 입원환자(병동환자)가 있다. 치과 환자는 대부분이 외래환자이고 입원환자는 다른 과의 병동에 입원해 있는 환자들을 협진하는 식으로 이루어진다. 그러나 구강외과는 외래환자와 병동환자를 모두 본다.

입원해서 수술을 받아야 하는 경우나 환자의 전신 상태상 감염 등으로 입원 치료가 필요한 경우 환자를 입원시키는데, 일단 환자가 입원을 하면 전신 상태는 물론 먹는 약, 식사까지도 모두 주치의의 책임이 되며 주치의의 지시 없이 행해질 수 있는 것은 아무것도 없다. 주치의는 매일매일 환자 상태를 체크하고 그에 맞는 처방을 낸다.

골절 환자가 젊으면 대체로 전신 상태에 문제가 없기 때문에 수술만 하고 나면 크게 신경 쓸 것이 없다. 그러나 연세가 많은 어르신들은 전신 질환이 있을 수 있고 전신 상태가 안 좋을 수 있고 면역력이 떨어져 있으므로 긴장과 주의를 요한다. 또 젊은 사람보다는 아무래도 회복 속도가 더디기 때문에 입원 기간도 더 길다. 그렇다 보니 연세가 많은

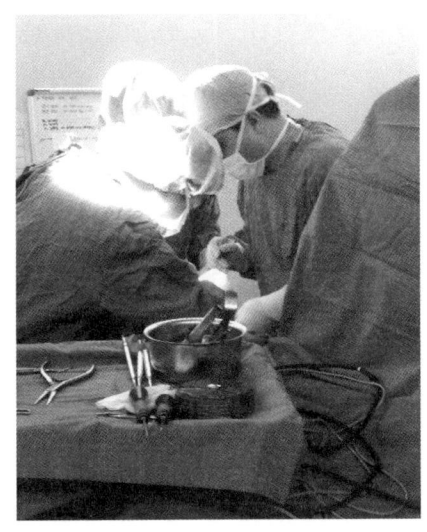

:: 수술은 고도의 집중력과 체력을 요한다. 환자를 위해 한 치의 실수도 없으려면 치과 전문 지식과 경험 외에 평소 꾸준한 체력 관리가 중요하다.

환자들과 더 많이 만나고 대화도 많이 하게 된다. 나이가 들면 애가 된다더니, 할머니, 할아버지 환자는 처음 병원에 오면 역정도 많이 내고 의료진의 말도 잘 안 듣고 고집도 부리신다. 하지만 어느 정도 상태가 호전되면 먹을 것도 쥐어 주시며 친절하게 대해 주신다. 어떨 때 보면 참 귀여우시기까지 하다.

### 환자 치료 1: 잇몸에 종양이 생긴 할머니

하루는 한 할머니가 잇몸에 뭐가 난 것 같다며 외래로 내원하셨다. 육안으로 보기에 병소는 크지 않았지만 단순한 염증 같진 않았다. 조직 검사를 시행했고, 그 결과 악성 종양으로 확인되었다. 구강암은 예후가 그리 좋지 않고 수술도 쉽지 않다. 어떤 수술이나 마찬가지겠지만, 구강 부위는 병소를 제거하는 것만으로 끝나지 않는다. 전이를 막기 위해 병소 주변을 광범위하게 제거해야 한다. 또 육안으로 보이는 부분이기 때문에 심미적인 부분과 기능 회복을 위한 재건 수술도 동반되어야 한다. 그래서 수술 시간도 길 뿐 아니라 수술 시 엄청난 집중력과 체력을 요한다.

이 환자의 경우, 잇몸 부위에 종양이 생겼고 암세포는 일부만 남아 있어도 빠른 속도로 증식해 재발하기에 암세포 주위의 광범위한 절제가 필요했다. 그래서 하악골 일부를 포함해 절단을 시행하고 절단된 하악골에는 다리뼈를 이식해 재건하기로 계획을 세운 후 수술에 들어갔다. 장장 12시간이 넘는 수술이었지만 계획대로 잘 진행되었다. 장시간 수술은 이때 처음 경험했는데, 솔직히 시간이 흐를수록 집중력이 떨어지고 다리가 저려 오는 등 외과 의사로 일하려면 체력이 중요하다는 사실을 다시금 깨달았다.

### 환자 치료 2: 방학이면 몰려드는 학생들

학생들의 방학 기간에 병원은 더욱 바빠진다. 그동안 미뤄 왔던 사랑니 발치나 악교정 수술을 받으러 오는 학생들이 많기 때문이다.

요즈음 악교정 수술을 미용 목적의 성형수술로 생각하는 사람들이 많은데, 원래 악교정 수술은 안면 비대칭, 부정교합이 심해서 교정 치료만으로 해결되지 않는 악안면 기형 환자들을 위한 치료법으로 개발되었다. 그렇기 때문에 비정상적인 안모(얼굴 생김새)의 환자들이 수술을 하면 안모가 개선되고 좋은 결과를 얻을 수 있다. 또 수술 자체도 어렵고 위험하기 때문에 구강외과 치과의사들도 미용을 목적으로 찾아오는 환자들에게는 다시 한 번 신중하게 생각해 볼 것을 권한다. 악교정 수술은 턱의 위치를 변경하는 수술이기 때문에 자연히 아랫니와 윗니의 교합이 바뀌게 된다. 따라서 악골의 위치뿐 아니라 교합 관계도 수술 전에 미리 평가되고 계획되어야 하는 아주 복잡한 수술이다.

연예인들이 어느 날 갑자기 TV에 나와 양악 수술로 확 달라진 외모를 자랑하는 것을 본 적이 있다. 하지만 그것은 힘든 시간을 오래 보내고 난 뒤의 모습이다. 수술 직후 환자들은 얼굴이 많이 부어 있고 턱을 고정시키기 위해 입이 묶이는 등 매우 힘들고 거추장스러운 시간을 보낸다. 이 모습을 옆에서 지켜보다 보면 '세상에 공짜는 없다'는 진리를 다시 한 번 깨닫게 된다.

악교정 수술 후 힘든 시기를 잘 견뎌 낸 환자들은 퇴원하고 나서 3개월, 6개월 뒤에 다시 내원한다. 이때 대부분의 환자는 수술 전보다 훨씬 더 밝고 자신감 있는 표정을 지으며 나타난다. 예전에는 병에 걸린 환자들을 치료하고 살려 내고 생명을 연장해 주는 것만이 외과 의사의 중요한 역할이라고 생각했다. 그러나 그것이 전부가 아니었다. 악교정 수술 환자들은 외모가 변하면서 성격도 변하고 삶에 더욱 자신감을 갖게 되었을 뿐 아니라 심지어 인생이 바뀌기도 하였다.


## 환자는 안 보이고 질병만 보인다?

레지던트 1년 차가 끝나 갈 즈음, 나는 일에 대해 요령도 조금 생기고 긴장도 좀 덜하게 되었다. 하지만 몸은 여전히 피곤에 절어 있었다.

여느 날과 마찬가지로 사랑니 발치 환자들에게 주의 사항을 설명하고 다음 진료 약속을 잡으며 무난하게 오전 외래가 지나가는 중이었다. 한 아주머니가 신환으로 왔는데, 차트를 보니 "아래 잇몸에 뭐가 나서 불편함"이라고 쓰여 있었다. 이러한 경우는 대부분 설측 골융기(lingual

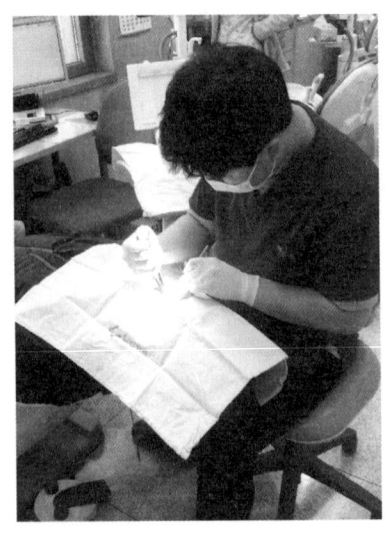

:: 발치 진료는 가장 흔히 행해지는 진료 중 하나지만 그만큼 중요하기도 하다.

torus)라고 불리는, 아래턱뼈가 약간 자라난 모양의 구조물 때문이다. 설측 골융기는 사람마다 크기도 다르고 간혹 그것이 없는 사람도 있으며 굳이 제거를 할 필요가 없다.

환자를 의자에 앉히고 입안을 살펴보니 예상한 대로였다. 나는 환자에게 간단히 설명해 주고 빨리 돌려보내려고 했다. 사실 아무것도 아닌 걸로 찾아온 환자가 좀 극성스러워 보이기도 하고 약간은 귀찮기도 했다. 그런데 환자가 덥석 내 손을 잡고는 "혹시 안 좋은 병일까 봐 며칠을 걱정하고 잠도 못 잤는데 정말 고마워요."라며 밝게 웃는 것이 아닌가.

쾅, 망치로 머리를 맞은 느낌이었다. 고작 1년도 안 된 햇병아리 레지던트 주제에, 치과의사로서의 일에 조금 익숙해졌다고 큰 수술이나 희귀한 질환에만 관심을 가졌었구나.

내 어머니와 비슷한 연배의 그 환자는 며칠간 오만 가지 생각을 다

했을 것이다. 혹시 나쁜 병이면 어떡하지, 치료비는 또 얼마나 나올까, 자식들은 어쩌나…. 병원에 갔는데 진짜로 나쁜 병이라고 할까 봐 겁이 나서 며칠을 맘고생하다 이제야 오신 거다. 생각해 보면, 별것도 아닌 일로 그냥 지나가다가 병원에 들어오는 환자는 아무도 없을 것이다. 대부분은 참고 참다가 마지못해 병원에 온다. 큰 병이든, 작은 병이든 스스로는 절박하기에 찾아오는 것일 텐데….

나는 자신도 모르게 매너리즘에 빠져 환자를 환자로 보지 않고 환자의 질환만 본 스스로를 반성하였다. 나중에 이 얘기를 선배들에게 하니, 자신들도 그런 시기가 있었다며 깨달았으면 됐다고 하였다. 수련 생활이란 것이 "단순히 술기와 지식만을 익히는 것이 아닌 더 좋은 의사가 되기 위한 과정"이라는 말이 그제야 가슴에 와 닿았다.

레지던트 2년 차. 나는 아직 '백조가 되고픈 미운 오리 새끼'이다. 처음에는 백조의 화려함을 동경하던 철없는 미운 오리 새끼였지만, 지금은 백조가 우아함을 잃지 않기 위해 물속에서 쉼 없이 발을 놀린다는 것을 알게 된, 약간은 철든 미운 오리 새끼이다. 오늘도 나는 의료 기술자가 아닌 진정한 의사가 되기 위해 노력하고 사고 치고, 또 배우고 있다.

# 공중보건의냐, 군의관이냐

| 남대호 |

2008년 연세대 치과대학을 졸업했다. 강남 세브란스 병원에서 인턴 및 치주과 수련을 받은 후 2011년 치주과 전문의를 취득하였다. 현재는 국군양주병원에서 군의관으로 근무 중이다.

군대에 다녀오지 않은 남자 치과대학생은 보통 두 가지 방법으로 군 복무를 하게 된다. 하나는 공중보건의이고 다른 하나는 군의관이다. 공중보건의는 지방 곳곳에 있는 보건소에 근무하면서 치과 진료와 예방보건사업을 한다. 그리고 군의관은 군인 신분으로 다른 군인들의 치과 진료를 담당한다. 간단히 말해, 공중보건의는 일반인이고 군의관은 군인이다.

신분상의 이유로 군의관보다는 공중보건의가 좀 더 생활에 제약이 적고 편안한 생활을 할 수 있기 때문에 대부분은 공중보건의를 지원한다. 그러나 원하는 대로 되는 것은 아니고, 수련 과정을 받지 않은 사람은 대학을 졸업한 뒤 바로 공중보건의로 복무하게 되고, 나머지는 수련 과정이 끝나고 공중보건의 또는 군의관으로 나라의 부름을 받게 된다.

## 육군 현역? 아니, 내 나이가 얼만데…

수련의 과정을 마치는 2월 초에 '군의관의 길이냐, 공중보건의의 길이냐' 하는 결과가 발표될 예정이었다. 당시 나는 전문의 시험을 보고 병원 생활을 정리하며 한가로운 시간을 보내고 있었다. 병원으로 출근은 하지만, 곧 떠날 몸이라 진료가 거의 없는 불량 직원이었다.

인터넷상에 결과가 발표되는 날, 떨리는 마음으로 이름과 주민등록번호를 입력했는데, '육군 현역'이란 분류 결과가 나오는 것이 아닌가.

'아니, 내 나이가 얼만데 현역이야?'

결과에 분명히 오류가 있고 아직은 공중보건의로 갈 수 있는 희망이 있다고 나 자신을 위로하며 인터넷 화면을 닫았다. 그러고 나서 동기들의 발표 결과를 물어보았다. 오류가 아니었다. 나와 같이 수련의 과정을 밟은 동기 중 '육군 현역' 판정을 받은 이가 또 있었던 것이다. '자유로운 3년'은 그렇게 한순간에 내 눈앞에서 날아가 버렸다. 그래도 계속 미련이 남아서, 바뀌지 않을 결과를 몇 번이나 다시 확인했다.

나는 군의관이 되었다. 진정한 군의관이 되기 위한 첫 번째 관문은, 일반 사병의 두 배나 되는 8주간의 군사 훈련을 받는 것이다. 중학생 이후 처음으로 빡빡머리를 하고 훈련소로 입소하는데, 어찌나 내 자신이 어색하고 처량하던지 그 느낌이 아직도 생생하다. 게다가 "장교 훈련이라 훈련 강도가 더 셀 것"이라는 선배들의 놀림 같은 조언을 하도 들은 터라 긴장감에 바짝 얼어 있었다. 하지만 그러한 기억도, 이제 돌이켜 보면 내 삶에서 잊지 못할 즐거운 추억으로 남았다.

운동과는 거리가 멀었던 병원 생활로 바닥을 보이던 체력도 많이 향상되고, 사격, 유격, 행군, 수류탄, 각개전투, 정훈 교육 등 갖가지 군사 훈련을 받으면서 군인다운 모습으로 탈바꿈해 갔다. 물론 당시에는 힘들고 괴로웠지만, 한층 건강해진 몸과 함께 끈끈한 전우애를 덤으로 얻었다.

## 나의 첫 발령지, 강원도 양구 최전방 부대

군의관 1년 차에 발령을 받은 곳은 강원도 양구의 최전방 부대였다. 학생 때 봉사 활동을 위해 일주일 정도 가 보았던 곳이라 이름은 익히 알고 있었다. 하지만 이제는 일주일이 아니라 최소 1년은 생활해야 하는 곳이라고 생각하니 감회가 남달랐다. 여느 강원도와 마찬가지로 산세가 높고 청정한 양구는 춥기로 유명했다. 특히 그해는 유난히 춥고 눈이 많이 내려서 여간 고생을 한 것이 아니었다. 9월부터 추워지기 시작하더니 한겨울에는 영하 30도를 넘기기도 했다. 말이 영하 30도지, 체감해 보지 못한 사람은 상상도 못할 정도로 춥다. 춥기로 유명한 시베리아보다 양구의 기온이 더 낮을 때도 있었다.

인터넷상에 떠 있는 유명한 영상 중에 '아주 추운 지방에서 뜨거운 물을 공중에 뿌리자 그대로 얼음이 되어 떨어지는' 동영상이 있는데, 아마 양구에서도 한창 추운 날에는 이러한 일이 가능하지 싶다. 양구에 처음 갔을 때 먼저 있던 군의관들이 "냉장고를 꼭 사 둬라."라고 했었는데, 그 이유가 음식이 빨리 상해서가 아니라 겨울에 너무 추우면 냉장고에라도 들어가 있어야 하기 때문이라는 게 아닌가. 장난삼아 하는 말이었지만, 실제로 양구의 추위는 그만큼 대단했다.

그나마 의무대가 양구 읍내 가까이에 있어 망정이지, 휴전선을 지

:: 강원도 양구 최전방 부대에서 동기, 선후배 군인들과 함께한 필자(앞줄 왼쪽에서 세 번째).

키던 병사들이 치료를 받으러 왔다가 전하는 이야기에 따르면 그곳은 또 다른 세상이었다. 하지만 아이러니하게도, 눈이 오는 것을 군의관들은 좋아했는데, 이유인즉슨 차가 다닐 수 없어 환자가 못 오기 때문이라고 했다. 눈이 오면 비공식적으로 휴일 아닌 휴일을 보장받는 것이다.

참으로 춥고 고생스러운 양구 생활이었지만, 같이 생활하던 군의관들과 끈끈한 우정을 나누며 견딜 수 있었다. 도시 생활과 다르게 아침부터 밤까지 늘 붙어 다니면서 근무하고 운동하고 놀다 보니, 1년이라는 짧은 기간 동안 정말 끈끈한 사이가 되었다. 아마도 평생 교류하며 함께할 좋은 사람들을 얻은 것이 그 추위에 대한 보상이 아닐까 싶다.

지금은 경기도 지역의 군병원으로 옮겨 조금은 편하게 군 생활을 하고 있지만, 정겨운 시골의 한가로움이나 따뜻한 사람들과 함께한 추억이 있기에 가끔은 눈 내리던 양구가 그리울 때도 있다.

## 군의관은 전공 외 치과 치료도 잘해야 해!

치과대학 생활 중에 기본적인 치과 치료 술기를 배우긴 하지만, 4년 간 치주과 수련 생활을 하다 보면(나는 치주과 전문의이다.) 치주 치료와 임플란트 치료 외의 치료 술기와는 점점 멀어지게 된다. 그런데 군에서는 전공과목 치료만 하는 것이 아니라 환자에게 필요한 여러 치료를 한 군의관이 담당하게 되어 있다. 이런 이유로 막상 양구에서 진료를 시작할 때, 나는 너무나 막막했다. 수련의 시절 내가 만난 치주과 환자들은 대부분 어르신들이었는데, 갑자기 이십 대 초반의 건장한 청년들을 치료하다 보니 미흡한 부분이 많았던 것이다. 일반 병사 환자는 대부분 충치 치료나 신경 치료 또는 사랑니 발치를 요하는 환자인데, 4년 만에 그런 치료를 하자니 마치 학생 시절로 돌아간 듯해서 애를 먹었다.

이 때문에 군의관 초반에는 신경 치료 공부에 매진했다. 관련 서적을 구입해서 틈나는 대로 읽고, 주위 보존과 전문의(신경 치료를 전문으로 하는 과) 친구들에게 조언을 구하고, 같이 있던 군의관들과 서로 상의하면서 조금씩 실력을 키워 나갔다.

신경 치료는 치아 안쪽에 들어 있는 신경관을 모두 찾아 뿌리 끝까지 깨끗하게 하는 것인데, 조그만 치아 안에 들어 있는 것이다 보니 완벽하게 치료하기가 어려웠다. 특히 어금니에는 작은 신경관이 많게는 네 개까지 있어서 치과 치료시 상당히 까다로웠다.

지금 생각해 보면, 아직 신경 치료에 서툴 때 내게 치료를 받은 환자들에게 조금 미안하다. 나보다 신경 치료를 잘하는 분에게 받았다면 치료를 더 잘 받지 않았을까 하는 안타까움 때문이다. 그런 과정을 통해 나는 실력을 쌓았고, 이제 더 많은 환자들에게 보답하는 길로 그 미안함을 조금은 지워 보려 한다.

군대에서 진료를 하면서 참으로 안타깝게 느낀 것은, 환자들이 약속된 날짜와 시간에 맞춰 내원하기가 어렵다는 것이다. 산속 깊은 곳에서 지내고 있으니 날씨가 안 좋으면 못 오고, 훈련 일정과 겹치면 못 오고, 상급자 눈치 보느라 못 오다 보면 치료 시기를 놓치고 마는 것이다. 그래서 어린 나이에 구강 상태가 심각한 환자들이 생기곤 하는데, 이런 환자들조차 치료에 집중할 수 없다는 것이 또 안타까운 현실이다.

그래서 우리 군의관들은 일주일에 1, 2회씩 순회 진료를 했다. 순회 진료란 진료 장비가 갖춰진 버스를 타고 직접 부대를 방문하는 것이다. 물론 순회 진료만으로 진료 공백을 모두 해결할 수는 없었지만, 의무대에 오기 어려운 병사들에게 많은 도움이 되었으리라 생각된다. 또 양구 곳곳에 군부대가 퍼져 있어서 날씨 좋은 날에는 군인 환자를 찾아가는 길이 마치 소풍을 가는 것처럼 기분 좋을 때도 있어서 지루한 일상 가운데 소소한 즐거움이 되었다.


**군의관 생활? 고민하지 말고 가서 즐겨!**


얼마 전, 군대를 소재로 한 시트콤을 보았다. 그 시트콤에 군의관이 나오는 에피소드가 있었는데, 찰과상에 바르는 빨간 소독약을 두통 환자에게는 머리에 발라 주고 복통 환사에게는 배에 발라 주었다. 만약 치통 환자가 나왔다면 치아에 빨간 소독약을 발라 주는 장면이 연출되었을지도 모를 일이다. 웃음을 유발하기 위한 과장된 설정이었지만, 군

:: 군의관으로서 군인 환자들과 함께하는 시간도, 길게 보면 인생에서 꽤 즐겁고 소중한 시간이다.

진료에 대한 부정정인 인식이 다소 반영된 것은 아닌가 싶어 군의관의 한 사람으로서 조금 쓸쓸했다.

실제로 군 진료를 못 믿고 외부 진료를 희망하는 병사가 가끔 있는데, 그럴 때면 군의관으로서 치료에 대한 의욕이 순식간에 무너져 내린다. 군의관으로서 가장 보람을 느끼는 것이 국방의 의무를 하고 있는 젊은이들이 치아 때문에 고생하지 않도록 도움을 주는 것인데, 그들에게 신뢰받지 못한다고 느끼는 순간 마음이 차갑게 굳어 버리는 것이다.

군 내부에서는 이런 인식을 불식시키기 위해 여러 방면으로 노력하고 있다. 진료 여건을 최대한 보장해 주고 진료에 필요한 기자재들도 외부 병원 못지않게 구비해 준다. 또 군의관들도 친동생을 대하듯 병사들에게 도움을 주기 위해 노력한다. 아마도 언젠가는 군의관이 모두에게 신뢰받는 날이 올 것이라 믿는다.

나의 군 복무 기간은 아직 1년 이상 남아 있다. 앞으로 어떤 경험을 더 하게 될지는 알 수 없지만, 군의관이 된 것을 후회하지 않는다. 군의관이 되어서 얻은 것들이 더 많다고 생각한다. 국가에 대한 책임감을 느낄 수 있었고, 함께 고생한 전우들과 전우애를 나눌 수 있었으며, 다양한 진료를 하면서 다소 미흡했던 진료 능력을 향상시킬 수도 있었다. 누군가 군의관이 되는 것에 대해 고민을 하고 있다면 주저 없이 조언해 줄 것이다. 가서 즐기라고!

# 3장

## 치과의사 생활 엿보기

# 치과원장으로 산다는 것은

| 김진구 |

2008년 연세대 치과대학을 졸업한 후 2010년 대한공중보건의사협회 회장, 2010년 대한심미치과학회 이사를 역임했다. 2013년 연세구치과를 개원해 환자를 진료하고 있다.

## 월요일, "내일은 환자가 터진다"

치과원장에게도 월요일은 항상 힘든 날이다. 월요일부터 토요일까지 쉬지 않고 일하는 직업의 특성상, 약속이 몰리는 주말이 바쁠 수밖에 없고 일요일 밤에는 녹초가 되어 잠자리에 드는 경우가 많다. 그렇다 보니, 월요일 아침이 일어나기가 가장 힘들다.

여느 때와 마찬가지로 오전 8시 반쯤 병원 건물 지하 주차장에 도착해 전용 자리나 다름없는 가장 구석진 위치에 주차를 하고 병원으로 올라가는 승강기를 탄다. 병원이 위치한 6층에 도착하면 가장 먼저 경보장치를 해제하고 병원 문과 창문을 열어 환기를 시작한다. 밤새 배관에서 물이 샌 곳은 없는지 병원 곳곳을 돌아다니며 확인한다. 얼마 전, 한 선배가 병원 배수관이 터져서 밤새 아래층으로 하수가 흘러내리는 바람에 수억 원을 물어 주었다는 이야기를 들은 탓이다. 그래서인지 병원을 장시간 비우는 주말이 가고 월요일 아침이 올 때마다 긴장이 된다.

진료 의자마다 연결된 컴퓨터와 모니터를 켜고, 엑스레이 기계와 그 외 전자 기기들의 전원을 켜는 것도 쉬운 일이 아니다. 전기세를 조금이라도 아껴 보겠다고 개별 스위치가 달린 멀티탭을 사용하다 보니 손이 많이 갈 수밖에 없다.

원장실 책상에 앉는다. 지난주에 온 환자 중 치료에 동의하지 않은 환자는 얼마나 되는지, 이번 달 매출은 얼마나 되는지 등을 확인하다 보면 조금 심각해지지만, 직원들이 출근하는 소리가 들리면 다시 유쾌한 표정이 된다.

환자가 생각만큼 많지 않거나 돈이 많이 벌리지 않는 것이 직원들의 책임이 아닌데도, 원장실에 문 닫고 앉아서 불편한 표정을 짓기 쉬운 것이 치과원장이다. 내 불안함이나 초조함으로 인해 직원들이 불편해하지 않았으면 하는 마음에 언제나 밝고 큰 소리로 인사를 한다. 덩그러니 벽만 세워져 있던 어수선한 개원 병원에 와서, 작은 것 하나까지 같이 고생해 가며 병원을 만들어 온 직원들 아니던가. 늘 고마운 마음이다.

월요일 오전에는 예약 환자와 신환 몇 분을 본다. 주말 동안 심한 통증이 있었던 분들이 월요일 아침 일찍부터 와서 기다리는데, 그렇다고 미리 예약한 환자를 기다리게 할 수도 없어서 난감한 경우가 많다. 한창 분주하게 움직이며 진료하다 보면 누군가가 나의 귀에 "점심으로 뭘 드시겠어요?"라고 소곤거리는 때가 온다.

점심을 먹고 난 후에는 되도록이면 낮잠을 잔다. 그런데 오늘은 전

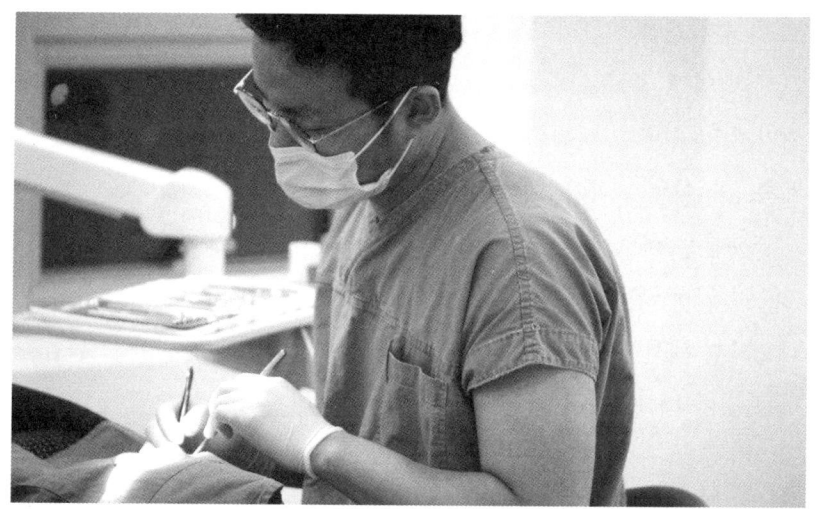
:: 치아 통증을 호소하며 내원한 환자의 구강 상태를 검사하고 있다.

화가 자꾸 온다. 며칠 있으면 복날인데 개고기를 먹어야 하지 않겠냐는 친구의 전화다. 환자를 획기적으로 늘게 해 주겠다는 마케팅 회사의 전화도 있다. 솔직히 반갑지 않지만, 그래도 끈질기게 방문하겠다고 해서 다음 주중으로 점심 방문 약속을 잡는다.

잠깐 눈을 붙였다 뜨니, 오후 진료 시작 시간이 30분이나 지났다. 그런데 병원이 쥐 죽은 듯 조용하다. 흐르는 침을 닦고 조용히 나가 본다. 먼지 하나 없는 책상을 닦고 있던 직원이 나를 보고는 "원장님, 뒷머리가 눌렸어요." 하며 좋아한다. 한바탕 웃고 떠들고 있는데, 젊은 새댁이 얼굴이 퍼래서 뛰어 들어온다. 등에는 어린애가 업혀서 울고 있다.

생후 20개월 된 남자 아이인데, 집에서 놀다가 텔레비전 장 모서리에 부딪쳐서 턱과 입에서 피가 많이 났다. 우는 아이를 붙잡고 엑스레이 찍고 검사를 이것저것 해 보니, 다행히도 치아나 치조골, 턱뼈에는 손상이 없다. 문제는 입술과 그 아랫부분. 피부가 제법 깊고 길게 세로로 찢어져 있다.

선택의 시간이 왔다. 입술에 해당되는 부위는 점막이어서 흉터가 생기지 않지만 그 바깥쪽 피부는 흉터가 생길 수 있다. 게다가 입술은 계속 움직이는 부위이고, 아이는 종종 손가락을 빤다.

"봉합을 해도, 하지 않아도 흉터는 생깁니다. 그런데 봉합을 하지 않으면 열상 하방의 근육이나 침샘 조직이 움직임에 의해 밖으로 밀려 나오려고 해서, 흉터가 더 커질 수밖에 없습니다. 제 생각에는 봉합을 하는 것이 더 좋을 것 같습니다. 그러나 최종 선택은 부모님이 하셔야 합니다."

어떤 결정을 하든지 간에 나중에 흉터가 생기면 욕먹을 수밖에 없는 원장으로서는 어머니에게 선택을 맡길 수밖에 없다. 한참을 고민하던 아이 어머니는 봉합을 선택했다.

아이 어머니를 진료실 밖으로 내보내고 나서, 패드 랩(Pad Wrap, 소아 등을 치료하기 위해 몸을 그물로 묶어서 움직임을 제한하는 장치)으로 아이를 묶고 힘이 센 진료팀장에게 아이 머리를 꽉 잡으라고 했다. 그런 다음 상처를 깨끗하게 씻어 내고, 병원에 있는 가장 가는 실인 5-0 나일론으로 상처를 촘촘하게 봉합했다. 추측컨대 흉터가 눈에 띄게 생길 것 같지는 않다.

그사이 아이 아버지가 왔다. 급히 퇴근을 하고 뛰어온 듯했다. 나는 아이의 부모에게 예후와 주의 사항을 설명했다. 그리고 아버지만 불러서 따로 이야기를 하였다. 외상을 입은 아이 환자의 아버지가 '전업주부가 도대체 애를 어떻게 보기에 저 지경이 되었나.'라고 생각해 부부 싸움을 하는 경우를 많이 봤기 때문이다. "열 사람이 지켜보고 있어도 아이가 넘어지는 것을 막을 수는 없고, 흉터는 크게 남지 않을 것이며,

뼈나 치아에는 손상이 없고, 눈 같은 부위가 다치지 않아서 다행"이라 하면서, 마지막으로 "어머니가 많이 놀랐으니 잘 다독여 주시라"고 당부한다.

이제 오후 예약 환자 진료를 마치고 나면 월요일도 끝이 보인다. 환자가 많지 않은 날, 초짜 병원 원장과 직원들의 마지막 인사는 이렇다.

"내일은 (환자가) 터집니다. 아침 엄청 많이 먹고 오세요!"


## 화요일, VIP 신드롬

드디어 터졌다. 타고 다닌 지 만 8년이 된 낡은 자동차에서 뭔가가 흐른다. 출근하면서 병원 바로 맞은편 정비소에 갔더니, 혀를 끌끌 차면서 "이번에는 고쳐 주겠지만 웬만하면 차를 바꾸세요." 한다. 그래도 수리비가 생각보다 얼마 안 나와서 기분이 좋다.

오늘의 첫 환자는 옆 건물 당구장 사장님. 언제나 유쾌하시다. 신경치료는 분명히 아픈 치료인데도, 생각보다 안 아프다면서 밝게 웃으신다. 아침부터 환자도 많고 병원도 오랜만에 활기를 띤다. 이게 다 차를 잘 고쳐 준 정비소 사장님과 좋은 기운을 몰고 다니는 당구장 사장님 덕분이다.

우리 병원 직원의 아버지가 소개해 주신 고등학교 선생님 환자를 진료하는 것도 즐겁다. 이 환자는 키도 크고 잘생긴 훈남인 데다 예의도 바르고 치료 결과도 좋다. 진료비도 항상 먼저 수납하고 감사 인사도 잊지 않으신다.(이런 선생님에게 배우는 학생들이 수학을 못하는 것은 무조건 학생의 잘못일 거다.)

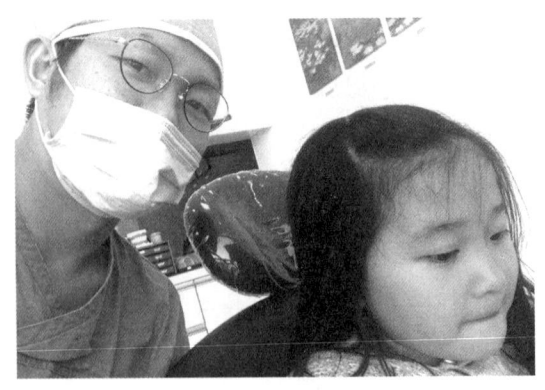

:: 아이들은 대개 치과와 치과의사를 무서워한다. 그래도 필자는 아이들이 참 좋다고 한다.

　오늘이 급여일이어서인지, 직원들도 기분이 좋아 보인다. 점심시간에 재빨리 계좌이체를 하고 나니 오후에는 마음이 든든하다. 사실 개원한 병원 중에서 생각보다 많은 병원들이 금세 문을 닫는다. 이렇게 직원들 월급을 제때 줄 수 있다는 것도 감사한 일이다.

　야간 진료가 있는 화요일과 목요일에는 저녁을 병원에서 먹는다. 직장인이라면 누구나 공감하겠지만 메뉴를 고르는 일은 정말 어렵다. 오늘은 비장의 카드 '피자'. 반대하는 사람은 없다. 게다가 피자는 비교적 음식 냄새가 약하고, 먹는 중에 환자가 와도 부담이 없다.

　저녁에는 직원의 친정어머니가 오셔서 검사 후 바로 임플란트 수술을 했다. 직원이 가족을 환자로 모셔 오는 것도 원장 입장에서는 굉장히 행복한 일이다. 원장을 신뢰한다는 뜻이기 때문이다. VIP 신드롬(가족이나 지인 등을 직접 치료하면 특별한 이유도 없이 결과가 썩 신통치 않기 때문에 많은 치과의사가 부모님이나 배우자의 치료를 기피하는 것)이 생기지 않도록 기도하면서 수술했다. 다행히 수술 결과가 좋고, 환자가 하나도 안 아프다며 좋아하신다. 감사한 일이다.

　오랜만에 임플란트 수술을 했고 환자들도 제법 있어서 평소보다 매출이 높다. 게다가 환자들 모두 진료가 잘 끝났다. 이런 날은 정말로 마음 편하게 잠자리에 들 수 있는 날이다.

## 수요일, 치과의사를 위한 나라는 없다

아침부터 비가 많이 와서 환기를 제대로 못했더니 병원 안에 새집 냄새가 가득하다. 개원한 지 몇 달이 지났는데도 냄새가 좀처럼 빠지지 않는다. 오늘의 첫 환자도 그 냄새가 많이 거슬렸는지 초진인데도 엑스레이 찍기를 거부하신다.

"어제 내과에서 가슴 사진을 찍어서 이번 주에는 더 이상 엑스레이를 찍지 않겠네."

"환자 분, 하지만⋯."

"원장이 젊고 경험이 없어서, 눈으로 보기만 해도 알 수 있는 것을 엑스레이 찍어서 돈 벌 궁리만 하는구먼. 흥."

사실 엑스레이 촬영이 필수는 아니지만, 피부와 뼈로 둘러싸인 치아 뿌리를 관찰하려면 엑스레이 사진이 있어야 진단이 용이하고, 게다가 뿌리 부위에 병소가 의심되는 상황이라면 치근단 방사선 촬영은 꼭 필요하다. 그런데 이 환자는 한사코 거절하신다. 심지어 화를 내기까지 하신다.

"1년간 햇빛으로부터 받는 방사선 양이 오늘 찍는 엑스레이를 2만 장 찍었을 때와 같고, 대학병원 원로 교수님도 엑스레이를 찍고 확인하면서 진료하십니다⋯."

그렇게 설득하기를 30분. 드디어 환자가 승낙했다. 단, "딱 한 장으로 끝낼 것"이라는 조건부다. 역시나 치아 뿌리 끝에 병소가 있어서 신경 치료를 한 뒤, 다음번 진료 때 금니를 씌우자고 했다. 여기서 다시 한 번 '진료비가 비싸다'고 한참 혼이 난다.

나이가 좀 있으신 환자들이 젊은 원장을 자식뻘이니 생각하셔서 하대하거나 못미더워하면서 의심의 눈초리로 바라보는 경우가 종종 있다. 존경은 기대하지 않는다. 다만, 환자가 본인의 병을 치료하는 의사의 인격이나 의학적인 소견을 존중하지 않는다면 그 사람은 치료받을 자격이 없다고 생각한다.

또한 의사도 기본적으로는 직업인이기에 본인의 생활을 영위할 수 있는 소득을 얻어야 하는 것은 당연하다. 세간에 "의사가 봉사 정신으로 일하지 않는다. 우리나라 의사들은 돈만 밝힌다."고 비판이 많다. 하지만 우리나라처럼 높은 의료 수준을 유지하는 나라 중에 이 정도 돈을 받고 치료하는 나라는 전 세계에 단 한 곳도 없다. 심지어 동남아나 인도 같은 저개발 국가보다 치과 치료비가 월등히 싸고, 국가에서 보험 진료를 하면 적자가 날 줄 알면서도(치과 보험 치료의 원가 보전율은 우리나라에서 80퍼센트 미만) 그 치료비를 나라에서 정하는 국가도 당연히 없다.

치과의사가 되기 위해서는 학창 시절 내내 최상위권 학업 성적을 유지해야 하고, 치대생이 되고 나서는 남들보다 오래 대학을 다니고, 비싼 등록금을 내고, 압도적인 공부 양와 고된 병원 생활을 거쳐 국가 고시를 통과해야 한다. 심지어 군대도 국군 창설 이래 복무일이 하루도 줄지 않아서 3년 이상 복무한다.

사회 진출도 당연히 늦을 수밖에 없어서 보통 삼십 대 나이에 개원을 한다. 개원을 하려면 수억 원에 달하는 돈이 필요하고, 잘못하면 큰 부채를 짊어질 수 있다. 또 치과 개원의는 일주일에 60시간 이상을 병원에서 보내는 것이 일반적이다. 이 정도면 의사는 편하게 돈 많이 버는 직업이라기보다 남들보다 많이 공부하고 일해서 돈을 조금 더 벌 가능성이 있는 직업이라고 보는 것이 맞다.

짧은 시간, 생각이 여기까지 미치지만 환자에게 이런 이야기를 실제로 할 수는 없다. 환자는 결국 치료를 받기로 하셨고, 현금으로 낼 테니 깎아 달라고 하셔서 그냥 카드로 계산하도록 했다. 그래도 늦지 않게 치료를 받으셔서 다행이다.

치과원장도 사람인지라 오늘 같은 날은 심정적으로 많이 지친다. 뉴욕에서 페이닥터로 일하는, 힘든 일이 전혀 없을 것 같은 미국 치과의사 친구에게 스마트폰 메신저로 하소연해 보지만, 놀랍게도 그 친구도 나름 고충이 많다. 예전보다 수입은 줄고 하루에 보는 환자는 많이 늘었다고 한다.


## 목요일, 배신의 계절

우리 병원에는 나와 직원 넷이 근무한다. 근래 환자가 제법 늘어서 일손이 너무 부족하게 느껴지는 날이 종종 있다. 착하고 성실한 직원이라지만 바쁘고 정신없는 상황이 계속되다 보면 체력적으로 한계를 느끼게 마련이고, 대기 시간이 길어지면 환자들의 불만도 커질 수밖에 없다.

그래서 얼마 전 모 사이트에 30만 원이나 내고 스태프 충원 광고를 올렸다.(심지어 부가세 10퍼센트는 별도다.) 서울 시내에 위치한 큰 병원이 아니면 직원을 충원하기가 쉽지 않지만, 감사하게도 우리 병원에 지원해 준 몇몇 지원자들을 추려서 면접 일정을 잡았다. 면접 날, 지원자들에게 우리 병원의 장점과 발전 가능성을 강하게 어필했지만 대부분 시큰둥했다. 그래서 비교적 높은 급여와 근무 환경의 장점을 강조했더니 2명은 긍정적으로 생각해 보겠다고 했다. 치과 구인구직에 있어서 원장은 완전히 을이다. 다행히 내심 제일 괜찮게 생각했던 저년차 위생사 1명이 입사 의사를 밝혀서 채용하기로 했다. 직원들도 말은 안 하지만 고무된 표정이었다.

그런데 갑자기 오늘, 그에게서 못 나오겠다는 연락이 왔다. 근무 의사를 밝힌 다른 직원에게 다급하게 전화를 했더니, 이미 다른 병원에 출근하고 있다고 한다. 모 사이트에 또 한 번 33만 원을 내야 하는 것도 가슴 아프지만 새로 면접을 볼 일이 깜깜하다. 직원 충원이 늦어지면서 생기는 문제도 걱정이다.

답답한 마음을 뒤로하고, 오래전에 신경 치료를 한 치아가 아프다는 젊은 여자 환자를 1시간 동안 열심히 치료했다. 신경 치료가 불완전하게 되어 있는 치아를 다시 신경 치료 하는 것은 시간도 오래 걸리고 난이도도 높은 데다 진료 기구가 파절되거나 손상될 우려가 크다. 그래도 땀을 뻘뻘 흘리면서, 몇 번에 나누어서 해야 하는 진료를 한 번에 끝내 드렸는데 결과가 좋다.

신나서 신경 치료를 한 치아를 씌우는 일정을 잡으려는데, 환자가 전에 치료받은 치과에서는 할인을 해 준다며 그 치과로 가시겠다고 한다.

치료받을 병원이야 환자가 선택할 노릇이고 비용을 아끼기 위한 개인의 전략을 내가 뭐라 할 수는 없지만, 솔직히 병원에 돈 되는 치료는 다른 곳에서 하고 싸고 어렵고 힘든 치료만 우리 병원에서 한 환자가 좀 괘씸하다. 좀 허탈하다.


## 금요일, 엄마의 틀니


금요일 오후는 모두에게 설레는 시간이지만, 치과원장에게는 조금 예외다. 토요일 진료 때문이기도 하지만, 그보다도 금요일 오후 진료 예약이 상당히 높은 비율로 취소되기 때문이다. 약속이 많은 '불금'에 술이라도 한잔 할라치면 피 나고 아픈 치과 치료는 미루고 싶은 환자들의 마음을 이해하면서도, 줄줄이 취소되는 예약에 복잡한 심경이 되는 것은 어쩔 수 없다.

오늘도 계속 취소되는 예약 일정을 보면서 한숨을 쉬고 있는데, 부모님 연배로 보이는 육십 대 중반의 부부가 들어오셨다. 남편 분이 진료 전에 따로 할 이야기가 있다고 하셔서, 상담실에서 이야기하는데 내용이 조금 충격적이었다.

남편 분은 6년 전에 직장을 은퇴한 뒤 현재 작은 회사에서 파트타임으로 일하고 있고 아내는 가정주부인데, 이번에 아들을 장가보내면서 상견례를 했다고 하셨다. 그런데 아내가 상견례 장소에서 웃지를 않고 식사도 하는 둥 마는 둥 해서 집에 와서 한바탕 다투다, 10년 전부터 사용해 오던 아내의 틀니에 문제가 생겨 음식을 잘 못 먹고 혹시나 사돈 앞에서 틀니가 빠질까 봐 제대로 웃지도, 말하지도 못했단 사실을 알게 됐다고 하셨다.

"아내가 치아 문제로 고생하고 있는지 전혀 몰랐어요. 또 그렇게 오랫동안 틀니를 사용해 온 것도 그때 처음 알았어요."

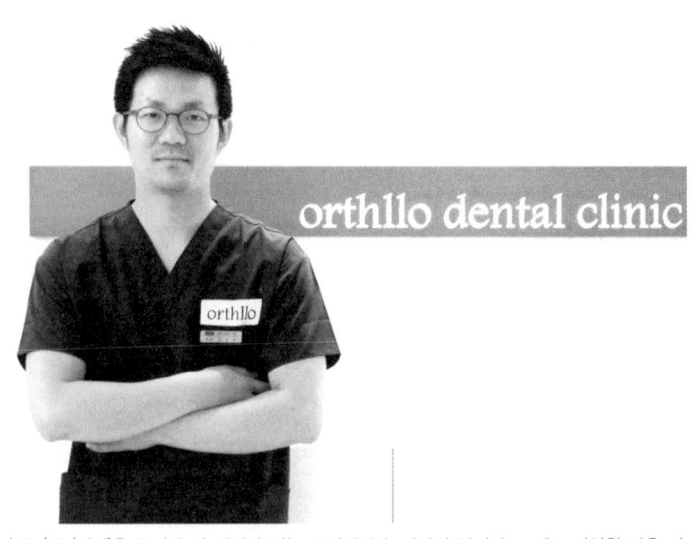

:: 치과원장은 '진료'와 '경영'을 동시에 잘 해내야 하는 슈퍼맨이다. 만만치 않지만, 그래도 다양한 많은 사람들을 만나며 용기와 희망, 보람을 얻는다.

　남편이 벌어다 주는 적은 돈으로 빠듯하게 살림을 하는 형편에, 서울에 있는 집을 팔아 아들 부부의 신혼집 전세금을 마련해 주고 자신들은 집값이 조금 싼 이곳 신도시 아파트로 이사 온 상황에서, 아무에게도 말하지 않고 불편한 틀니를 사용하면서 고통받았을 아내 생각에 남편 분은 눈시울이 촉촉해졌다.

　거기에 비해서 환자인 아내 분은 "나이가 들면 틀니 쓰는 게 당연하지요. 지금 사용 중인 틀니가 잘 안 맞으니 결혼식 전까지 새 틀니를 만들어 주세요."라며 대수롭지 않게 말씀하셨다. 하지만 그동안 틀니의 지대치(보철물의 지지에 이용되는 치아)로 사용해 온 치아들이 많이 상해서 발치해야 하고, 그렇게 되면 완전 틀니를 해야 해서 지금보다 더 불편한 데다 틀니가 잘 탈락할 수 있다. 나는 비용을 할인해 나누어 낼 수 있도록 해 드릴 테니 임플란트를 사용해 보철을 하는 것이 어떻겠느냐고 권했다. 그것이 심미적으로도 우수할 뿐 아니라 음식물을 씹기에도 훨씬 좋기 때문이다.

결국 환자는 완전 틀니를 하기로 결정하셨다. 아들 결혼식을 준비하려니 이것저것 돈도 많이 들고, 무엇보다도 남편이 힘들게 벌어온 돈으로 비싼 치료를 받는 것은 내키지가 않는다고 하셨다. 대신 결혼식 때는 환하게 웃어야 하니 잘 안 빠지는 틀니로 만들어 달라고 하신다. 이쯤 되면 원장도 환자의 뜻을 따라 줄 수밖에는 없다.

임플란트가 대중화되어 임플란트 하나에 수십만 원밖에 안 하는 덤핑 치과가 있고, 그래서 여든 넘은 노인도 빠진 치아의 보철로 임플란트를 당연하게 생각하는 요즈음에도 누군가는 치료비를 아끼려고 틀니의 불편함을 감수한다. 경제적으로 아주 어려운 누군가라고 생각할 수도 있지만, 자신보다 가족을 위해 평생 살아온 평범한 누군가의 어머니일 수도 있다. 그 어머니에게 나는 안타까운 마음 반, 고마운 마음 반, 그런 감정을 느꼈다.


## 토요일, 달콤한 인생

토요일은 대개 환자가 많다. 즐겁기도 하지만, 환자가 너무 몰리면 당황스러운 순간도 함께 찾아온다. 대부분의 회사가 쉬는 날이다 보니 가족 단위로 병원에 내원하는 경우가 많아서 한 번에 신환 4명을 검진하거나 스케일링을 해야 하기도 하고, 예약 환자와 겹치면서 아수라장이 되는 것이다.

어찌어찌 오후 2시 30분이 되면, 점심 먹을 시간도 없이 달려온 토

:: 주말에 가끔 시간이 허락될 때면 친한 치과원장들과 골프를 하곤 한다.

요일 진료가 끝난다. 병원 매출이 괜찮은 날이면 그래도 낫지만, 그렇지 못한 경우에는 일주일의 피로와 허기가 동시에 찾아들면서 육체적으로 한계를 맞게 된다.

퇴근하는 직원들에게 인사를 하고 나서 병원에 고장 난 장비나 새로 주문해야 할 기구는 없는지, 재료 재고 상태는 어떠한지 체크한다. 그런 다음 진료 중에 시간이 없어서 제대로 하지 못한 차트를 정리한다. 마지막으로, 진단을 위해 채득한 캐스트나 다음 주에 수술할 환자 CT를 보면서 나름의 계획을 세운다.

얼추 일을 마무리하고 퇴근을 하려는데, 환자가 한 손으로는 턱을 붙잡고 다른 한 손으로는 병원 문을 밀며 들어온다. 잠깐 망설였지만 어쩔 수 없다. 아픈 환자를 그냥 돌려보낼 수는 없잖은가.

환자는 오래전부터 앞니가 흔들리고 아팠는데 오늘 겨우 시간이 나서 치과에 왔다고 하신다. 흔들리는 치아는 잇몸뼈가 많이 녹아서 발치해야 하는 상황이었지만, 다행히 그 외 다른 문제는 없었다. 컴프레셔

와 진료 의자, 엑스레이, 컴퓨터 등 모든 장비를 다시 켜고 혼자서 주섬주섬 진료 기구를 챙겨 가며 진료하려니, 쉽지가 않다. 무사히 환자의 흔들리는 치아를 뺐다. 그런데 앞니가 휑하니 비어서 도저히 그냥 보낼 수가 없다. 뽑아낸 앞니의 뿌리를 자르고 다듬어서 빈곳에 임시로 채워 넣었다.

환자가 감사 인사를 건네며 임플란트가 필요한 다른 치아의 치료도 받겠다고 하셔서, 환자의 상태와 전체적인 치료 계획을 간단히 설명해 드렸다. 그랬더니 월요일에 다시 오겠다며 예약까지 하고 가셨다. 주말에 원장이 혼자 남아서 치료해 주었으니 우리 치과에서 계속 치료를 받으실 것 같지만, 신기하게도 경험상 이런 환자 중 열에 아홉은 다시 치과에 오시지 않는다.

이제 시간은 5시를 넘어섰다. 만나기로 한 친구도 치과의사인지라 '이 정도는 이해하겠지.' 하면서 지친 몸을 이끌고 병원 문을 나선다.

'치과원장'이라는 이름은 치과의사라는 직업과 사업체를 운영하는 대표자이자 경영자라는 의미를 모두 담고 있다. 치과의사로서 환자를 진료하고, 설명하고, 치료하는 일은 물론이고 병원을 개원해서 성공적으로 운영해야 하는 것이다. 그런데 많은 사람들이 경영자로서의 치과원장 부분을 쉽게 생각한다.

어떤 사업체든 새로 설립하려면 규모가 다소 작더라도 기본적으로 자본이 많이 든다. 자본이 충분하지 않다면 은행에서 대출을 받아야 하고, 좋은 위치를 찾아서 사업장을 세워야 한다. 또 경쟁력 있는 직원을 채용하고 관리하는 노무 업무도 해야 한다. 내 사업체가 타 사업체보다 경쟁력이 있도록 지속적으로 관리해야 하며, 어떤 시기에 홍보를 하고 고객을 늘릴 수 있을지에 대해서도 고민해야 한다. 매일 또는 매월, 분기별, 연별로 매출을 관리하고 각종 장비와 재료 원가, 인건비, 임대료며 각종 세금도 꼼꼼하게 관리해야 한다.

치과원장은 치과의원이나 치과병원이라는 사업체를 설립하고 운영한다. 직원이나 세무사의 도움을 받기도 하지만, 결국에는 원장이 모든 것을 파악하고 있어야 하며 혼자 결정해야 한다.

주변을 둘러보면, 좋은 스펙과 실력을 갖춘 원장이 목 좋은 자리에 번듯한 치과를 차리고도 고전하는 경우가 많다. 경영이 어려워서 문을 닫게 되면, 그 치과의 원장은 개원할 때 투입한 비용을 혼자서 감당해야 한다. 대부분은 고스란히 부채로 남아서 경제적 어려움에 빠지게 된다. 이렇게 된 이유는 다른 무엇보다도 치과가 너무 많기 때문이다. 치과의사 수는 이미 공급 과잉이고 치과도 포화 상태다. 게다가 이런 상황은 점점 심해질 전망이다.

얼마 전 지인이 중학교 1학년 아들이 방학 숙제로 '직업 탐구'를 하는데 치과의사를 인터뷰하고 싶어 한다며 내게 부탁을 하였다. 아직 초보 원장인 내가 꿈 많

은 학생에게 치과의사에 대한 잘못된 인식을 심어 줄지 모른다는 생각에 잠시

망설였지만 결국 인터뷰에 응하게 되었다. 그 학생은 부모를 대동하고 캠코더까

지 들고 와서는 정식으로 인터뷰를 했다. 중학생 기자와 짧은 인터뷰를 했는데,

그 내용은 대략 이러했다.

"치과의사라는 직업은 밖에서 보는 것처럼 쉽고 돈 많이 버는 직업은 아니다.

많은 리스크가 있고 육체적으로도 블루칼라에 준하는 힘든 직업이 분명하다. 평

생 작은 병원에 갇혀서 해외여행 한 번 가기가 쉽지 않고, 환자에게 멱살을 잡히

거나 욕을 먹는 일도 다반사이다. 하지만 경제적인 영위를 위해 일하면서 동시

에 다른 사람들에게서 직접적인 감사와 존경을 받는 직업은 그리 많지 않다. 치

과의사는 매력적인 직업이 분명하다."

치과의사를 가리키는 한자를 가만 보면, 치과의사(齒科醫師)는 변호사(辯護士)와

달리 '선비 사(士)'를 쓰지 않고 '스승 사(師)'를 쓴다. 치과의사도, 치과원장도 모

두 '사장'이 아닌 '선생'으로 불리는 것이다. 이것은 치과의사 스스로도 자신의

일과 관련해 곰곰 생각해 볼 만한 문제라고 생각한다.

다시 치과원장 이야기로 돌아가, 한마디로 치과원장은 '진료'와 '경영'을 동시에

잘 해내야 하는 슈퍼맨이다. 슈퍼맨으로 수십 년간 살아온 많은 선배님들과 지

금도 슈퍼맨이 되기 위해 노력하는 많은 동료 원장님들 그리고 미래의 슈퍼맨을

꿈꾸는 많은 사람들이 나의 이야기에서 작으나마 위로와 용기를 얻게 되길 바라

는 바이다.

-------------------------------------------------------

# 기자 3년 vs 치과의사 6년

| 권민수 |

2000년 서울대 미생물학과를 졸업한 후 '매일경제신문'에서 3년간 기자로 일했다. 2009년 경희대 치의학
전문대학원을 졸업하고 서울 잠실에 위드치과의원을 개원했다. 고대의료봉사단 회원으로 활동하고 있으며,
관심사가 다양해 『껌 같은 영단어』, 『도전! 나도 우주인』(공제) 등의 책을 쓰기도 했다.

나는 원래 치과의사가 아니었다. 대학에서 미생물학을 전공하고
졸업 후에는 신문사에 입사하여 3년간 기자로 일했다.

요즘도 간혹 "왜 기자처럼 좋은 직업을 그만두고 굳이 치과의사가
됐어?" 하고 묻는 사람들이 있다. 반대로 친한 기자 동료들 대부분은
"넌 잘 선택한 거야."라며 부러워한다.

기자 생활을 하면서 비교적 젊은 나이에 온갖 잘난 사람들을 만나
다 보니 내 자신의 부족함을 자주 돌아보게 되었다. 또 기자란 직업 역
시 샐러리맨이다 보니 미래에 대한 불안감이 항상 있었다. 그와 동시에
나의 지적 열정이 식기 전에 인생의 이모작을 준비해야 한다는 강박관
념이 있었다.

그러던 어느 날, '더 늦기 전에 일단 저질러 보자.'는 생각에 회사에

사표부터 냈다. 이미 가정이 있는 몸이었고 나이까지 고려하다 보니 전문직 중에서 치과의사가 가장 매력적으로 보였다.

경희대 치의학전문대학원에 들어갔고 유급 없이 정상적으로 졸업했다. 이후 성과치과병원 과장을 거쳐 개업을 했으며 개업의로 어언 6년이 되었다. 동네 치과 개업의 6년 차인 나의 하루는 이렇게 흘러간다.

### 06:00

'자명종 소리에 잠에서 깨 과일 주스로 가볍게 요기를 하고 건강과 식스팩을 위해 동네 휘트니스 센터와 수영장에서 1시간 30분가량 땀을 흘리고' 싶은 생각은 그저 가끔씩 해 보는 상상이다. 내 나이 이제 마흔. 계절 탓인지 만성 피로 때문인지 그저 조금이라도 더 자고 싶을 뿐.

### 07:30

잘 안 떠지는 눈을 부비며 일어나 잠든 아내가 깨지 않게 조심조심 거실로 나간다. 초등학교 3학년인 큰애는 소파에서 만화 학습서를 읽고 있고 이제 유치원생인 둘째는 물구나무를 서려는지 머리를 소파에 박은 채 뒹굴고 있다.

둘째가 나를 보자마자 "아빠, 배고파. 밥 줘."라며 아침 인사를 한다. 나는 반사적으로 "응. 엄마 일어나면 달라고 해."라고 하며 화장실로 간다. 씻는다. 화장실에서 나온 뒤 냉장고에서 두유 한 잔을 꺼내 마신다.

기자 시절에도 이 정도 시간에 일어나곤 했다. 치과의사라고 해서 특별히 더 늦잠을 잘 수 있는 것은 아니다.

**07:50**

세수를 했지만 아직 눈꺼풀에 뭔가 달라붙어 있는 느낌이다. 아이들과 아내가 문 앞까지 나와 인사를 한다. 예전에 치과대학 다닐 때 교수님이 하신 말씀이 생각난다.

"개원의는 반드시 아침에 출근할 때 아내에게 간과 쓸개를 다 빼놓고 가야 한다. 퇴근해서 집에 돌아가서는 다시 아내한테 돌려받고…."

처음 그 말을 들었을 때는 무슨 소린가 했다.

'치과의사가 무슨 간을 빼놓고 다니는 토끼도 아니고….'

교수님은 "개원의는 쓸개 빠진 인간처럼 보일지라도 절대 환자를 이기려고 해선 안 되고 항상 낮은 자세로 임해야 해."라고 부연 설명을 해 주셨다.

기자 때도 항상 '갑'은 아니었다. 정말 필요한 정보를 위해서는 취재원에게 갖은 아양을 떨기도 하고 취재를 위해 폭탄주를 억지로 마셔야 할 때도 있었다. 다른 신문사 기자가 특종을 해 물먹게 되면 담당 데스크한테 사정없이 깨졌다.

호수 위의 백조처럼 그럴듯하게 보이는 직업도 이렇듯 수면 아래에선 끊임없이 발을 저어야 하기 마련인 것이다. 아마도 이건 치과의사에게 국한된 말이라기보다 이 땅의 대다수 가장들에게 공통된 말일지도 모르겠다. 아내 얼굴, 아이들 얼굴을 생각하며 직장에서 간이고 쓸개고 다 빼놓고 일하는 이 땅의 가장들에게 박수를 보내고 싶다.

자동차 시동을 걸고 즐겨 듣는 라디오 방송을 켠다. 다행히 오늘은 출근길에 사고를 내 민폐를 끼치는 운전자가 없다. 병원까지 40여 분밖에 걸리지 않았다.

기자 시절에는 아침 8시가 가장 싫었다. 왜냐하면 그 시간에 회사에

'정보 보고'를 해야 했기 때문이다. 정보 보고란 기자들이 아침에 사내 인트라넷을 이용해 전날 취재원에게서 들은 정보 내용과 그날 쓸 기삿거리를 정리해 보내는 일을 말한다. 담당 데스크는 이 정보 보고들을 취합해 그날의 신문 지면을 구성한다. 정보 보고에는 어제 하루 동안 누구를 만났고 어떤 취재를 하고 다녔는지가 고스란히 드러난다.

그런데 사람을 아무리 열심히 만나고 다녀도 마땅한 정보 보고거리가 없을 때가 있다. 영업 사원이 발에 땀나게 열심히 돌아다녀도 계약한 건도 못 올리는 날이 있듯이. 그런 날에도 기자는 정보 보고를 짜내야 한다. 하지만 어떤 날은 정말이지 쥐어 짜내려 해도 짜낼 정보 보고가 없다. 그럴 때는 기사를 작성할 때 보다 더 큰 스트레스를 받는다.

솔직히 그에 비하면, 치과 진료는 대개 예약제로 운영되므로 하루하루 먹고살아야 하는 기자보다는 그런 스트레스가 적은 편이다.


### 08:40

치과 문을 열고 들어오니 진공청소기 소리가 들린다. 기특하게도 막내 위생사가 언니들보다 먼저 와서 청소를 하고 있다. 개업 초기에는 청소 상태를 가끔 체크하곤 했었는데, 요즘은 자잘한 먼지는 일부러 못 본 척한다. 직원들이 시어머니 같은 원장을 별로 좋아하지 않기 때문이다. 누군들 아침부터 잔소리를 듣고 싶겠는가. 막내 위생사에게 밝게 아침 인사를 한 후 원장실로 들어간다. 실장과 다른 직원들도 속속 출근해 진료 준비를 하는 소리가 들린다.

가운으로 갈아입고 오늘의 예약 스케줄을 죽 훑어본다. 오전에 8명, 오후에 10명이다. 오전에는 특이 환자가 없고 오후 3시에 임플란트 수술이 한 건 있다. 환자별 차트를 가지고 와서 오늘 진료 내용을 다시 한

번 점검하고 엑스레이 상태도 확인한다.

　기자였다면 지금쯤 출입처 기자실에서 한가하게 커피 한 잔을 마시며 전날 밤에 나온 뉴스를 인터넷으로 검색하고 있을 시간이다.


**09:20**

　직원들이랑 원장실에서 아침 회의를 한다. 둘째 위생사는 간밤에 라면을 먹고 잤는지 눈두덩이 조금 부어 있다. 거창하게 회의랄 것도 없고 서로 얼굴 보며 인사를 나누는 정도다. 임플란트 수술 준비에 대해 다시 한 번 직원들에게 고지시킨다. 나는 매일 진료 전에 환자의 이름을 직원들에게 불러 주며 다 같이 눈을 감고 다음의 문구를 마음속으로 되뇌게 한다.

　'오늘도 우리 병원에 온 환자들이 모두 편안한 마음으로 진료를 받고 좋은 인연을 맺었으면 좋겠습니다.'

　개업을 하기 전, 기독교 신자인 선배의 병원에서 잠시 일한 적이 있었다. 그 병원에서는 진료 전에 직원들이 한자리에 모여 환자를 위해 기도했다. 기독교 신자가 아닌 나에게도 환자를 위해 기도하는 그 모습은 참 보기 좋았다.

　아무리 의료인이라도 실제 진료가 시작되면 일 자체에 매몰돼 정작 진료를 받는 환자를 소홀히 대할 때가 종종 있다. 의료 행위는 환자의 입장에선 비일상적이고 특수한 경험이지만 의료인의 입장에선 일상적인 일이기 때문이다. 일상적인 일은 매너리즘에 빠지기 쉽고 초심을 잃기 십상이다. 기도를 하거나 파이팅을 외치는 행위는 이럴 때 다시 한 번 마음을 다잡기에 좋은 장치이다.

　곧이어 진료가 시작된다. 대기실에 앉아 있는 환자들에게 인사를

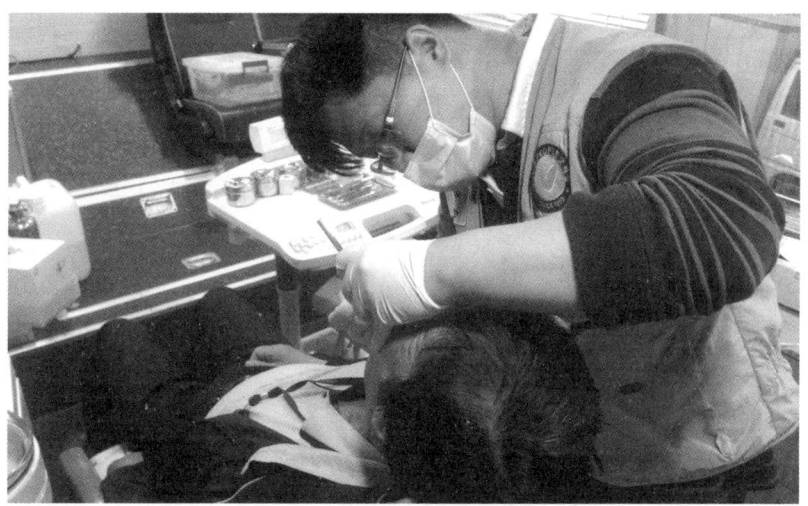

:: 한 달에 한 번, 서울 지역 종합복지관을 돌며 이동 진료 차량에서 봉사 활동을 하고 있다.

건넨다. 두 명이 앉아 있다. 한 명은 예약 환자인 직장인 김은태 씨이고 다른 한 명은 어제 틀니를 끼고 가셨던 김분녀 할머니이다. 먼저 김은태 씨를 의자에 앉힌다. 지난번에 신경 치료를 받은 김은태 씨는 그동안 크게 불편한 곳은 없었다고 한다. 오늘 두 번째로 신경 치료를 하기 위해 마취 주사를 놓는다.

그러고 나서 김분녀 할머니도 의자에 앉힌다. 김분녀 할머니는 원래 다음 주에 예약되어 있었는데, 어제 끼고 간 틀니가 불편해서 미리 오셨다고 한다.

의자에 앉아마자 틀니의 불편함을 호소하신다. 틀니 치료의 힘든 점은 환자의 기대치를 낮춰야 한다는 것이다. 나는 어제 했던 이야기를 다시 한 번 해 드린다.

"할머니, 맨살에 새 운동화 신으면 뒤꿈치가 멀쩡할까요? 살이 까질까요?"

"까지지."

할머니는 무슨 뚱딴지같은 소리냐는 표정으로 시큰둥하게 대답하신다.

"그럼 맨 잇몸에 딱딱한 플라스틱이 들어가면 처음에 아플까요? 안 아플까요?"

할머니는 대답을 안 하신다. 내 말에 머리로는 수긍을 하지만 당장 잇몸이 아픈 것은 현실이니까 계속 참으라고만 하는 의사가 야속하신 거다.

하지만 틀니는 치과의사의 실력보다 환자의 적응 노력이 더 중요하다. 맨 잇몸에 딱딱한 플라스틱이 들어가는데 어찌 안 아플 수 있겠는가. 게다가 우리나라 사람들은 서양인들과 달리 질긴 음식을 즐겨 먹는다. 틀니 하시는 어르신들의 가장 큰 소원은 김치, 깍두기를 마음껏 씹어 드시는 거다. 그러나 대부분의 치과의사들은 틀니 착용을 시작한 환자에게 두부, 계란, 생선찜 등 부드러운 음식 위주로 드시라고 한다. 바로 김치를 먹으면 분명히 잇몸이 까진다고 경고한다.

할머니의 틀니를 조금 부드럽게 조정해 준 후 이런 일련의 불편과 고통이 틀니 사용자라면 누구나 거쳐야 하는 과정임을 다시 한 번 주지시킨다. 그리고 할머니께 조금 아프더라도 바로 병원에 오시지 말고 원래 약속 날짜에 맞춰 오시라고 말씀드린다.

이제 김은태 씨에게 가서 신경 치료를 한다. 김은태 씨는 다음번에 신경 치료를 마무리하기로 했다. 그리고 나서 잇몸 치료, 충치 치료 환자를 연속으로 봤더니 금세 11시다. 배가 약간 고프다. 점심시간까지는 아직 1시간 이상 남았다.

잠시 짬을 내서 화장실에 다녀오려는데, 앗, 같은 상가 2층의 상인

분이 친정어머니를 모시고 들어온다. 오른쪽 아래 어금니가 하나 없는데 임플란트를 할지, 양옆의 치아를 갈아서 씌우는 브리지 치료를 할지 고민이라고 했다. 일단 파노라마 엑스레이 사진을 찍은 뒤 상담을 시작한다. 컴퓨터 화면에 영상을 띄우고 그것을 보면서 임플란트와 브리지의 차이를 설명한다. 따님은 임플란트 쪽이 좋을 것 같다 하고 어머님은 몸에 쇠를 박는 게 두렵다 한다. 두 분이 서로 옥신각신하는 사이에도 시간은 계속 흐르고, 아아, 참았던 소변이 마렵다. 그러나 임플란트 환자는 병원 입장에선 중요한 환자이다. 소변을 꾹 참고 다시 상담에 집중한다.

치료 방법에 대해 우선순위를 붙여 다시 한 번 설명해 드린다. 임플란트를 먼저 권해 드렸지만 어머님은 결국 브리지를 선택하신다.

치료법이 결정됐기에, 이제 가장 중요한 가격 상담이 남았다. 큰 병원들은 상담 직원을 따로 두지만 동네 치과의사인 나는 대개 직접 상담한다. 치과 진료비는 비보험이 많아 병원마다 가격 차이가 난다. 게다가 치과 진료비에 거품이 많다는 선입견 때문에 많은 환자들은 일단 깎으려 든다. 결국 '가족 할인'이라는 명분을 붙여 10퍼센트 정도 깎아 드리는 선에서 합의를 본다. 이제 드디어 화장실에 다녀온다.

상담이 약간 길어져서, 예약 환자의 진료 시간이 10분 정도 늦어졌다. 환자의 표정이 별로 밝지 않다. 나는 늦어져서 죄송하다고 말씀드리고 진료를 시작한다.

돌아보면 기자 때는 오전 시간이 비교적 한가했다. 그날 반드시 써야 하는 기사가 없으면 자신이 기획한 기사를 보강하거나 여기저기 출입처에 전화를 돌려 다음 날 먹고살 거리(기삿거리)를 찾곤 했다.

**12:30**

오전 진료를 마치고 우리 병원 근처에 개원한 동기와 함께 식사를 한다. 주로 콩나물국밥, 돈부리, 소고기국밥 같은 메뉴를 요일별로 돌려 가며 먹는다. 밥을 먹는 동안 가급적 병원 이야기는 하지 않는다. 야구 등 스포츠나 아이들에 대한 이야기를 나눈다.

식사 후에는 아메리카노 한 잔의 여유도 즐긴다. 커피의 쌉쌀한 맛이 혀끝에서 대뇌 전두엽까지 전해지며 오전의 피로가 좀 풀리는 듯하다.

점심시간만 놓고 보면, 확실히 기자보단 치과의사가 낫다. 기자는 주로 취재원과 점심을 하는 경우가 많아서 밥을 먹으면서도 정보가 될 만한 뭔가가 없는지 항상 상대방의 말에 촉각을 곤두세워야 한다. 게다가 오후 기사 마감이 3시경이라 밥을 먹자마자 헐레벌떡 뛰어 들어가 열심히 자판을 두드려야 한다. 당연히 만성 소화불량에 시달리게 된다.

**13:30**

오후 진료가 시작된다. 대기실에 초등학교 1학년 진호가 흔들리는 유치를 뽑기 위해 앉아 있다. 이를 처음으로 뽑는다는 설렘과 함께 두려움이 섞인 얼굴이다. 의자에 앉히고 "왼발을 들어 보세요."라고 하고는 그사이에 재빨리 이를 뽑았다. 아이는 아직도 어느 쪽이 왼발인지 헷갈리는 표정이다. 후훗. 옆에 서 있는 진호 어머니가 "하나도 안 아프게 금방 뽑았네." 하면서 웃으신다.

그 뒤로 어제 이 뽑은 환자 소독부터 크라운을 씌우는 환자, 신경치료 환자를 쉴 새 없이 보고 나니 3시 10분이다.

임플란트 수술 전 10분 정도 여유 시간이 생겼다. 잠시 원장실에 들어와서 쉰다. 인터넷에 뭔가 새로운 뉴스라도 떴는지 검색한다. 임플란트 예약 환자가 10분 정도 늦을 것 같다는 연락이 와서 나의 검색 시간이 10분 더 늘어났다. 한참 스포츠 뉴스를 보고 있는데 환자가 오셨다. 얼굴에 두려움이 가득하다.

"여든 넘은 할아버지도 아무 문제없이 하시는 수술이고 생각보다 아프지 않아요."

하지만 솔직히 나도 아직 임플란트를 해 보지 않아서 그 공포와 수술 후 통증이 어느 정도인지 잘 모르겠다. 어쨌든 수술 모자와 가운을 입고 수술실에 들어간다. 환자의 긴장을 풀어 주기 위해 평소 즐겨 듣는 7080 음악을 틀어 놓았다. 마취 상태를 확인한 후 메스를 든다. 뼈의 상태가 양호해 수술은 그다지 힘들지 않았다.

약 30분 후, 엑스레이 사진을 보며 임플란트가 잘 심어졌다고 설명하고 수술 후 주의할 사항을 한 번 더 알려드린다. 환자의 얼굴은 약간 상기돼 있지만 힘든 수술을 참아 냈다는 만족감과 성취감이 엿보인다.

잠시 쉬었다가 계속해서 다른 환자들을 보고 나니 벌써 6시다.

마지막 환자의 신경 치료가 거의 끝나 갈 무렵, 병원 문이 열리며 중학생 하나가 보호자로 보이는 아주머니와 함께 헐레벌떡 들어온다. 얼핏 보니 학생의 입 주변에 피가 묻어 있고 입술이 부어올라 있다. 외상 환자가 왔기 때문에 오버타임이 불가피하다. 싫은 내색을 하지는 않지만 직원들의 표정이 과히 밝지 않다.

보호자가 말하길, 학생이 자전거를 타고 가다 넘어져 앞니가 부러졌다고 한다. 서둘러 신경 치료를 하고 임시 치아까지 제작하고 나니 저녁 7시다.

고생한 직원들을 퇴근시키고 다시 원장실 책상 앞에 앉았다. 동네 치과 원장은 진료 시간이 끝나도 아직 해야 할 일이 더 있다. 차트 정리를 하고 사랑니 발치 환자와 임플란트 수술 환자에게 전화를 해서 상태를 체크한다. 예약 환자 파일을 열고 내일 진료 또는 치료해야 할 환자 목록을 눈으로 훑는다. 드디어 컴퓨터를 끈다. 병원 문을 잠그고 가벼운 마음으로 문을 나선다.

기자 시절에는 그날의 기사를 마감해도 일과가 끝난 기분이 전혀 들지 않았다. 오히려 '이제부터 본격적으로 일을 해야지.' 하는 마음이었다. 저녁 식사 자리나 술 약속 등을 통해 새로운 사람을 만나고 정보를 수집해야 했기 때문이다. 즉 퇴근 시간이라는 개념 자체가 모호했다. 그에 비하면 치과의사는 비교적 일의 끝이 분명해서 좋다. 간혹 그날 치료한 환자의 상태가 염려돼 일과가 끝나도 신경 쓰이는 경우가 있긴 하지만.


## 20:00

차가 막히는 바람에 조금 늦게 집에 도착했다. 두 아이가 달려 나와 강아지마냥 안긴다. 나는 집 안으로 들어오자마자 바로 샤워를 한다. 내 몸에는 하루 동안의 진료로 인해 알게 모르게 수많은 구강 내 세균들이 붙어 있기 때문이다.

온 가족이 둘러앉아 저녁 식사를 한다. 반찬이라야 된장찌개, 호박전, 돈가스 정도지만 따스한 온기가 몸속으로 들어오는 느낌이다. 평범하고 단조로운 일상이지만 이 순간이 가장 행복하다.

사실 이 땅의 가장들 중에 마음 편히 가족과 함께 저녁 식사를 할 수 있는 이들이 얼마나 될까. 나 역시 매일 마음 편히 저녁 식사 자리에 앉는 것은 아니지만, 그래도 전문직이다 보니 비교적 시간을 자유롭게

:: 저녁때 집에 일찍 들어오는 날이면 주로 아이에게 책을 읽어 주거나 함께 놀아 주며 시간을 보낸다.

조절할 수는 있다. 가기 싫은 술자리에 억지로 나가지 않아도 되고 예기치 못한 일거리로 기념일을 놓치는 경우도 없다.

저녁을 다 먹고 나서 집 근처 탄천에 나가 30분 정도 산책을 한다. 다시 집에 들어와 아내가 애들 씻기는 걸 도와주고 막내에게 동화책을 읽어 주니 저녁 10시다.

**22:30**

아이들은 다 잠자리에 들었다. 이제야 진짜 나만의 시간이다. 물론 나만의 시간이라고 해 봐야 특별한 것은 없다. 주로 아내와 함께 차를 마시며 하루 동안 있었던 일을 이야기한다. 그러고 나서 아내는 집안일을 마무리하고, 나는 소파에 누워 도서관에서 빌려 온 추리 소설을 읽는다. 채 30쪽을 못 넘기고 잠에 빠져든다. 그러다 비몽사몽간에 일어나서 침대로 미끄러져 들어간다.

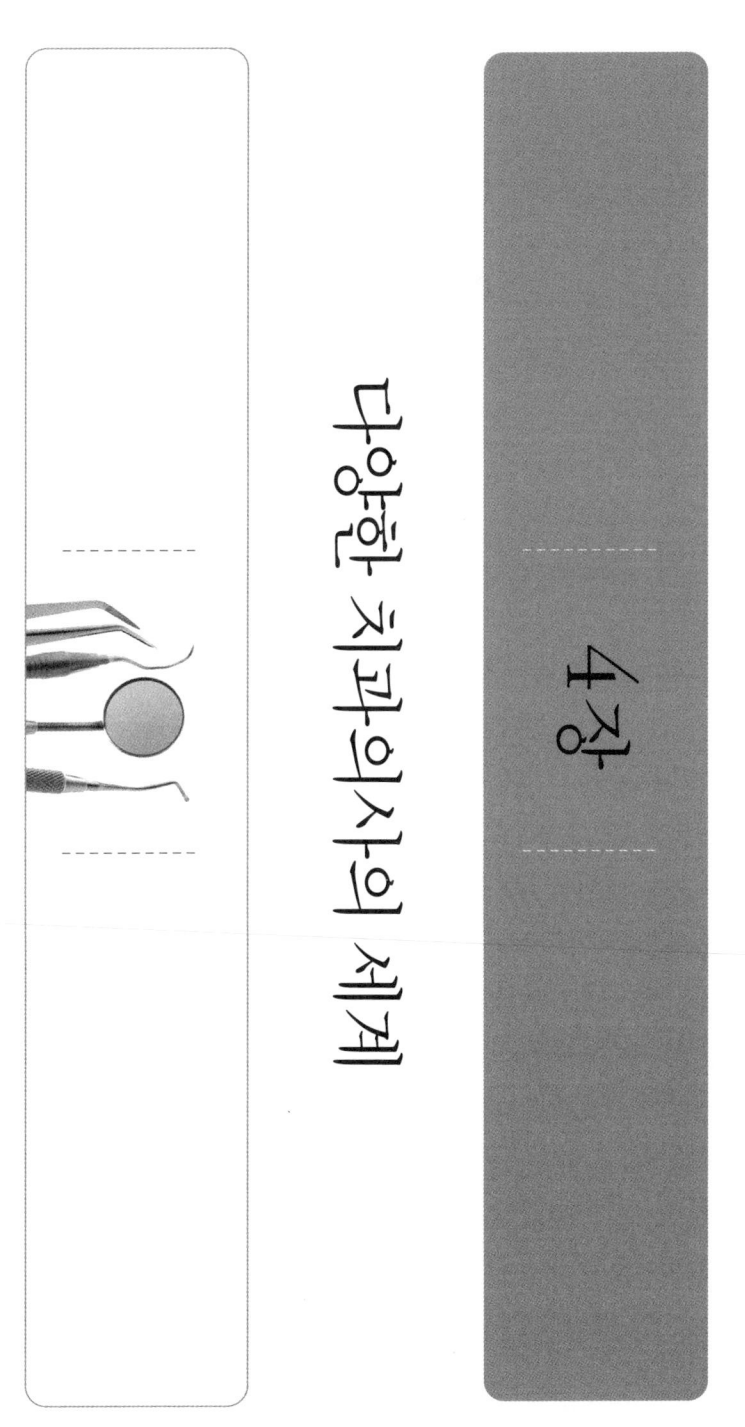

4장

다양한 치과의사의 세계

# 대학병원 치과의사의 이모저모

| 이강희 |

현재 연세대 치과대학병원 통합진료과에서 임상연구조교수로 근무하고 있으며 대한치과의사협회(AGD) 지도의, 대한통합치과학회(KAGD) 이사, AAID(미국치과임플란트학회) Affiliate Associate Fellow, 대한구강악안면임플란트학회(KAOMI) 우수회원, 덴티움, 오스템 임플란트 연구 술자, 연세치과대학병원 원내생 진료실 전담지도교수, Again twenty 고문 등으로 활동하고 있다.

## 치대에는 유난히 CC가 많다

치과대학에는 유난히 CC(캠퍼스 커플)가 많다. 우리 학교 치과대학의 정원은 한 학년에 70명 정도인데, 동기 중에서 20~30퍼센트는 동기와 혹은 선배나 후배와 결혼에 골인했거나 연애 중이다. 잘은 몰라도 다른 과나 다른 분야에 비해 유난히 높은 비율인 것 같다. 왜 이런 일이 생길까? 이유는 간단하다. 오래 보면 정든다고 같이 있는 곳이 학교, 병원, 동아리 등 너무너무 많기 때문이다.

우선 학교를 살펴보면, 치과대학은 수업을 수강하는 방식이 타 학과와 다르다. 일명 학년제로 각 연차에 들어야 하는 필수과목이 한 학기씩 꽉 채워져 있다. 내가 듣고 싶은 교양과목을 골라서 듣거나 머리 아픈 과목을 다음 학기로 미룰 수 있는 구조가 아니다. 그 학기에 마쳐야 하는 수업 일정이 미리 짜여서 나온다. 학기 전에 수강 신청을 할 때, 9시 땡 하면 원하는 수업의 수강 번호를 입력하기 위해 컴퓨터 앞에 초시계를 켜 놓고 대기할 필요가 없다는 뜻이다. 부러운가? 수강 신청이 편하다는 게 장점이라면 유일한 장점인데, 하루 8시간씩 풀로 짜여 있는 수업 시간표를 보면 마음이 또 달라지게 마련이다. 게다가 한 과목이라도 미끄러지면 한 학년을 통째로 다시 들어야 한다. 그래도 남들 하는 만큼만 하면, 대부분은 별일 없이 졸업한다.

수업은 매년 같은 친구들끼리 같은 반에서 받는다. 물론 없어진 친구도 있고 선배가 같은 학년이 되어서 앉아 있을 때도 있지만, 대부분은 6년간 같이 수업하고 같이 졸업한다. 이렇다 보니 한 학기 동안 교실에서 암묵적으로 내 자리가 정해지는데, 이걸 바꾸기가 쉽지 않다. 지금 자리가 맘에 안 들면 비어 있는 자리 중 어딘가로 가던가(대부분은 교수님 바로 앞자리나 첫째 줄) 누군가를 밀어내고 내가 친구 자리에 앉아야 하기 때문이다.

등교한 첫날 앉은 자리가 웬만하면 한 학기 동안 내 자리가 된다. 그리고 옆에 앉은 사람이 좋든 싫든 내 짝꿍이 된다. 좋아하는 사람이 있으면 학기 첫날 일찍 나와서 눈치보고 있다가 그 옆에 앉아 버리면 된다. 그러면 한 학기 동안 그 사람은 나의 짝꿍. 부럽지? 그런데 대부분은 여자는 여자끼리, 남자는 남자끼리 구획을 지어 앉는다. 여자 줄 한가운데에 떡하니 앉을 용기가 없다면 이 방법은 추천하지 않는다. 좋다가 말았다고?

그래도 실망할 필요는 없다. 왜냐하면 오후 수업에서 큰 비중을 차지하는 실습의 경우 대개 출석 번호로 끊어서 조별로 진행하기 때문이다. 내가 맘에 드는 애의 출석 번호가 내 번호와 가까우면 같이 실습을 하거나 견학할 확률이 높다. 7~8명으로 이루어지는 조에 나의 인연이 있길 바라는 것은 확률적으로 어렵지만, 그래도 그 확률에 의해 종종 같은 조에서 커플이 탄생한다. 그리고 역시 일정한 비율로 단기간에 깨지는 커플 소수, 중기간 결별 커플 다수, 장기간 연애 후 갈라서는 커플 소수가 생긴다. 사귀다가 헤어졌는데 같은 조라서 계속 붙어 다녀야 한다면 참 곤욕이 아닐 수 없다. 그래서 치과대학 커플은 헤어지더라도 대개는 좋은 친구 모드를 유지하는 것 같다.

동기 안에서 연애에 성공하지 못했다면, 그다음 대안은 대학의 꽃이라 할 수 있는 동아리가 있겠다. 동아리는 크게 그 과의 학생들만 가입하는 학과 동아리와 다른 모든 과가 함께 활동하는 중앙 동아리가 있다. 그런데 치대 생활이라는 게 선배를 알아 놓으면 편할 때가 많고 동기 간에 결속도 중요하기 때문에 대부분의 치대생들은 학과 동아리만 1~3개 가입해서 집중적으로 활동한다.

일단 동아리에 들어가면 방과 후에 모이지, 주말에 모이지, 방학 때 모이지, 만나서 연습하지, 운동하지, 공부하지, 그리고 술 먹지…, 엄청 자주 볼 수밖에 없다. 하지만 술 먹고 들이대는 거 잘 안 통한다. 오히려 서로 잘 알고 또 좁은 사회 안에 있기 때문에 실수 같은 것은 하지 않으려고 더 조심하지 싶다. 그러니 치대생을 애인으로 둔 분, 치대생을 자녀로 둔 부모님, 너무 염려하지 않아도 된다. 그래도 역시 동아리 안에서 커플은 자꾸자꾸 생긴다!

간혹 콧대 높은 치대 여학생들은 남학생들의 취중진담을 6년이 다 가도록 안 받아주고 졸업하기도 한다. 그렇다고 끝이냐? 아니다. 대학 생활보다 더 고달파서 사람의 마음에 빈틈을 만드는 수련 생활이 남아

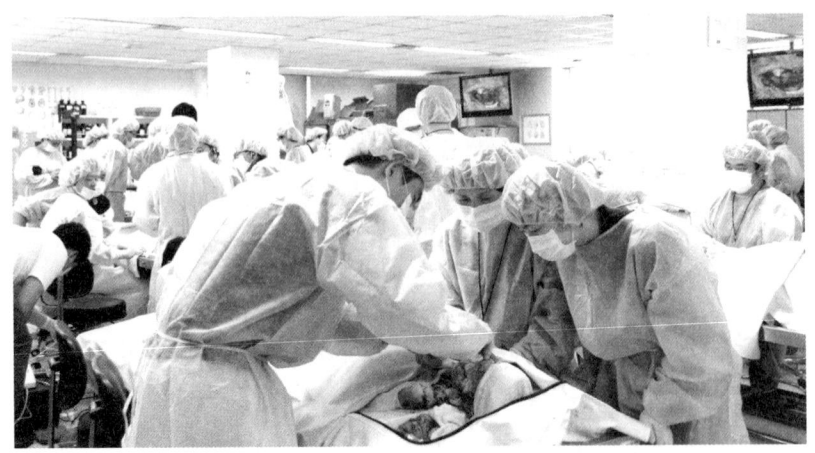

:: 연세대학교 치과대학병원에서 한국과 일본, 중국 치과의사를 대상으로 매년 주최하는 카데바 연수회의 모습.

있다. 자정이 넘은 시간에 텅 빈 병원 의국에 남아 잡일이나 세미나 준비를 하다 보면 사람 맘이 허해질 수밖에 없다. 너무 춥고, 너무 배고프고, 너무 외롭기 때문이다. 이럴 때 의지할 수 있는 사람은 의국 동료밖에 없다. 작은 도움이라도 주는 동료, 직접적인 도움을 주지는 않더라도 함께 고생하는 동료는 심적인 지지가 된다. 그러는 사이 병원 커플이 하나, 둘 탄생하는 것이다. 이때부터는 CC라기보다는 사내 연애에 가깝다.

### 제주로도 간 새신랑 공중보건의

우리 부부도 사내 연애를 통해 결혼에 골인한 케이스이다. 나와 아내는 같이 학교를 다니고 같이 수련을 받으면서 근 10년간 알던 사이였다. 하지만 그 긴 시간 동안 서로를 이성으로 느껴 본 적은 한 번도 없었다. 적어도 나는 그랬다. 진심인지 어떤지 몰라도 아내 또한 나를 이성으로 생각해 본 적이 한 번도 없었다고 한다. 어쨌든 그런 내가 아내에게 이성으로 호감을 느낀 것은 병원 생활이 거의 끝나 갈 무렵이었다.

아내 자랑을 조금 하자면, 나랑은 다르게 학교 다닐 때 공부를 잘해서 친구들에게 항상 필기한 노트를 빌려 주었다. 심지어 안 친한 친구들에게도 싫은 내색 안 하고 노트를 빌려 주었다. 병원 생활을 할 때도 머리가 좋은 덕분인지 환자 준비나 발표 준비가 항상 나보다 빨랐다. 남는 시간에는 다른 동료들을 도와주었다. 내가 가지지 못한 그런 면이 참 좋게 보였다. 그러다 문득 '아, 이제 수련이 끝나면 더 이상 저 사람 볼 일이 없겠구나.' 하는 생각이 들었는데, 그때부터 조금씩 아내에게 신경이 쓰였던 거 같다. 우리는 조심스럽지만 빠르게 가까워졌고, 짧은 기간 안에 결혼을 결심하였다.

병원 생활을 두 달여 남긴 추운 겨울날이었다. 나는 공중보건의 근무를 두고 고민하던 중 '어차피 도서산간 지역의 보건소에서 근무해야 한다면 우리나라에서 가장 아래에 위치한 제주도에서 해 보자.' 싶었다. 제주도는 서울로의 접근성이 안 좋기 때문에 총각 공중보건의들이 기피하는 지역 중 하나이다. 하지만 나는 제주도에서 아내와 신혼 생활을 한다면 재미있을 거라고 생각했다. 그래서 아내에게 이야기를 꺼내 보았다.

"어차피 지방에 가야 되는 거 제주도 가 보면 어떨까 싶어. 지금 아니면 언제 제주도에서 살아 보겠어. 그런데 혼자 가면 외로울 거 같아. 멀리 떨어져 있으니 자주 보기도 힘들 거 같고. 나랑 같이 갈래? 그럼 결혼부터 해야 돼."

결정하기 쉽지 않은 제안이라고 예상한 내 걱정과 달리 아내는 시원하게 콜을 해 버렸다.

"응, 재밌겠다. 그러자."

그때부터는 뭐가 어떻게 진행됐는지도 모르게 후닥닥 결혼식을 치르고 제주도로 내려왔다. 물론 그 사이에 많은 일이 있었다. 양가 부모님들은 갑작스러운 결혼 이야기에 당황하셨고, 우리는 병원 정리와 결혼 준비를 동시에 하느라 정신이 없었다. 수련을 마친 다음 날에 결혼식을 치르고 신혼여행을 다녀오자마자 훈련소를 들어가 버리는 바람에 아내는 혼자서 한 달 동안 시댁살이를 해야 했다. 졸지에 생과부가 되어 시댁살이를 하는 아내는 생각도 안 하고, 새신랑이라 그랬는지 아니면 제주도를 갈 꿈에 부풀어 있어서 그랬는지 훈련소 입소 기념 단체 사진을 보면 빡빡머리를 한 채 입이 귀에 걸려 해맑게 웃고 있다.

부모님들께는 자원해서 제주도로 가게 되었다는 말을 차마 할 수 없어서, 최대한 슬픈 표정을 지으며 뺑뺑이 운이 없었는지 제주도로 떨어졌다고, 안타깝지만 건강히 잘 다녀오겠다고 말씀드렸다.(죄송합니다. 어머니, 아버지, 장모님.)

정말 집도 절도 없이 도착한 제주도. 봄이지만 아직도 쌀쌀한 날씨에 수일을 집 없이 떠돌았는데도 즐거웠다. 근무할 보건소가 정해지고 발령지로 인사를 드리러 갔을 때도 그랬나 보다.

"첫 발령을 받은 공중보건의들은 다들 도살장의 소처럼 축 늘어져서 들어오는데 너 혼자 해맑게 웃고 있어서 좀 모자란 앤 줄 알았지." 한참 뒤에 같이 일하던 내과 의사 형이 해 준 말이다.

## 대학병원 펠로우가 되다

제주도에 흠뻑 빠져 살다 보니, 어느새 3년이라는 시간의 끝이 다가왔다. 계속 제주도에 살고 싶은 마음도 있었지만 어른들과 아내를 위해 서울로 돌아가야 하나 싶기도 했고, 서울로 돌아간다면 개업을 할지 아니면 페이닥터(봉직 의사)를 하면서 경험을 더 쌓을 것인지, 정답 없는 고민만 매일 하고 있었다.

그즈음 추석을 맞아 부모님께 가면서 오랜만에 교수님도 뵙고 후배들도 좀 볼까 싶어 학교 치과대학병원을 들렀다. 통합진료과에는 말도 안 듣고 뺀질거리는 나를 매일같이 혼내시던 무서운 교수님이 계셨는데, 미운 정이 든다는 게 그런 건지 병원을 나온 이후로는 박원서 교수님이 가장 생각나고 잘 지내시는지 궁금했다.

"교수님, 잘 지내셨어요? 저 왔습니다."

"오, 왔어? 잘 지내지?"

교수님과 나는 수련의들과 함께 마포로 이동하였다. 이렇게 마포의 한 갈비집에서 시작된 모임은, 오비(Old Boy, 졸업생)들의 계속되는 합류로 2차 족발집, 3차 튀김집까지 마포의 맛집들을 샅샅이 훑으며 시간 가는 줄 몰랐다.

폭탄주의 융단 폭격 속에 정확히 기억은 안 나지만 1차가 끝나 갈 무렵이었을 것이다. 테이블 끝에서 조용히 옛날이야기를 나누던 중 교수님이 이렇게 말씀하셨다.

"강희야, 병원에 돌아올 생각 없니? 돌아와서 병원 한번 재미있게 만들어 보자."

"진심이세요? 지금은 교수님이 웃으면서 술잔도 주시고 하시지만,

병원 돌아가면 다시 멀어질까 봐, 그게 걱정입니다. 제가 교수님 속 엄청 썩였는데, 잊으셨나 봐요. 헤헤."

"돌아오면, 그때는 교수와 제자 사이가 아니라 같이 과를 만들어 가는 동업자로 일하는 거야. 설마 내가 예전처럼 혼내려고."

내가 교수님의 동업자가 된다니…, 심정이 정말 복잡 미묘했다. 대학에 남아 교직원이 되는 사람들은 무언가 특별한 사람들이라 생각해서 나의 길이 될 것이라고는 생각을 못 했다. 현재 활동하는 2만여 명의 치과의사 중 대학병원에서 공직 치과의사로 근무하는 비율은 5퍼센트 안쪽일 것이다. 대부분의 치과의사들처럼 월급 받고 일하는 봉직 치과의사로 잠깐 근무하다가 치과의원을 개원해서 원장이 되는 일반적인 진로를 준비하고 있었는데, 갑자기 나에게 펠로우(강사)라는 새로운 길이 하나 더 열린 것이다.

한 달 동안 제주도 바다를 보며 많은 고민을 했다. 나를 따라 제주도까지 와서 가족과 떨어져 3년을 고생한 아내에게 미안하기도 했다. 한 가지 다행인 것은, 부모님이 적극적으로 찬성하셨다는 것이다.

나는 병원에 돌아가기로 결심했다. 교수님께 감사하기도 했고 잘해 보고 싶은 마음도 있었다. 또 원래 사람 좋아하고 커다란 조직 생활을 동경했던 터라, 작은 의원 원장보다는 종합병원 펠로우가 훨씬 재미있을 것 같았다. 어쩌면 시간 낭비가 될 수도 있겠지만, 해 보지도 않고 후회하는 것보다는 해 보고 후회하는 것이 낫다는 생각이 들었다. 한 달째 되던 날, 교수님께 전화를 드렸다.

"교수님, 저 병원으로 돌아가겠습니다. 한번 열심히 해 보겠습니다."

## 공직 치과의사의 이모저모

공직 치과의사로 대학병원에서 일하면, 개원 치과의사나 봉직 치과의사와는 다른 업무가 몇 가지 더 생긴다. 다른 치과의사의 업무 영역은 진료에 집중되지만, 공직의 경우에는 진료의 비중이 전체 업무의 절반에도 못 미친다. 연세의료원의 경우 공식적인 근무시간은 진료가 이뤄지는 오전 9시부터 오후 5시 반이지만, 진료 외에 병원 행정, 교육, 연구, 학회 사무 등 같이 해야 할 일이 아주 많다. 그래서 실제로 근무하는 시간은 '새벽부터 밤까지'다. 이런 종류의 일들은 일부러 찾지 않아도 저절로 생기는데, 청소처럼 열심히 해도 티가 나진 않지만 안 하면 티가 나고 쌓이며 해도 해도 끝이 없다.

교수님들이야 당연히 본인의 진료 영역에서는 최고지만 기타 영역에서는 저마다 역량이 다르다. 정치력이 뛰어나고 행정과 경영에 능력이 있는 분도 있고, 학생들에게 애정이 넘치고 집중력 높은 수업과 세미나로 교육에 재능이 있는 분도 있으며, 비상한 아이디어와 분석력으로 연구와 논문 작성에 특출한 분도 있다. 하지만 공직 의사 중에서 나 같은 막내들은 주로 행정적인 잡일이나 학회의 실무 등을 맡아 한다. 이 일을 싫어하는 사람도 있지만, 나는 그런 일이 싫지 않다. 병원과 학회의 사무나 연구를 하다 보면 다른 병원, 다른 과, 의료기기 업체, 연구소 등에서 일하는 분들을 많이 만날 수 있기 때문이다.

### "피켓 준비했어?"

대학병원이 가진 특별한 인연 중 하나는 자매결연을 맺은 외국 대학과의 교류다. 우리 병원은 도쿄치과대학교, 아이치가쿠인대학교 등과 결연을 맺고 있고, 지난여름에는 아이치가쿠인대학교의 가토 교수님이 우리 병원을 방문했다.

가토 교수님을 픽업하러 가는 날, 일어를 잘하는 수련의를 대동하고 공항으로 향했다.

"피켓 준비했어?"

"예."

당당한 대답과 함께 수련의가 A4 용지와 색연필을 꺼냈다.

"뭐야, 출력해 온 거 아니었어?"

"죄송합니다. 지금 쓰면 됩니다."

그런데 색연필이 안 나오는 거다. 찍찍찍 힘주며 긁어 쓴 탓인지 종이가 너덜너덜하다. 가토 교수님이 피켓을 못 알아보고 지나가면 어쩌나 싶은데, 비행기 도착 시간이 한참 지나도록 게이트에서 나오지 않아 점점 더 불안해진다.

"우리가 교수님 놓치면 다 네 탓이다."

"예…."

불안감에 괜한 소리를 수련의한테 한다. 30분쯤 더 기다렸으려나. 작은 키에 눈이 부리부리하고 파마머리를 한 강렬한 인상의 교수님이 게이트를 나오셨다.

"피켓이고 뭐고 필요 없었겠네. 정말 스타일 튀신다."

겨우 안도했다.

"하지메 마시테. 와타시와 욘세 다이가크 고시데스."

내가 아는 일본어는 여기서 끝.

외국에서 손님이 오면 병원 투어부터 교수님들 미팅, 협력 의료기기 업체나 연구소 투어까지 일이 꽤 많다. 가토 교수님이 한국에 온 둘

:: 연세의료원에 교환 방문한 일본 레지던트 선생님들과 함께한 필자(오른쪽).

째 날, 국내 유명 임플란트 생산 개발 업체인 덴티움을 방문하여 사장
님과 이하 연구 박사님, 팀장님, 공장장님을 만나 임플란트 개발 계획
과 신제품에 관한 브리핑을 듣고 간단한 논의를 했다. 셋째 날은 주말
이어서 교수님들 모시고 관광을 다녔다. 30년 넘게 서울 살면서도 잘
가지 않던 경복궁, 남산 등 서울의 명소 여기저기를 둘러보았다. 그런
데 말이 관광이지, 수행하는 입장에서는 일정 따라 동선 파악하고 시간
체크하고 연락 주고받느라 정신이 없어서 무언가를 감상하고 즐길 여
유가 없더라. 마침 땡볕이 한창인 7월이어서 교수님들 더울까 봐 노심
초사하기까지 했다. 길은 또 얼마나 밀리던지, 차로 꽉 찬 광화문 대로
에서는 현기증이 다 났다.

**교수님? 아직은 그냥 막내일 뿐!**

대학병원에서 환자들이나 학생들은 강사와 교수를 구분하기 애매

한 탓에 나를 '교수님'이라고도 부르지만, 실상 나는 병원의 막내로 아직도 밑바닥이다. 학생 때는 졸업하면 밑바닥을 벗어나나 싶지만, 졸업하면 다시 병원에서 막내고, 병원을 졸업하면 이제 끝나나 싶겠지만, 나처럼 펠로우가 되면 또 교수진에서 막내가 된다.

퇴임하신 원로 교수님이 오랜만에 모임에 나오셔서 해 주신 재미난 얘기가 있다. 교수님이 병원장, 학장을 모두 역임하고 병원의 최고 연장자셨을 때는 자신이 지나가기만 해도 사람들이 일동 기립해서 인사를 했을 정도로 대우를 받으셨는데, 퇴임하고 나서 명예교수 모임에 가니 다시 막내가 되어 문가에 앉아 음식 주문하고 담배 심부름까지 했다고. 그 이야기를 듣고 '인생이란 끝없이 돌고 도는 거구나.' 싶어 웃음을 참을 수가 없었다.

외국 학생들의 견학 방문, 수련의들의 교환 프로그램, 교수님들의 강연 등 일 년에 두세 번은 손님을 치를 일이 있지만 항상 대접만 하는 것은 아니다. 내가 외국 대학이나 병원에 가서 한국에서 볼 수 없는 의료 시스템을 배우고 친구로서 좋은 대접을 받을 때도 있다.

비슷한 종류의 행사로, 외국에서 열리는 학술 대회에 참석하거나 해외 의료 봉사에 참가하는 일 등이 있다. 학술 대회는 주로 선진국에서 열리기 때문에 배움과 견문을 넓히는 기회가 된다. 개원의는 의원을 비우기가 쉽지 않은 데 반해 공직의는 학회를 위한 휴가가 따로 보장되어 있고, 경우에 따라 병원의 지원을 받을 수도 있어 학술 대회에 참석하기가 유리하다.

해외 학술 대회는 대부분 교수와 수련의들이 팀을 이뤄 참석한다. 가을에 로마에서 열렸던 2014 EAO(유럽골유착임플란트학회)에 수련의들과 함께 일주일간 참석했는데, 병원에서는 불편한 사이였지만 거

:: 2014년 EAO 학회에서 수련의들과 함께한 필자(왼쪽).

기서는 웃고 떠들고 그렇게 재미있을 수가 없었다. 매일 밤마다 남자들끼리의 음담패설을 주고받으며 와인도 엄청 마셨는데, 신기한 것은 귀국하는 비행기부터 조금씩 어색해지더니 병원에서는 다시 불편한 사이가 되었다. 슬프다.

해외 의료 봉사 중에는 2008년에 교수님들을 따라갔던 몽골이 가장 기억에 남는다. 더운 날씨 탓에 상한 음식을 먹고 배탈이 심하게 나서 수액까지 맞았는데, 밤에 돌아다니는 늑대 때문에 배가 아파도 게르(양가죽으로 지은 몽골 전통 가옥) 밖에 있는 화장실을 갈 수가 없었다. 참고 참느라 거의 기절하기 직전까지 갔다. 지금은 웃으면서 이야기하지만, 당시에는 사회적인 체면을 포기하고 실내에서 처리할 것이냐 아니면 늑대에게 잡아먹히는 위험을 감수하고라도 화장실에 갈 것이냐를 두고 심각하게 고민했다. 다행히 밤을 잘 버텨 내고 해가 뜨자마자 화장실을 향해 뛰어 나갔다. 그런데 여러 개의 게르에서 사람들이 동시에 뛰어나오는 것이 아닌가.

그 고생을 하고도 바로 다음 날, 나는 뜨끈뜨끈한 맥주를 마시면서 교수님들과 실없는 농담을 하며 즐거워했다.

## 꽤 괜찮은 공직 치과의사의 길

치과의사는 되고 싶은데 개원의가 받아야 할 경영 관련 스트레스가 싫다면, 단체 생활이 체질이거나 여러 사람과 어울리는 것을 좋아하고 연구와 교육에 흥미가 있다면 공직 치과의사의 길을 가는 것도 괜찮다. 치과의사의 수입이 예전만큼 높지 않은 현실 탓에 이제는 외부에 있는 봉직의에 비해 공직의의 월급이 몇 배씩 차이가 나는 것도 아니다. 그 대신 다른 곳에서는 가지기 힘든 여러 기회와 인연들, 교수님들과의 교류, 학생들과의 인연, 수련의들과의 추억이라는 보너스가 있다.

얼마 전 한국직업능력개발원에서 203개 직종 5667명을 대상으로 설문 조사를 했는데, 치과의사가 감정 노동에 시달리는 직종 중 하나로 꼽혔다. 미국의 사회학자 알리 러셀 혹스차일드에 따르면, '감정 노동'이란 업무를 위해 본인의 감정을 숨겨야 하는 직업, 즉 마음이 지치는 직업을 뜻한다.

치과 치료에는 한 가지 정답만 있는 것이 아니다. 환자의 기대치, 경제력, 시간적 여유, 치과 치료에 대한 두려움 등에 따라 다양한 치료 옵션이 가능하다. 그렇다 보니 최적의 치료를 하려면 의사와 환자 사이에 충분한 대화와 이해가 필수다. 이 때문에 개원의들은 치료 전이나 치료 중 그리고 치료 후까지 진료 시간의 많은 부분을 상담에 할애한다. 그러는 사이 감정적 스트레스가 발생하는 것이다.

육체노동을 하는 사람들에 비할 바는 아니지만, 몸이 편한 것도 아니다. 치과의사 중 많은 사람이 목과 허리 디스크, 어깨 통증으로 고통을 받고 있으며 일부는 수술도 받는다. 심지어 그 후유증으로 일을 못하는 경우도 있다.

이렇게 몸과 맘이 지칠 때 잠시라도 기댈 수 있는 곳은 같은 조직에 있는 선후배, 동기가 아닌가 싶다. 공직에 있으면 기댈 수 있는 동료가 많아서 외로움을 덜 느낀다. 게다가 나 같은 CC들은 내 일을 백분 이해해 주고 격려해 주는 배우자가 있어, 고민이나 걱정을 나눌 수 있어서 더 좋다. 심약한 내가 스트레스 덜 받고 잘 버텨 나가는 것도 8할은 아내 덕이고 나머지 2할은 병원에 있는 교수님과 동료들의 덕이다. 치과의사, 그중에서도 공직 치과의사의 길은 꽤 가 볼 만한 길이다.

# 매일 아이들과 울고 웃으며

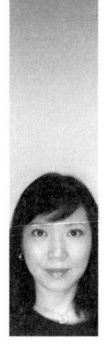

| 이현주 |

서울대 치과대학을 졸업하고 서울대 치과병원에서 인턴 및 소아치과 전공의 과정을 수료하였다. 소아치과 전문의 취득 후 현재 수원 사람사랑치과 소아치과 원장으로 재직 중이다.

"선생님, 안녕하세요?"

소아치과 의사인 나의 하루는 대개 배꼽 인사를 하는 꼬마와 함께 시작된다. 소아치과는 아직 '엄마' 소리도 떼지 못한 아기부터 무슨 할 말이 그렇게 많은지 입을 벌리고 검사하는 시간이 아까울 새라 조잘대는 초등학생, 코밑이 거뭇거뭇해지기 시작하는 남자 중학생, 교복에 한껏 멋을 부린 여고생에 이르기까지 어린이와 청소년을 치료하는 과이다. 생기발랄한 아이들과 이야기를 나누고 진료를 하면서 나는 큰 활력과 기쁨을 얻는다.

## 두 번째 대학 생활의 시작

소아치과 의사가 되기까지 나는 좀 먼 길을 돌아왔다. 공대 대학원을 마치고 직장에 들어갈 때만 해도 그 길로 나의 미래가 정해진 것으로 생각했다. 긴장감과 기대감 속에 처음 시작한 사회생활은 나름 재미있었다. 월급을 받기 시작하면서 비로소 나도 사회에서 한몫을 하는 성인이 되었구나 싶었다. 그러나 회사 생활에 익숙해지면서 미래에 대한 고민이 시작되었다. 이 일이 앞으로 내가 계속할 수 있는 일인지, 일에 대한 성취감과 보람을 계속 느낄 수 있을지, 내 적성과는 잘 맞는 일인지 등에 대해 고민을 거듭했다.

그러던 중 대학에 입학할 무렵이 떠올랐다. 고3 때 치과대학을 가기로 마음을 먹고 당시 나의 이를 진료해 주시던 치과 선생님께 말씀드렸는데, 치과 선생님이 약간 부정적인 이야기를 들려주셨고, 그에 따라 진로를 바꾸어 공대에 들어갔다. 그런데 이후 다시 그 치과에 가니, 선생님이 왜 치과대학을 가지 않았느냐고 하셔서 당황해했었다. 곰곰이 되짚어 보면, 선생님은 내 결심을 확고한 것으로 여기시고 의사 생활이 힘든 점도 있다는 취지로 말씀하신 게 아니었을까 싶다. 그걸 모르고 나는 어린 마음에 치과대학을 가지 말라는 뜻으로 잘못 이해해 섣불리 결심을 바꾼 것이다.

늦었지만, 다시 한 번 그 꿈에 도전해 보고 싶은 마음이 생겼다. 더 늦으면 다시는 기회가 없을 것 같았다. 하지만 갈등도 많이 하였다. 당시 나는 대학생들이 선호하는 글로벌 컨설팅 회사에서 안정된 직장 생활을 하고 있었고 결혼도 하여 2세 계획을 앞두고 있었기 때문이다.

수소문해 보니, 다행히 치과대학에 편입하는 방법이 있었다. 지원

자격 요건 중 생물 과목 이수가 부족하여, 직장을 다니면서 학점은행으로 생물 수업을 들으면서 공부를 시작했다. 그리고 편입학시험을 6개월 앞두고, 직장을 그만두고 공부에 매진한 끝에 치과대학에 입학하였다.

두 번째 경험하는 대학 생활! 기존의 대학 생활과는 완전히 달랐다. 공대 시절 비교적 많은 시험에 단련되었다고 생각했건만, 치과대학의 생활은 고등학교 생활에 더 가까웠다. 일단 공강 시간 없이 아침 8시 또는 9시부터 저녁 6시까지 수업이 꽉 차 있고, 해당 강의실을 찾아다니는 다른 학생들과 달리 한 강의실에 계속 앉아 있으면서 번갈아 들어오시는 교수님을 맞는 시스템이었다. 하루에 두세 과목씩 거의 일주일 내내 치르는 중간고사, 기말고사 기간은 잠과 사투를 벌이다시피하며 버텼다. 단 1초도 졸지 않고 밤을 하얗게 새워 본 것도 그때가 처음이자 마지막이었다. 앉으면 잠이 온다며 도서관 입구 쪽에 자리를 맡아 놓고 내내 서서 공부하는 동기도 있었다.

본과 1학년을 마치고 출산으로 1년 휴학했다. 그리고 돌아온 본과 2학년은 치과대학 4년 중 시험 강도가 가장 세서 육아를 병행하면서 공부하기가 육체적, 정신적으로 쉽지 않았다. 서툰 육아에, 밀린 공부에 하루하루가 가시방석 같았다. 직장 생활을 하는 엄마들이 그렇듯이 나도 아이에게 미안해하며, 또 아이의 예쁘고 귀여운 시간들을 함께하지 못함을 아쉬워하며…, 그렇게 시간을 보냈다. 치과대학에서는 워낙 출석이 중요하다 보니, 아이 이마에서 펄펄 끓다시피 열이 날 때도 아이를 베이비시터에게 맡기고 안 떨어지는 발걸음으로 등교했고, 직장 생활과 달리 휴가를 낼 수도 없어서 아이의 유치원 입학 때도 참석하지 못했다.

다시 시작한 대학 생활이 주는 즐거움도 있었다. 직장 스트레스 없이 공부만 하면 되는 학교생활에 맘이 편해서 책 제목으로 유명한 "공부가 제일 쉬웠어요."라는 말을 실감하기도 했고, 이십 대 초반으로 돌아간 것 같은 설렘도 있었다. 동기들과 함께 공부하다가 대학 축제에 '소녀시대'가 공연하러 왔다고 해서 같이 보러 가기도 하고, 수지침 동아리에 가입해서 강습을 받고 경북대학교에서 열린 전국치과대학연합 축제에 부스를 마련하여 수지침을 놔주는 등 동아리 생활을 즐겼다. 무슨 일을 하든, 나 스스로의 선택으로 어렵게 시작한 학업인 만큼 매 시간, 매 순간이 다 소중하게 느껴졌다.

## 소아치과 의사가 되다

치과대학을 졸업하고 인턴 생활을 거쳐 소아치과를 택해 수련 생활을 하였다. 치과 전공 선택에 있어서 소아치과는 다른 어느 과보다 호불호가 분명하다. 인턴 생활이 끝나 갈 무렵 전공을 선택해서 레지던트 선발 시험을 보는데, "나는 아이는 절대 못 봐." 하면서 미리 제외시켜 놓는 사람들이 있기 때문이다.

치과를 방문하는 아이들은 어른들보다 더 긴장하기 마련이어서 치아 치료뿐만 아니라 환자의 협조를 이끌어 내는 과정이 소아치과에서 중요한 부분을 차지한다. 아이를 키우는 엄마이면서 아이들 만나는 일을 좋아하는 나에게는 소아치과의 이러한 부분이 장점으로 보였다.

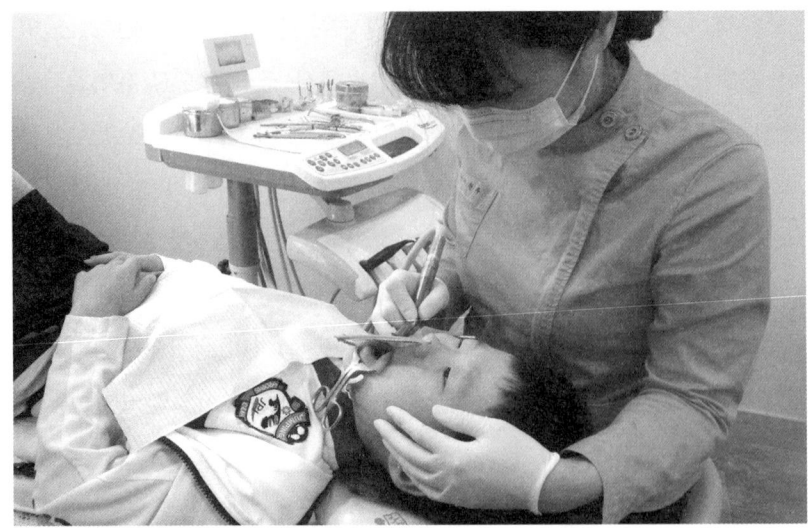

:: 어려서부터 치과를 정기적으로 다닌 아이들은 치과 환경과 의료진에 익숙해지고 지속적으로 관리받은 덕에 심각한 치료를 받는 경우가 드물다. 진료 시에도 긴장을 풀고 편안해한다.

### 겁 많은 초딩 환자

소아치과는 보통 영아 때부터 고등학교를 졸업할 때까지 지속적으로 다닌다. 아이의 집이 이사를 하지 않는다면 말이다. 진료실에 들어오면서부터 우는 아이가 점차 크면서 의젓해지는 모습을 보면 참 뿌듯하다. 소아치과 의사로 오래 일하다 보면, 아이가 자라서 대학생이 되어서도 다니던 치과가 편하다며 찾아올 때가 있다.

한번은 초등학교 6학년 남자 아이를 새로운 환자로 맡게 되었는데, 잔뜩 겁먹은 얼굴로 진료실에 들어와서는 구강 검사만 하는데도 벌벌 떨었다. 그 아이는 이후 치료를 위해 1개월에 한 번꼴로 내원했는데, 내원 횟수가 많아질수록 차차 치과 협조도가 좋아져서 다행이라고 여기던 중 변성기를 맞게 되었고, 때마침 간단한 치과 수술을 하게 되었다. 키가 엄마만 하고 변성기까지 맞은 아이가 긴장해서는 "선생님, 안 아프게 해 주세요." 하며 눈물 흘리는 모습을 보니, 귀엽기도 하고 측은한 마음도 들었다.

### 아이의 충치를 가벼이 여기는 보호자

치과는 아기 때부터 정기적으로 다니면서 평생 건강의 바탕을 만들어 가는 곳이다. 그만큼 중요하다. 그러나 아직도 일부 보호자들은 "유치는 어차피 빠질 이인데 군이 충치 치료까지 받을 필요가 있나요?"라고 반문하며 의구심 가득한 눈길을 보낸다. 이런 눈길을 받을 때면 솔직히 안타깝기도 하고 속상하다.

얼마 전에도 그런 보호자를 만났다. 여섯 살 여자 아이와 함께 내원한 어머니였다. 나는 아이의 치아를 검진한 후에 "충치가 있네요. 다행히 아직은 충치를 제거하고 때우는 치료만 하면 될 것 같습니다."라고 말했다. 보호자와 상의하여 다음번 치료 약속도 정했다. 그러나 보호자와 아이 환자는 그날 오지 않았다.

몇 달 후 보호자는 얼굴이 퉁퉁 부은 아이와 함께 다시 진료실로 들어왔다.

"아이가 너무 아파해요. 어쩌지요."

이쯤 되면 충치가 상당히 진행되어서 때우는 정도가 아니라 신경치료를 하고 크라운으로 씌워야 하는 경우가 대부분이다. "호미로 막을 것을 가래로 막는다."라는 속담처럼 안타까운 경우라 하겠다.

우리 아들도 양치를 열심히 해 주었건만 네 살 때부터 조금씩 충치가 생기기 시작하여 결국 유치 어금니는 8개 모두 치료했다. 다행히 충치 초기 단계에서 치료하여 여러 해가 지난 지금까지 건강히 사용하고 있다. 나는 아들을 키우면서 실제로 적용한 치료 방법들과 효과를 잘 기록해 두고, 아이의 충치 치료 앞에서 망설이는 보호자들에게 들려주거나 한층 더 확신 있게 치료의 중요성을 설명하곤 한다.

## 아이의 마음까지 고려하는 치료

대표적인 소아치과 진료로 진정법을 이용한 치료가 있다. 흔히 '수면 치료'라고 불리는 이 치료가 소아치과에 도입되어서 아이들에게 참 다행이라고 생각한다. 일찍이 이 치료법을 우리 아이에게 적용해 톡톡히 효과를 본 경험이 있기 때문이다.

하루는 진료를 마치고 퇴근 준비를 하는데, 베이비시터 아주머니로부터 전화가 걸려 왔다. "아이가 넘어졌는데, 넘어지면서 머리 뒤쪽이 찢어졌어요. 빨리 병원에 가야 할 것 같아요."

나는 놀란 가슴으로 정신없이 집으로 달려가 아이를 데리고 응급실로 갔다. 의사가 말하길, 상처 부위를 세 땀 정도 스테이플로 봉합해야 한다고 했다. 그런데 첫 번째 스테이플 봉합 후에 아이가 겁을 먹고는 울고불고 발버둥을 치는 통에 도무지 치료를 진행할 수가 없었다. 하는 수 없이 좀 더 큰 병원 응급실로 데리고 가서 수면유도제를 먹였다. 아이가 잠이 들자마자, 약간 비뚤어진 스테이플을 제거하고 다시 봉합했다. 약간 꿈틀하는 것 외에는 평온하게 진료를 받는 아들의 모습을 보면서 얼마나 안심했는지 모른다.

나는 이 경험을 통해 아이에게 진정법이 주는 효과를 확신했다. 진정법은 대개 치료 협조가 어려운 어린아이를 대상으로 치료를 진행할 때 유용하다. 아이가 '치과라는 낯선 환경에서 입을 벌리고 누워 치료를 받아야 하는 것'을 아직 이해할 수 없을 정도로 어리다면 무서움을 넘어 공포를 느낄 수 있다. 치과의사이자 아이 엄마인 나는 아이들의 이런 정신적인 측면을 고려해서 보호자에게 적절히 진정법을 권유하곤 한다.


## 투병 생활을 하는 아이의 치과 치료

대학병원에서 소아치과 전공의로 일하는 동안 가장 기뻤던 순간은 백혈병이 완치된 아이들의 치아를 치료할 때였다. 백혈병은 완치율이 비교적 높은 질환이기는 하지만, 치료와 투병 과정에서 아이와 가족은 엄청난 고통을 감내해야 한다. 또 감수성이 가장 예민한 시기에 탈모와 같은 외모 변화를 겪고 또래 친구들이 누리는 평범한 학교생활과 활동 들을 포기해야 하는 스트레스도 상당하다.

투병 생활 중에 있는 아이들을 진료할 때면 나도 모르게 바짝 긴장 하곤 했다. 이 아이들은 감염 방지를 위해 충치 예방과 관리가 매우 중요한데, 여러 여건상 보통의 아이들보다 충치가 더 잘 생긴다. 검진 후 충치를 치료하려면 몸 상태가 선행되어야 하기 때문에 치료가 가능한 시기를 기다려야 하고, 그 시기가 되어도 항생제를 먼저 복용해야 하는 경우가 대부분이다. 이후 치료에 들어가면 혹시 치과 기구에 의해 상처 가 날까 봐 조심조심하면서, '재치료는 절대 있을 수 없다.'라는 생각으 로 치료에 완벽을 기하기 위해 신경을 곤두세운다. 또 오랜 병원 생활 로 지쳐 있는 아이들이 많아서, 긴장을 풀어 주고 기운을 북돋아 줄 수 있는 방법을 수시로 궁리했다.

그런 힘든 과정 후에, 어느 날 치과 치료가 가능할 정도로 아이의 몸이 회복되었다는 얘기를 들으면 가슴 벅찬 감동이 느껴졌다. 아이는 오히려 덤덤한데, 혼자 너무 기뻐서 아이 어머니의 손을 덥석 잡고 축하드린다는 인사를 건네기도 했다. 기쁨과 행복감에 찬 보호자의 눈물 어린 눈빛은 아직도 내 뇌리에 또렷하다. 이런 날은 하루 종일 미소가 지어졌다. 치과 치료를 받을 때쯤이면 아이의 얼굴에도 병색이 완연히 흐려지고 학교생활도 가능해지면서, 여느 아이나 청소년과 같은 모습이 된다. 평범한 삶에 새삼 감사함을 느끼며, 그 아이들의 건강한 미래를 마음속으로 기원했다.

한편, 생각만으로도 가슴이 먹먹해 오는 일들도 있다. 종합병원 소아치과에 있으면 소아과에 입원한 아이들을 위한 왕진 요청이 들어오곤 한다. 치과 치료의 기본이 되는 핸드피스는 옮길 수 없기 때문에 링거를 맞고 있더라도 이동이 가능한 아이는 휠체어나 이동침대를 타고 소아치과로 온다. 하지만 그마저도 불가능한 경우는 소아치과 의사가 직접 소아과로 가서 아이를 검진한다.

한번은 소아 환자의 치아가 흔들린다고 해서 왕진을 갔더니 침상에 어린 남자 아이가 누워 있었다. 재빠르게 침대 끝 팻말을 훑어보니 아이의 나이는 아홉 살, 병명은 뇌종양이었다. 눈을 반쯤 뜨고 있는 것으로 보아 자는 것 같지는 않았다. 아이의 이름을 부르며 "입을 벌려 보세요."라고 말했다. 아이는 눈에 초점이 없었고 나를 바로 보지 못하는 듯했다. 말이 들리는 건지 아닌지, 의식이 있는 건지 아닌지 구분하기 어려웠다. 그만큼 병이 위중한 상태였다.

나는 기구를 이용하여 간신히 아이의 입을 벌리고 검사했다. 응급실에서 실로 고정해 둔 앞니가 너무 많이 흔들렸다. 건드리기만 해도 빠질 것 같았다. 옆에서 아이 어머니가 걱정스러운 눈길로 나를 바라보고 계셨다. 마음이 무거웠다. 하지만 해야 할 말은 또 해야 하는 것이

의사로서의 일이다. "아무래도 이 치아는 오래 쓰기 어렵습니다."라고 말하고 자세하게 설명을 덧붙였다. 그러고는 자꾸 눈물이 나올 것 같아서 고개를 돌리려는데, 아이 어머니가 뜻밖의 질문을 하시는 것이었다.

"선생님, 우리 아이가 앞니 사이가 좀 벌어졌는데 나중에 교정을 해 주면 될까요?"

그 순간 머리가 하얘졌다. 아픈 아들을 붙잡고 베갯잇을 눈물로 적실 어머니가 그런 질문을 하실 줄은 전혀 예상치 못했다. 아이의 완쾌에 대한 간절한 마음, 무엇이든 아낌없이 해 주고 싶은 뜨거운 모성이 그대로 전해져 와서 가슴이 아렸다.

병원에서 이런 부모님들을 뵙고 나면, 내가 아는 선에서 할 수 있는 일은 무엇이든 해 드리고 싶은 마음에 왕진을 다녀와서는 전공 책을 한 번 더 들춰 보았다.

### 무불경(毋不敬)

치과의사의 일상은 규칙적이다. 소아치과 의사인 나는 오전에는 주로 미취학 아동을 대상으로 진정법을 이용한 충치 치료를 하거나, 건강보험에서 지원하는 영유아 검진을 하거나, 응급 치료를 요하는 아이들을 진료한다. 오후에는 대개 유치원과 학교 수업을 마친 아이들의 정기 검진이나 치료를 한다. 그러면서 하루에 보통은 20명, 많을 때는 40명 정도의 아이들을 만난다. 특히 오후에는 한숨 돌릴 틈도 없이 바쁜 날이 많아서 집에 갈 때쯤이면 녹초가 되곤 한다.

치과의사에게 평소 건강관리는 매우 중요하다. 그럼에도 바쁜 일상

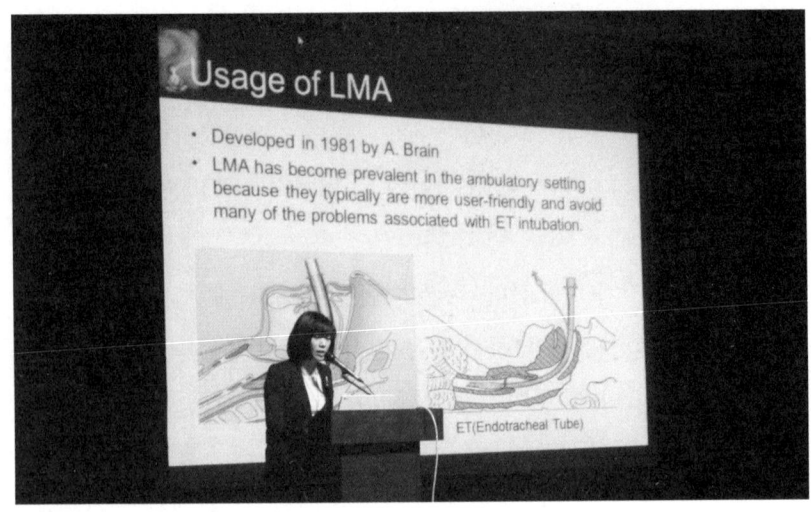

:: 2012년 대한소아치과학회 제35회 종합학술대회에서 구연 발표를 하는 필자.

을 핑계로 운동을 소홀히 하다가 모처럼 마음먹은 날에는 5킬로미터 혹은 10킬로미터 단축 마라톤 대회를 신청해서 집중적으로 연습한 후 참가한다. 하지만 그것도 몇 년에 한 번꼴이다. 42.195킬로미터 마라톤 을 완주하고픈 소망을 가슴 한 켠에 간직하고 있으나, 해가 갈수록 요원해지는 느낌이다.

　그래도 나의 일상을 위로하는 존재가 하나 있다. 바로 병원에서 만나는 아이들이다. 『예기(禮記)』에 무불경(毋不敬)이라는 말이 있다. '공경하지 않을 것이 없다'는 뜻인데, 아이들을 치료하면서 이 말을 절감한다. 아이들은 누구나 귀엽고 예쁘고 사랑스럽지만, 나도 인간인지라 한눈에 들어오지 않는 아이도 가끔 있는데, 그런 아이는 여러 번 만나고 진료를 하면 할수록 장점이 크게 보이고 새로운 인상을 받게 된다. 세상에 어느 아이 하나 예쁘지 않은 아이가 없는 것이다. '선현의 말씀이 이렇게 잘 맞을 수가 있나.' 싶어 새삼 놀랍기도 하다.

다른 병원으로 이직하게 되어 그간 진료했던 아이들에게 작별을 고할 때, 눈물까지 보이면서 이별을 아쉬워하던 아이들의 얼굴은 지금도 생생하다. 아장아장 뒤뚱거리는 걸음걸이로 다가와 다소 위태로워 보이기까지 하는 배꼽 인사를 꾸벅 하고 돌아서는 모습, 삐뚤삐뚤하지만 꼭꼭 눌러쓴 감사 카드, 소중히 아끼던 사탕 한 개를 선물로 내미는 고사리손, 색종이로 열심히 접은 하트 선물 그리고 무엇보다 반짝이는 아이들의 눈망울과 환한 미소.

아이들이 주는 과분한 사랑이야말로 소아치과 의사로서 가장 감사한 큰 축복이다. 아이들과 함께할 수 있어서 나는 정말 행복하다.

# 치과계의 숨은 해결사,
# 구강내과 의사들

| 윤승현 |

연세대 치과대학을 졸업하고 신촌 세브란스병원에서 인턴 및 구강내과 레지던트 수련을 받았다. 2009년 안면통증 구강내과 전문의 자격을 취득하고, 2011년 국내 최연소로 미국 안면통증 전문의 자격을 취득했다. 연세대 치과대학 외래교수로 있으면서 '이 예쁜 나라의 앨리스 치과'에서 환자를 진료하고 있다.

어느 월요일 오전, 근심에 가득 찬 얼굴로 오십 대 여자 분이 진료실로 들어섰다.

"이가 아파서 이를 뽑았는데도 계속 아파요!"

"네. 그런데 언제 이를 뽑으셨지요? 이를 뽑기만 하고 다른 치료는 안 받으셨어요?"

"으음, 어느 날부터 왼쪽 아래 어금니가 전체적으로 찌릿하며 아파서 가까운 치과에 갔는데, 충치는 아니지만 치아에 금이 가서 그럴 수도 있다면서 왼쪽 아래 가장 뒤쪽 어금니를 신경 치료 했어요. 그런데 증상이 나아지지 않아서 이번에는 그 앞에 있는 어금니를 신경 치료 했어요. 그런데도 증상이 계속되었어요."

의심되는 어금니 모두에 신경 치료를 했다면 적어도 그 부위는 통증을 느낄 수 없을 텐데, 이상했다.

환자는 계속해서 이렇게 말했다.

"신경 치료가 잘못된 게 아닐까 싶어 대학병원에도 갔어요. 거기서 보존과 교수님께 신경 치료를 다시 받았지요. 그런데도 증상은 계속 똑같았어요. 결국 지치고 답답한 마음에, 눈물을 머금고 아래 어금니 두 개를 뽑아 버렸지요. 다행히 발치한 뒤 얼마 동안은 증상이 없었는데 그제부터 다시 아픈 거예요. 이도 없는 데 말예요. 왠지 이가 문제가 아닌 것 같아서 주변 사람들에게 물어물어 여기까지 온 거예요."

환자와 치과의사 모두에게 이런 황당한 경우가 또 있을까? 치아가 아파서 때우는 치료를 하고 보철 치료를 하고 신경 치료까지 하고, 그래도 통증이 멈추지 않아서 결국 발치하기까지 했는데 계속 아프다니. 이제 더 이상 존재하지도 않는 치아가 어떻게 아플 수가 있을까?

믿어지지 않는 이야기겠지만 실제로 종종 일어나는 일이고, 대개는 치과의사와 환자 모두에게 악몽 같은 기억으로 남는다.

의사는 환자가 거짓말을 하고 있거나 어쩌면 다른 의도를 가진 블랙컨슈머가 아닐까 의심까지 하게 된다. 또 환자 입장에서는 치아가 아파서 의사가 권유하는 대로 이런저런 치료를 다 받고 발치까지 했는데 차도가 없으니 답답할 노릇이다.

꼼꼼히 환자의 입안 상태를 검진한 결과, 전체적으로 치아가 많이 마모되어 있고 양쪽 볼 점막에는 치아에 눌린 자국이 많이 나 있었다. 이를 갈거나 꽉 무는 습관으로 인해 치아에 금이 갔을 수 있다고 생각할 만한 상태였다. 발치하기 전에 촬영해 둔 엑스레이 사진도 살펴봤는데, 보존과 교수님이 신경 치료를 하신지라 신경 치료 상태가 완벽했고 치아 쪽으로는 통증이 생길 만한 원인이 없어 보였다.

:: 군의관 복무 중 미국 안면통증 전문의 시험에 합격했을 때 《국방일보》에 게재된 기사.

구강내과에서 실시한 여러 가지 문진과 임상 검사 결과, 내가 발견한 특징적인 소견은 환자가 '얼마 전부터 치아뿐만 아니라 왼쪽 입꼬리 아랫부분을 건드리면 찌릿하고 전기가 오는 듯한 통증을 느낀다'는 것이었다. 환자는 양치를 하거나 화장을 할 때마다 찌릿한 느낌을 받았고 그때마다 치아가 있었던 부위가 아프다고 했다.

통증의 원인은 치아가 아니었다. 실제 진단은 삼차신경통(trigeminal neuralgia)이었다. 삼차신경은 얼굴 부위의 감각을 담당하는 뇌신경인데, 이곳에 신경통이 발생하면 신경이 분포하는 곳을 건드릴 때 마치 전기에 감전된 듯 찌릿하는 통증이 생겨난다. 이렇게 치아 통증의 원인은 다른 곳에 있지만 증상은 치아에서 나타나는 것을 비치성치통(non-odontogenic toothache)이라고 한다. 원인도 근육통, 상악동염, 신경통, 심장질환 등등으로 다양하다.

나는 환자에게 신경통에 작용하는 항전간제를 처방했으며, 약을 복용하고 며칠 뒤 환자의 증상은 씻은 듯이 없어졌다.

이러한 진료를 한 나는 치과 중에서도 구강내과 전문의다. 구강내과는 구강과 턱관절을 포함한 턱, 얼굴 부위에 발생하는 여러 질병을 치료하는 치과의 전문 분야이다.

구강내과에서는 내과적 치료를 필요로 하는 턱관절 질환, 삼차 신경통과 같은 얼굴 부위의 통증과 두통, 다양한 원인에 의해 발생하는 입안의 연조직 질환과 혀 질환, 구취, 구강 건조증, 임플란트나 발치 후 발생된 신경 손상, 미각 장애, 이갈이, 코골이, 수면무호흡증 등을 치료한다. 또 전신질환과 관련되어 나타나는 구강 질환의 진단, 치료와 관리 업무 및 예방, 가정치의학적 업무와 치의학의 법적인 응용에 관련된 법의치과학적인 업무 등을 수행한다.

과거 '구강진단과'라는 과에서 임상적인 진료를 강화해 '구강내과'라는 이름으로 바뀐 지 그리 오래되지 않은, 비교적 젊은 과라고 할 수 있다.


### 턱이 아픈데 어디로 가야 하나요?

"턱이 아파요."라는 주소는 예전에는 치과 진료실에서 생소했다. 현재에 비해 생활수준이 낮고 의료 지식이 부족했던 시절에는 생활하는 데 크게 불편하지도 않은데 턱이 아파서 병원에 간다는 것은 흔한 일이 아니었으며, 치과에서도 환자에게 정확한 진단과 치료를 제공하는 데 한계가 있었다. 하지만 근래에는 턱관절이 불편하다는 환자들이 급증하고 있고 과거와 달리 환자의 연령과 성별도 광범위해지고 있다.

턱관절 질환의 증상은 다양하다. "입을 벌릴 때 딱 소리가 나요." "갑자기 입이 안 벌어져요." "입을 벌리려고 하면 아파요." "턱뼈가 갈리는 느낌이에요." 등등 환자마다 다양한 증상을 호소하며, 증상의 원인 또한 각기 다르다. 원인이 다양하니 그에 대한 치료법도 각기 다르지만, 사람들에게는 '턱관절 질환'이라는 이름으로 뭉뚱그려 알려져 있다. 그리고 이러한 증상들이 주목받기 시작한 지 그리 오래되지 않은 탓에 어디서 치료를 받아야 하는지, 어떻게 치료를 받아야 하는지 잘 몰라서 많은 환자들이 혼란을 겪고 있다. 실제로 인터넷 포털 사이트에 '턱관절'이라는 키워드로 검색해 보면 치과, 정형외과, 한의원, 물리 치료 등 환자 입장에서는 뭐가 정답인지 알 수 없을 정도로 서로 다른 내용을 담은 정보들이 넘쳐 난다.

결론부터 말하자면, 턱관절 질환은 치과에서 진단과 치료를 받아야 한다. 턱은 턱뼈부터 연골, 관절낭, 디스크, 각종 턱 근육 및 치아의 교합까지 무수한 요소들이 영향을 주고받는 곳이다. 치료할 때 이 중 한 가지만 간과해도 증상이 개선되지 않을 수 있다. 또 턱관절에 영향을 주는 요인 중 상당한 비중을 차지하는 치아 교합을 조절할 수 있는 곳은 치과뿐이다. 실제로 구강내과 진료실에는 잘못된 방법으로 치료를 진행해 턱뿐만 아니라 치아 교합에 되돌릴 수 없는 손상을 입고 찾아오는 환자가 많다.

턱관절 질환의 치료는 치과 내에서도 구강내과와 구강외과에서 주로 담당한다. 증상에 따라 수술을 요하지 않는 턱관절 질환은 구강내과에서, 수술이 필요한 경우는 구강외과에서 진료를 진행한다. 턱관절 질환의 대부분은 수술을 요하지 않기 때문에 되도록 치아나 교합에 손상을 주지 않는 약물 치료, 물리 치료, 자가 요법과 교합안정장치(스플린트) 치료 같은 보존적인 방법으로 치료를 하는 것이 적절하며, 구강내과에서 전문적으로 시행하고 있다.

## 치과 왔다가 뇌종양 발견?

구강내과에서는 일반적인 치과에서 진료하는 치통뿐만 아니라 얼굴과 턱 부위에서 발생되는 다양한 통증에 대해 진단하고 치료한다. 치아와 입안의 구조물들을 포함한 얼굴과 턱 부위의 감각과 통증은 다섯 번째 뇌신경인 삼차신경에 의해 느껴지게 된다. 흔한 경우는 아니지만 특별한 원인 없이 발생한 통증이나 감각 이상은 이 삼차신경의 직접적인 이상에 의해 발생되기도 한다.

레지던트 2년 차 때였다. 진료가 끝나고 퇴근 준비를 하던 중에 전화 한 통을 받았다. 같이 치과대학을 졸업하고 공중보건의로 근무하고 있던 동기 형이었다.

"승현아, 우리 형수님이 요즘 턱이 좀 아프다고 하시네. 약도 좀 드시고 했는데 별 차도가 없으신가 봐. 네가 한번 봐줄 수 있을까?"

"네, 형님. 물론이죠."

이때까지만 해도 통상적인 턱관절 질환을 가진 환자이겠지 싶었다.

며칠 뒤 동기 형의 형수님이 내원하셨는데, 삼십 대 초반의 젊은 분이었다.

"어떻게 불편하세요?"

"얼마 전부터 왼쪽 턱이 좀 아파요. 그리고 왼쪽 아래 입술이랑 턱의 끝부분이 마취가 덜 깬 것처럼 저릿저릿하고 멍멍한 느낌이에요."

증상을 들어 보니, 좀 이상했다. 턱관절 질환에 감각 이상이 동반되는 경우는 극히 드물기 때문이다.

"혹시 두통이 있으신가요?"

"어릴 적부터 편두통이 있었는데 요즘에 좀 심하네요. 약간 어지럽

기도 하고."

느낌이 좋지 않았다. 차근차근 문진, 검진, 뇌신경 검사를 하였다. 그 결과 좌측 얼굴 부위의 감각을 담당하는 삼차신경의 아래턱 가지 부위(삼차신경은 이마, 위턱, 아래턱의 세 가지 갈래로 나뉘어 있음)의 감각이 실제로 이상을 보이고 있었으며, 두통의 양상도 일반적인 편두통과는 달랐다.

"머리 MRI를 촬영해 봐야겠는데요."

"네? 머리 MRI요? 턱관절 때문에 왔는데 왜 머리를 찍어야 하나요?"

환자는 당황한 눈치였다. 게다가 치과에서 머리 MRI를 찍게 되리란 생각은 전혀 못했을 것이다.

"일반적인 턱관절 질환 증상과 좀 달라서요. 신경학적 증상들이 동반되고 있어서, 물론 가능성은 거의 없지만, 머리 쪽에 이상이 있는지 확인하려고 합니다. 혹시나 머리 쪽에 이상이 있다면 위험성이 높기 때문에, 이런 경우는 교과서적으로 MRI 촬영을 해서 확인해야 할 것 같습니다."

환자는 쉽게 납득하지 못했지만, 그래도 MRI 촬영을 하기로 결정하였다.

다음 날 방사선과에서 촬영 결과에 대한 회신이 왔는데, "좌측 삼차신경 뿌리부 옆에 뇌종양이 발견되었음"이라는 판독이었다. 종양이 커지면서 삼차신경을 압박해 턱 부위 통증과 두통 등을 일으켰던 것이다. 환자는 곧 신경외과를 통해 감마나이프를 이용한 뇌종양 제거 수술 일정을 잡았다.

뇌종양 수술 후에 다행스럽게도 후유증이 없는 건강한 모습으로 환자가 찾아왔다. 선물을 한가득 들고서.

:: 필자의 첫 국제 논문에 공동 저자로서 도움을 주셨던 미국 UCLA 대학 안면통증 클리닉 과장 로버트 L. 메릴 (Dr. Robert L. Merill) 교수와 함께한 모습.

"신경외과 선생님이 종양을 어떻게 치과에서 발견했냐고 물어보시더라고요. 턱관절 질환 증상인 줄 알고 치과에 갔다가 선생님이 머리 MRI를 촬영하자고 하셔서 발견했다고 하니, 선생님께 감사 인사를 꼭 하라고 하셨어요. 증상이 별로 없어서 발견하지 못하고 오랫동안 방치했으면 큰일 날 뻔했는데, 빨리 발견해서 수술 경과도 좋고 다행이라고 하시면서요. 정말 감사합니다."

동기 형도 감사 인사를 하였다.

"덕분에 우리 형수님 살았다. 너무 고마워. 네가 살려 준 거야."

### 법치의학, 망자의 신원을 밝히다

"첫 소식입니다. 경기도 이천에 있는 냉동 창고에서 화재가 발생했습니다. 작업 중이던 인부 44명이 창고 안에 갇혀 구조를 기다리고 있습니다."

레지던트 3년 차가 되던 2008년 1월 7일, 경기도 이천에 있는 냉동물류 창고에서 대형 화재 사고가 발생했다. 40명이 사망하고 9명이 부상당한 아주 큰 화재 사고였다. 수년이 지난 지금도 관련 기사들을 인터넷에서 쉽게 접할 수 있을 정도다.

많은 사람들을 충격과 슬픔에 빠뜨린 이 사고가 발생하고 나서 며칠 뒤, 국립과학수사연구소에서 법치의학실장으로 근무하던 구강내과 선배님으로부터 전화가 왔다. 이천 화재 사고 희생자들의 신원을 확인하는 데 도움을 줄 일손이 필요하다는 내용이었다.

'법의학'은 얼마 전까지 인기리에 방영되었던 미국 드라마 시리즈와 국내 드라마에서 주요 소재로 다루어져 사람들에게 많이 친숙할 테지만, '법치의학'은 아직 친숙하지 않은 이름일 것이다. 하지만 법치의학의 업무 내용은 드라마나 영화에 알게 모르게 꽤 많이 등장했다.

법치의학이란 법의학 분야에서도 치과와 관련된 학문을 말하며, 법치의학에서 가장 중심이 되는 것은 '개인 식별'이다. 영화나 드라마에서 가끔 나오는 내용인데, 신원 미상의 사체가 발견되었을 때 치아 형태나 보철물, 수복물 같은 치아의 특징을 이용해 신원을 확인하거나 치아의 발육 정도와 교모 같은 특징을 통해 나이 대를 추정한다. 또 범죄 상황에서 피해자나 사체에 남겨진 교흔(치아에 물린 자국) 등을 역으로 추적하여 가해자의 신원을 확인하기도 한다. 이런 모든 일들이 바로 치의학적 정보를 이용한 개인 식별이다.

치아는 사체에서도 장시간 동안 변하지 않으며 마치 지문처럼 개개인마다 각기 다른 특징을 갖고 있으므로 개인 식별 영역에서 중요하게 이용되고 있다. 2002년 김해에서 발생한 중국 민항기 추락 사고, 2003년 대구에서 일어난 지하철 화재 참사 같은 대량 재난에서도, 언론에는 알려지지 않았지만, 많은 구강내과 의사들이 사건 현장으로 달려가서 며칠씩 밤을 새우며 사체의 신원 확인과 인도에 공헌하였다.

최근에는 이런 개인 식별 과정에 유전자 검사가 많은 역할을 하면서 치과적인 대조 방법의 비중은 과거에 비해 크게 감소했다. 하지만 유전자 검사도 오류가 발생할 수 있는 여러 요인을 가지고 있기 때문에 치과적 대조를 병행하는 이중 검사 과정을 통해 만에 하나 발생할 수 있는 식별 오류를 최소화하는 데 공헌하고 있다.

국립과학수사연구소에 도착해서, 나는 법치의학실장으로 계신 선배님을 도와 신원을 알 수 없는 소사체의 치과적 특징과 피해자의 가족이 보내 준 생전의 치과 진료 기록을 대조하는 일을 하였다. 아직 신원이 밝혀지지 않은 10여 구의 시신이 있었다. 대부분은 얼굴이 알아볼 수 없을 정도로 손상되어 있었고 입은 다물어진 채로 굳어 있었다.

사체의 입이 벌어지지 않아서 먼저 위턱과 아래턱 부위를 절제하는 구강 부검을 시행하였다. 사체의 치아 보철물 사진, 치아 엑스레이 사진을 촬영했다. 그런 다음 그것들과 과거 치과 치료 기록이 적힌 진료 기록부와 과거 엑스레이 사진 같은 자료들을 하나하나 대조하며 신원을 확인해 나갔다.

생전의 치아 관련 자료들이 잘 보존되어 있고 보철물이나 덧니 같은 치과적 특징이 명확한 경우, 사체의 신원을 거의 정확하게 확인할 수 있었다. 물론 유전자 검사도 병행함으로써 혹시나 발생할 수 있는 치과적 특징의 우연한 일치를 배제했다. 아침부터 밤늦게까지 씨름한 결과, 시신의 신원을 절반 정도 확인할 수 있었다.

고도의 집중력과 잠시의 흐트러짐도 허락하지 않는 고된 노동의 시간이었지만, 눈물 흘리며 애타게 기다리는 가족들의 품으로 시신이나마 보내드릴 수 있어서 다행이었다. 한편으로 '치과 기록과 자료가 더 있었더라면 한 구라도 더 빨리 가족의 품으로 인도할 수 있을 텐데.' 하는 아쉬움이 남았지만, 치과의사로서 그분들께 도움이 되는 일을 했다는 데 자부심을 느낀 하루였다.

## 구강내과 의사는 '언성 히어로'

대한민국 축구 대표팀의 주장이었던 박지성 선수의 별명 중 하나가 '언성 히어로(unsung heroes)'이다. 칭송받지 못하는, 이름 없는 영웅이라는 뜻이다. 골을 많이 넣지도, 화려한 스포트라이트를 받지도 못하지만 자기 자리에서 묵묵히 최선을 다하는 선수를 가리키는 말이다. 나는 '구강내과'와 '언성 히어로'라는 표현이 매우 잘 어울린다고 생각한다.

신문이나 인터넷 광고에 나오는 치과 의료 광고들을 보면 임플란트, 교정, 심미 보철, 악교정 수술 등 대중적으로 이슈가 되는 화려한 술식들과 멋진 치과병원, 치과의원과 의료진들의 사진이 넘쳐 난다. 또 연예인들의 치료 후기와 최첨단 장비 소개 광고들이 즐비하다. 그 가운데서 구강내과에 대한 광고는 찾아보기 힘들다. 현재 우리나라 의료 체계와 보험 수가 체계를 고려했을 때 큰 수익을 내지 못하는 분야라는 사실이 큰 이유일 것이다. 실제로 구강내과를 전공한 전문의 수는 다른 과에 비해 극히 적다.

하지만 앞에서 들려준 나의 진료 이야기에서처럼, 대중의 관심을 받

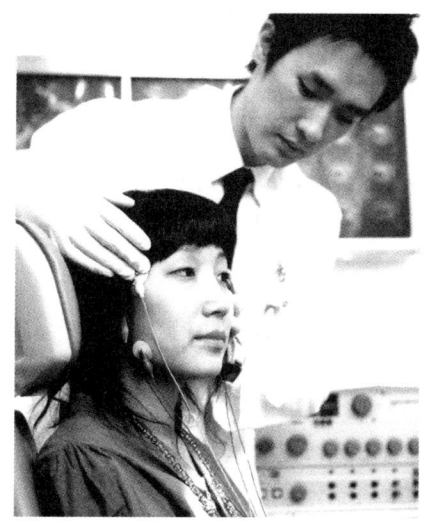

:: 구강내과에서는 턱관절 질환 환자에게 약물 치료와 교합안정장치 치료 이외에도 다양한 물리 치료를 시행하고 있다.

거나 병원 경영에 도움을 주는 과는 아니더라도 일반적인 치과에서 해결하기 어려운 증례들이 발생했을 때 해결사 역할을 해 주는 곳이 바로 구강내과다. 구강내과 전문의들은 지금도 여러 곳에서 묵묵히 자신의 진료를 펼쳐 나가고 있으며, 쉽게 해결되지 않는 문제들로 고통을 받고 있는 환자들을 돕고 있다. 구강내과 전문의는 치과계의 '언성 히어로'인 것이다.

# 치과의사가
# 얼굴 수술을 한다고요?

| 권진일 |

2008년 연세대 치과대학을 졸업하고 치과의사 면허를 취득했다. 2012년까지 연세대 세브란스병원 구강악안면외과에서 수련을 받은 후 전문의에 합격했다. 현재 경기지방 병무청에서 군징병의사로 복무 중이며, 진단 어플리케이션 개발과 의료기기 특허 등록 등 왕성한 활동을 하고 있다.

띠리리리~

"네, OMS(Oral & MaxilloFacial Surgery, 구강악안면외과) 당직 1년 차 권진일입니다. 바로 응급실로 내려가겠습니다."

치과의사 고시에 합격한 뒤 1년간 인턴 과정을 마친 나는, 2009년 2월 겨울 구강악안면외과 레지던트로서 첫 전화를 받았다. 하지만 그 전화는 축하 인사 전화가 아닌, 응급의학과 당직 의사의 호출 전화였다. 호출 용건은 '오토바이 사고로 입술 관통창과 턱뼈 골절을 입은 고등학생이 있으니 당장 응급실로 와 달라'는 것. CT 영상을 살펴본 뒤 새벽녘의 별을 바라보며 구강악안면외과 당직실에서 응급 센터까지 걸어가는 몇 분 동안 내 머릿속은 터져 나갈 듯했다. 입술 봉합 처치를 어떻게 하더라? 부러진 턱뼈를 어떤 방법으로 고정하지? 처치를 한 뒤에 환자와 보호자에게는 뭐라고 설명하지?…

응급실에서 진료를 볼 때면 구급차 사이렌 소리, 환자들의 신음 소리, 보호자들의 고함 소리가 연신 고막을 자극하는 바람에 정신을 차리고 있기조차 힘들다. 그런 응급실에서 일명 '치과의사 같지 않은 치과의사'로 불리는 구강악안면외과 수련의 생활이 시작되었다.

## 의학 섬, 치의학 섬 그리고 구강악안면외과 다리

내가 수련의 생활을 한 구강악안면외과의 명칭은 '구강(입안)'+'악(턱)'+'안면(얼굴)'의 한자 조합어로, 턱과 얼굴 부위의 질환을 다루는 치과 임상 전문과다. 명칭이 주는 생소함에도 불구하고 구강악안면외과는 다른 의학 분야와 마찬가지로 오랜 역사를 지니고 있다. 의료 선교사들에 의해 처음 도입된 이래 현재까지 종합병원급 의료기관에서 턱, 얼굴 부위의 기형 수술이나 양악 수술, 구강암 수술, 설암 수술, 얼굴뼈 골절 수술 등을 충실히 해 오고 있는 것이다.

2009~2010년경부터는 '양악 수술'이라는 용어가 언론에 자주 오르면서 자연스럽게 구강악안면외과도 매스컴에 노출되기 시작했다. 하지만 구강악안면외과는 아직도 생소하고 어려운 이름이다. 사실 치과 대학생들도 본과에서 임상 교육을 하면서 비로소 구강악안면외과라는 명칭을 접하고, 또 치과의사들도 그 명칭이 어려워 '구강외과'라는 줄임말을 즐겨 쓰고 있다.

현실이 이렇다 보니, 과 이름에 얽힌 웃지 못할 에피소드도 많다. 그리고 그중에 최고는 역시 배달 음식이나 수술 용품 등을 주문할 때다. 아무리 정확하게 또박또박 발음해도 '구강앞암면외과', '구강암안면외과', '구광안면외과' 등 정체 모를 주소가 적힌 채 물건이 도착한다. 함께 근무하는 이비인후과 선생이 자신도 '이빈후과', '이비누외과' 등으로 불린다며 위로하지만, 씁쓸한 마음을 금할 길이 없다.

그런데 구강악안면외과라는 이름보다 사람들이 더 낯설어하고 심지어 놀라워하는 것은 구강악안면외과 의사들이 하는 일이다. 지인들과 이야기하다 보면, 우선 치과의사들 중에 이렇게 광범위한 범위의 질환을 다루는 그룹이 있다는 것에 신기해한다. 그다음에는 치과의사들이 전신마취 수술을 집도한다는 사실에 놀란다. 마지막으로는 수술할 환자를 입원시켜 환자 상태를 조절하고, 수술 후에는 환자에게 약제를 투입해 생체 징후를 안정화시키며 수술 부위의 통증을 조절하는 등 입원 관리를 한다는 것에 놀란다.

이렇게 사람들이 상식적으로 알고 있는 치과의사의 역할과 실제 구강악안면외과 의사가 하는 역할 사이에 간극이 크다 보니 곤란한 일도 종종 발생하고, 내 경우에는 치과의사로서의 정체성에 대해 진지하게 고민하기도 했다.

다행히 이런 내 고민을 해소시켜 준 것이 있었으니, 그것은 학회에 연자로 초청된 외국의 구강악안면외과 의사가 발표한 슬라이드에 담긴 삽화 한 장이었다. 그 삽화에는 구강악안면외과 의사가 '의학'이라는 섬과 '치의학'이라는 섬을 드나들며 의사나 다른 치과의사들이 처치하지 못하는 질병을 다루는 다리로 묘사되어 있었다. 관점을 조금 바꿔 보니, 구강악안면외과 의사란 두 영역을 자유롭게 넘나들며 전문성을 발휘할 수 있는 매력적인 존재였다.

## "응급실로 빨리 내려와 주세요"

치과대학을 졸업하고 수련의 과정을 거쳐 바로 개원의가 된 치과의사들이 경험하지 못하는 일 중 하나가 바로 응급 환자 처치다. 가벼운 치통이나 출혈 환자가 아니라 입원과 수술이 필요한 응급 환자, 분초를 다투는 출혈 환자, 상기도 폐쇄 환자를 치료하는 것은 구강악안면외과 의사만이 하는 특별한 경험이다. 더욱이 응급실처럼 삶의 변곡점을 접하는 특별한 장소에서는 특별한 사건도 있는 법이다. 내게도 특별한 환자들과 특별한 기억들이 있다.

어느 여유로운 공휴일 오전, 전화기에서 다급한 목소리가 흘러나왔다.

"tongue amputation(혀 절단) 협진 환자 있습니다. 응급실로 빨리 내려와 주세요."

응급실은 응급의학과 의사, 119구급대원, 외과 당직 의사, 보호자들로 이미 아비규환이었다.

환자는 오토바이를 타다 사고를 당한 젊은 남자였는데, 혀 전체가 절단되어 있었다. 나와 외과 의료진은 1시간의 사투 끝에 설동맥에서 뿜어져 나오는 피를 지혈하고 기도를 확보할 수 있었다. 하지만 장시간의 산소 공급 중단으로 인한 뇌 손상, 출혈성 쇼크로 인한 장기 손상 때문에 환자의 예후는 장담할 수 없는 상황이었다.

환자를 중환자실로 옮기고 나서 응급대원이 작성한 구급 기록을 보았다. "환자를 사고 발생 지역인 강원도 인근 종합병원으로 이송했다가 다시 신촌 세브란스병원으로 이송했다."고 기록되어 있었다. 한시가 급한 상황에서 왜 재이송을 했지? 내 의문은 구강악안면외과 의사와 상담을 하고 싶다는 환자의 아버지를 면담한 뒤에야 풀렸다. 보호자는 내게 아이스박스를 내밀었다. 그곳에 잘려져 나간 환자의 혀의 일부가 얼음과 함께 담겨 있었다.

"인터넷에 찾아보니, 미세 현미경으로 제자리에 혀를 붙여야 된다고 하더라고요. 그러려면 아무래도 서울에 있는 큰 병원이 나을 것 같았어요. 혀가 없으면 우리 아들이 말을 못하잖아요."

중환자실 스태프로부터 환자가 현재 생사의 갈림길에 서 있다는 설명을 듣지 못했는지 말투도, 표정도 평온했다. 그 순간 내 머릿속에서는 아들이 죽어 가는데도 수도권 대형 병원만을 고집한 아버지의 몰이해와 전문가로서 소견을 갖고 보호자를 설득하지 않고 장거리 이송을 허락한 강원도의 이름 모를 응급 의사와 구급대원에 대한 분노가 차올랐다.

결국 환자는 수일 후 사망했다. 만약 혀에 대한 미련을 버리고 지혈과 기도 확보를 신속하게 했다면 그에게도 삶의 기회가 주어졌을 거라는 생각에 한동안 평정심을 찾지 못했다.

한편 똑같이 혀를 다친 응급 환자지만 전혀 다른 상황이 벌어진 경우도 있었다. 그날 혀의 열상(찢어짐)과 손상으로 응급실에 왔다는 환자를 문진하는 선배의 눈빛이 의구심으로 가득 차 있었다.

"이상해. 환자 진술이 다친 양상과 앞뒤가 안 맞아. 자꾸 빨리 처치를 받고 병원을 떠나려고만 해."

새벽녘이었다. 졸음에 겨워 점점 감겨 가는 내 눈은 '이상한 생각일랑 하지 말고 어서 눈 좀 붙이자고요.'라고 선배에게 간절하게 말하고 있었다. 그러다 정신이 번쩍 난 건, 응급실 행정 직원에게 전화가 온 뒤였다. 그 환자는 홍익대학교 인근에서 성폭행을 시도하다 저항하는 피

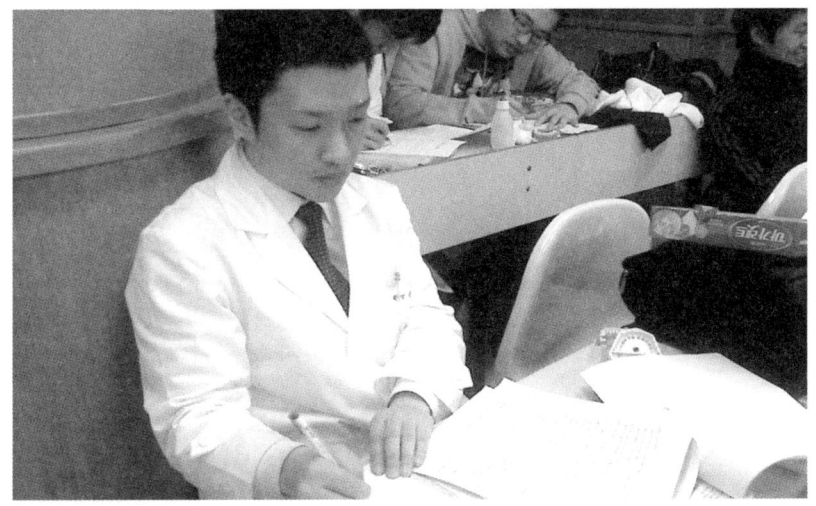
:: 병원에서 공부 중인 필자의 모습.

해자에게 혀를 물려 도망친 가해자였다는 것이었다. 지혈을 마친 환자
는 출동한 경찰차에 탑승했다.


### 환자의 고통을 돌아보다

응급 환자를 치료하다 보면, 마취를 해도 수술 도중에 통증을 느끼
는 경우가 있다. 대개 마취를 해도 통증이 있을 수 있다고 미리 설명하
고 잠시만 참아 달라고 요청하는데, 그래도 자꾸만 움직이며 칭얼대는
환자가 많다.

가장 대표적인 경우는, 치아 뿌리 끝에 고름이 잡혀 얼굴과 잇몸이
퉁퉁 부은 채 응급실에 오는 농양 환자들이다. 추석, 설 같은 명절이면
동네 치과가 대부분 문을 닫아서, 병원 응급실은 농양 환자로 문전성시

를 이루고 고름 냄새가 가득 차게 된다.

처치는 아주 간단하다. 감염 부위를 국소 마취하고 농양 부위를 살짝 절개해 고름을 짜낸 다음 고름이 나올 수 있는 통로를 확보해 주면 끝이다. 그러면 정말 거짓말처럼 환자의 통증이 싹 사라진다. 하지만 고름을 짜는 과정에서 환자가 느끼는 통증은 몹시 크다. 성인들도 발버둥치며 우는 건 예사이고 마구 휘젓는 환자의 손발에 의사가 얻어맞기도 한다. 새벽에 난데없이 봉변을 당하면 울컥하는 마음을 진정할 수 없는 것이 인지상정인지라, 아주 가끔은 환자에게 화를 내기도 한다.

그런 내가 환자를 조금 더 이해하고 따뜻하게 대할 수 있게 된 것은 어느 새벽에 찾아온 (추정컨대) 청와대 경호원 덕분이었다. 단정한 2 대 8 가르마 머리, 무표정한 얼굴, 깔끔한 정장을 갖춰 입고 응급실에 누워 있던 건장한 남자 환자의 양복에는 청와대 배지가 달려 있었다.

"청와대에 계세요?"

"아~ 네."

"마취를 해도 고름을 짜는 중에는 통증이 있을 수 있습니다."

"네, 괜찮습니다. 걱정 마시고 빨리 해 주세요. 바로 들어가 봐야 합니다."

호기로운 대답과 다르게 잠시 후 경호원은 몸을 뒤틀며 격정적인 신음 소리를 내뱉었고 끝내 눈가에 눈물이 촉촉하게 고였다. 이후 농양 환자를 대하는 내 태도가 어찌 달라지지 않을 수 있을까. "환자는 의사의 스승"이라는 어느 선배님의 말이 새롭게 들리는 순간이었다.

추석, 설 등의 연휴 기간에 농양 환자가 대부분이듯 응급실에 오는 환자들은 시기에 따른 공통점이 있다. 일례로 4, 5월에는 폭행으로 인한 안면 손상 환자가 응급실 환자의 대부분을 차지한다. 흥청망청하는 대학 축제가 모두 이 기간에 있기 때문이다. 또 9월의 연고전 기간에도 얼굴뼈 골절 환자가 많다. 2000년 초반부터 불어닥친 홍대 클럽데이 문화도 빼놓을 수 없다. 클럽데이는 금요일 새벽의 응급실 풍경까지 바꾸어 놓았다.

하지만 가만히 되돌아보면, 가장 힘들었던 때는 광우병 사태가 일어난 2008년이었다. 시청, 광화문 등지에서 대규모 시위가 끝난 뒤 다친 시위대 사람들과 전경들이 오는 곳이, 불행히도 인근에 위치한 우리 병원이었다. 경찰들이 새벽녘이면 봉쇄했던 시위대의 퇴로를 열어 주곤 했는데, 그 길이 금화 터널로 향하는 도로였다고 한다. 그 덕에 시위 기간 내내 당직 의사들은 잠은커녕 잠시 앉아 있지도 못하는 신세가 되었다.

## 그 여정이 바로 보상이다

대학병원에서 레지던트는 묘한 위치에 있다. 의료 행위를 할 수 있는 면허를 가진 의료인인 동시에 수련을 받는 피교육자인 것이다. 자유롭게 의견을 개진하고 직접 환자를 진료하지만, 결정권은 없다. 담당 교수님이 대부분의 수술과 처치를 하고 레지던트는 조력자로서의 역할을 한다. 물론 내부자로서 모든 상황을 보고 해석하고 개입할 수 있으며, 새로운 견해에 개방적이기도 하고 자신이 속한 집단에 비판적인 안목을 지닐 수도 있다. 나 또한 이런 독특한 위치에서 다양한 환자를 만나며 하루하루를 보냈다.

## 사경을 헤매는 구강암 환자

수련이 끝나기 몇 달 전, 그러니까 한없이 기분이 좋던 치프 레지던트 시절, 새벽에 후배 레지던트로부터 응급 전화를 받았다. 응급실로 내려가니, 후배가 중년 여성 환자에게 CPR(응급심폐소생술)을 하고 있었다. 구강암 환자였다. 여성의 입안을 가득 메운 암 조직에서 흘러나오는 피로 침대 시트가 붉게 물들어 있었다. 암 조직에서의 2차 출혈은 지혈이 쉽지 않다. 더군다나 이렇게 입안을 가득 채울 정도로 암세포가 증식될 때까지 방치하다니….

그런데 환자 얼굴이 낯설지가 않았다. 2년 전에 구강암 수술을 받은 환자였다. 당시 1년 차 레지던트였던 나는 환자를 설득해 수술을 받게 했지만, 불행하게도 암은 재발하고 말았다. 재수술을 받고 항암 치료를 하면 예후가 좋아질 거라고 교수님이 거듭 설득했다. 하지만 환자는 병원에 오면 울기만 할 뿐 항암 치료를 받는 것을 망설였다.

그 환자가 지금 내 앞에서 사경을 헤매고 있었다. 당장 지혈을 위한 응급 수술이 필요했다. 그런데 담당 교수님이 학회 발표를 위해 타지에 가 계셔서 단시간에 돌아오기 힘든 상황이었다. 어찌할까 궁리하다가 영상의학과 교수님에게 전화를 걸었다. 사정을 설명하고 호소한 끝에, 색전술(embolization, 영상을 보며 혈관 내에 카테터를 삽입하여 다양한 약제를 주입하는 술식)을 이용해 어렵사리 지혈에 성공했다.

위기의 순간이 지나고, 타과 환자를 위해 기꺼이 오셔서 온화한 미소로 나를 격려해 주신 영상의학과 교수님에게 감사 인사를 했다. 그러고 나서 환자의 따님 되는 분에게 시술 경과를 설명했다.

다음 날 아침, 보호자가 집에서 죽음을 맞겠다며 자진 퇴원했다는 소식을 들었다.

지금도 그때를 생각하면 갖은 감정과 생각에 휩싸이곤 한다. 스태프 선생님이 없는 위급한 상황에서 능동적으로 문제를 해결한 것에 만족해야 하나? 2년 전에 아주머니를 적극적으로 설득해 항암 치료의 길로 인도하지 못한 의료 시스템을 원망해야 하나? 그러나 다행히도 자기 회의에만 빠져 있기에는 구강악안면외과 레지던트의 일상은 너무나 바쁘다.

### 환자의 내면을 바꾸는 양악 수술

구강악안면외과에서 이루어지는 수술의 절반 이상은 안면 기형으로 인한 턱교정 수술이다. 대부분의 환자는 수술 전 치아 교정부터 악교정 수술 그리고 수술 후 치아 교정까지 대략 2~3년을 병원에 온다. 특히 수술 후 4일 정도는 입원해서 하루 종일 수련의와 얼굴을 맞대고 있으니, 친밀도도 자연히 상승하게 된다.

얼굴이 비대칭이었거나 아래턱이 과도하게 튀어나와 심미적, 기능적으로 문제가 있던 환자들은 양악 수술 후 많은 긍정적인 변화를 겪게 된다. 그 가운데 놀랍도록 큰 변화는 자존감 회복이다. 수술 전 상담을 할 때 고개를 숙이고 자신감 없는 표정과 말투로 시선을 회피하던 환자가 수술을 하고 반년 뒤에는 전혀 다른 사람이 되어 나타난다.

"남자 친구가 생겼어요."

"소개팅을 요즘 많이 해요."

"사람 만나고 대화하는 데 자신감이 생겨요."

이 같은 이야기를 듣고 보람을 느끼지 않을 의사가 어디 있을까. 환자의 보호자들이 하는 이야기는 더욱 극적이어서 의사로서 자긍심을 느끼게 한다.

:: 구강악안면외과 수련의 과정을 마치고 나면 병원으로부터 집도 기념패를 받는다.

"얼굴만 아이 때로 돌아간 게 아니라 성격도 착한 아이 때로 돌아갔어요. 요즘 집안이 행복합니다."

이러니 높은 집중력과 고도의 기술, 힘이 요구되지만, 구강악안면외과의들이 턱교정 수술에 매력을 느낄 수밖에 없는 것 같다.

### 입이 안 벌어지는 환자를 위한 레지던트의 수술 계획

치과 치료 받은 뒤에 입이 안 벌어진다면 얼마나 당황스러울까?

여름휴가를 마치고 돌아와 훑어본 입원 환자 명단에 새로운 이름이 올라 있었다. 진료 기록을 보니, 입원하기 전에 개인 치과의원에서 수술을 받았는데 그때부터 입이 안 벌어진다고 기록되어 있었다. 다행히 입원 전후에 CT, MRI 촬영을 한 자료가 있었다. 우측의 씹는 근육이 전반적으로 경화된 상태로 보였다. 치과 치료 후 혈종이나 감염증이 의심되었다.

근육이완제 투여와 물리 치료를 통해 입을 강제로 벌리게 하는 시도를 계속하고 있었으나 효과가 그리 크지 않은 듯했다. 추정만 될 뿐 처음 만나는 유형의 까다로운 환자였다.

환자 치료를 위해 유사 사례 분석, 자료 수집 등을 통해 나름의 치료 방법을 머릿속에 정리해 가던 중에 교수님이 약제를 바꾸고, 항생제의 농도를 높이고, 붓기를 완화하기 위해 스테로이드를 첨가하자고 말씀하셨다. 내가 생각한 것과는 조금 다른 치료 방법이었지만 틀리지 않은 접근법이었다. 교수님에게 다른 의견을 제시한다는 면에서 잠시 고민이 되었지만, 내가 생각해 온 수술 계획을 설명하고 확실한 효과가 있을 것이라고 설득했다. 교수님은 수술 계획에 동의하셨고, 다행히 환자는 수술 후에 밥도 먹고 양치질도 하고 사람들과 대화도 할 수 있게 되었다.

도제 교육의 일종인 수련 생활에서 레지던트와 교수 사이에는 미묘한 기류가 흐르게 마련이다. 전문 분야의 지식, 정보의 비대칭성이라는 점에서 일견 자연스러운 것이다. 하지만 이것이 레지던트가 수동적인 자세를 견지하는 명분이 되지는 못한다. 만약 내가 무거운 공기에 눌려 내 의견을 말하지 못했다면 어떻게 되었을까? 오래전 괌에 추락한 국적기의 사고 원인 중 하나가 한국인의 의사소통 능력 부족과 상하 수직 관계로 인한 경직성이라고 지적한 미 항공조사국의 보고서를 곱씹어 보게 된다.

스티브 잡스의 명언 중 내가 가장 좋아하는 것은 "그 여정이 바로 보상이다(The journey is the reward)."라는 말이다. 수련이라는 여정에서 나는 이 같은 깨달음과 경험을 얻고 보상을 받으며 사회로 나갈 또 다른 여정을 준비하였다.

## 우리만의 레지던트 매뉴얼 포켓북을 만들다

구강암 환자는 대개 입안의 종양과 주변 부위를 제거하고 암 조직에 이환된 목의 임파절을 제거하는 수술을 같이 받는다. 그리고 피부 등이 제거된 부분에는 다리, 팔 등에서 채취한 조직을 이식한다. 이렇다 보니 환자는 입안, 턱, 목, 다리 등 최소 4군데에서 최대 6군데 신체 부위가 수술에 의한 상처를 입는다. 수술 후 상처는 시간에 따라 점점 변하며, 그에 따른 적절한 상처 관리를 해 줘야만 후유증 없이 신속하게 아문다.

어느 날 우연히 후배 레지던트가 환자의 수술 후 상처 처치를 하는 모습을 보았다. 문득 의문이 들었다. 왜 지금 상황에서 저 재료를 사용할까? 후배에게 물어보니, 수술 후 상처 관리에 대한 구체적인 계획이 서 있지 않았다. 더 심각한 것은, 수술 후 상처 관리를 마치 반창고를 떼고 붙이듯 너무 쉽게 생각하고 있었다.

레지던트 시절, 나는 외과 계열의 학문이란 먼저 지식을 습득하고, 습득된 지식을 연결해 논리를 만들고, 그렇게 쌓은 논리는 실습을 통해 완성하는 집적체라고 생각했다. 따라서 의사들은 대개 합리주의자인 경우가 많다.

후배가 비합리적 사고에 기반한 처치를 하는 모습을 보고 나서, 나는 레지던트 수준에서 우리가 행하는 시술과 처치에 대한 지식을 업데이트하여 우리만의 참고 자료를 만들자고 선후배 레지던트들에게 제안했다. 실제로 외국의 유수한 병원에서는 병원 이름을 딴 레지던트 매뉴얼 포켓북을 만든다. 나아가 출판하기도 한다. 15명의 의국원이 각자 부분별로 맡아 유수의 논문들과 자료들을 번역하고 요약하였고, 약 한 달 후에 비록 빈약하지만 우리의 손으로 만든 첫 번째 논리의 집적물

:: 턱얼굴 수술 환자들의 처치를 위해 2010
년 겨울 필자와 동기, 선후배가 힘을 모아 만
든 연세구강외과 매뉴얼 1판.

'YONSEI OMS'를 공유하게 되었다.

처음에 약속한 대로 그후 개정판을 만들었는지, 후배들이 점차 발전하며 날로 발전하는 새로운 지식을 추가하고 있는지 궁금하다. 오늘 밤에는 꼭 후배에게 전화를 해 봐야겠다.

동기, 선후배들과 함께 의국에서 저널을 읽으며 공부하고, 토론하고, 새벽녘에 졸린 눈을 비비면서 환자 상태를 체크하던 기억이 새삼스럽게 떠오른다. 그 당시에는 고달프고 힘들었지만 지금 돌이켜보면 행복했던 시절이었다. 오늘따라 유난히 그 시절이 그립다.

# 환자의 마음까지 치료하는 의사

| 안상수 |

2008년 연세대 치과대학을 졸업하고 치과의사 면허를 취득했다. 2012년까지 연세대 강남세브란스병원 교정과에서 수련을 받은 후 전문의에 합격했다. 현재 교정과 전문의로서 진료를 보는 동시에 박사 과정을 밟고 있으며 앱 개발 등 여러 분야에서 활동하고 있다.

"**너** 치과의사 될 때까지 기다렸는데, 임플란트를 안 한다고?"

"난 교정 같은 건 됐고, 우리 손주 녀석이나 좀 봐줘."

나는 치과의사 국가고시를 보고 인턴 과정을 거쳐 교정과 수련을 받은 교정과 전문의다. 치과대학을 졸업한 후 지금까지 교정 치료만 하고 있다. 그 덕에 친구들은 나를 "반쪽짜리 치과의사" 또는 "도움도 안 되는 치과의사"라고 부른다. 현재 자신들에게 필요한 것은 충치 치료나 임플란트인데, 내가 그런 치료를 하지 않기 때문이다.

지난해에는 이런 일도 있었다. 따뜻한 봄날 어느 오후였는데, 아버지가 자신의 어금니를 가리키며 말씀하셨다.

"여기가 조금 이상한 것 같아."

난생처음 아버지의 입안을 들여다보며 상태를 살펴봤으나, 내가 할

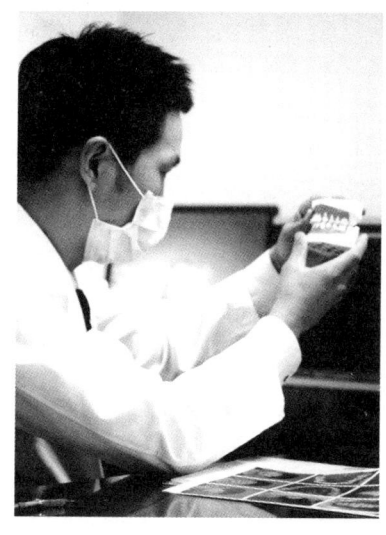

:: "교정 치료 결과는 진단에서부터 만들어진다. 진단은 교정 치료의 가장 중요한 부분이다." 교정 치료를 위한 진단 모델 분석 중인 필자.

수 있는 일이라고는 선배에게 전화를 하는 것밖에 없었다.

"선배님, 잘 지내시죠? 다름이 아니고 저희 아버지 임플란트 좀 부탁해요."

물론 교정과를 전공한 치과의사 중에도 군 복무를 하며 타 치과 진료를 하거나 세미나 등을 찾아다니며 스스로 공부해서 충치 치료나 임플란트 등 타 치과 치료를 잘하는 이들이 있다. 하지만 나는 교정이라는 하나의 전문 분야에서 좀 더 완벽한 진료를 하고 싶다. 교정 분야의 스페셜리스트, 그것도 슈퍼 스페셜리스트가 되는 것이 내 꿈이다. 얼마 전에 어머니의 삐뚤삐뚤한 치아를 교정해 드렸을 땐 얼마나 기뻐했는지 모른다.

교정과 치료 중 주변에서 가장 쉽게 볼 수 있는 것은 덧니 치료이다. 이 외에도 식생활이 어려운 환자의 씹기 능력을 개선해 주기 위한 교정 치료, 소아 환자의 부정교합 치료와 얼굴 부위의 성장 치료, 구강악안면외과적 수술에 필요한 수술 전후 치료, 선천성 기형 환자의 치료 등 다양한 치료를 하고 있다.


## 나는 교정과 치과의사다

"교정 치료는 언제 해야 하나요?"

교정과 치과의사가 되고 나서 가장 많이 받는 질문이다. 이에 대한 답은 사실 너무나 다양하다. 누구는 지금 당장 해야 하고, 누구는 지금 하나 몇 년 뒤에 하나 별 상관없는 경우도 있다. 따라서 가장 현명한 답은 "가까운 교정 전문 병원에 내원하셔서 정밀 진단을 받아 보세요." 이다.

그와 함께 많이 받는 질문이 교정 방법과 장치에 관한 것이다. 치과계의 모든 재료가 빠르게 발전하고 있다. 보기 싫었던 까만색 금속 교정장치는 이제 치아 색상과 거의 같거나 투명성을 지닌 장치로 발전했고, 치아의 안쪽에 장치를 붙이는 설측 교정도 많은 발전을 이루어 환자의 심미적 욕구를 만족시키고 있다. 또 환자 스스로 탈착하는 것이 가능한 투명 교정장치도 나와서 결혼식이나 면접, PT 등 중요한 자리에 참석할 때 매우 유용하다. 교정장치를 제거할 수도 있다.

세간에 '까맣고 보기 싫은 장치는 싸구려 장치, 보기 좋거나 안 보이는 장치는 비싼 장치'라는 인식이 널리 퍼져 있는데, 이 역시 꼭 맞는 것은 아니다. 비싸고 새로운 장치의 교정 결과가 항상 좋은 것도 아니고 비싼 장치가 좋은 장치라고 단정할 수도 없는 까닭이다. 교정장치는 환자 개개인의 치아 상태나 기타 조건에 맞는 것을 선택하는 게 옳다.

또 교정이라는 치료는 환자 개개인에 맞추어 다양한 치료 방법을 제시하므로, 인터넷상에서 가장 많이 회자된 방법이 자신에게 꼭 맞는 방법일 수도 없다. 교정 치료는 교정과 의사를 만나 자신에게 적합한 여러 가지 옵션에 대해 충분히 설명을 듣고 난 후에 선택하는 것이 옳다. 인터넷 정보도 그때 가서 알아보는 것이 더 나은 선택을 위한 길이다.

## 의사가 되기 위한 수련의 시간

교정 치료는 그 치료 과정이 같은 환자가 하나도 없을뿐더러 그 결과가 같은 환자도 하나도 없다. 같은 방법을 적용해 치료해도 환자마다 치아의 움직임이 다 다르다. 이런 단순한 사실을 깨닫기까지 나는 꽤 많은 공부와 수련의 시간을 보내야 했다.

치과대학을 졸업하고 교정과 수련 생활 1년이 지났을 때 나의 자신감은 하늘을 찔렀다. 모든 교정 치료를 다 할 수 있을 것 같고 더 배울 게 있을까 싶었다. 2년이 지났을 때는 약간 어려움이 있었다. 하지만 거의 대부분은 해결할 수 있을 듯했고 '3년 차가 되면 다 할 수 있게 되겠지.'라는 근거 없는 낙관에 빠져 있었다. 그런데 3년 차가 되고 수련의를 마칠 즈음 '하나도 모르는 것 같다.'는 생각이 들었다. 그때의 막막함이란⋯. 그로부터 몇 년이 지난 지금도 나는 환자들을 만나면 만날수록, 진료를 하면 할수록 점점 더 어렵게만 느껴진다.

교정 치료는 '다양성'이라는 변수가 존재한다. 일류 요리사가 쓴 책을 보고 그대로 따라 하면 똑같은 맛을 낼 수는 없어도 제법 그럴싸한 음식을 준비할 수 있다. 하지만 교정은 공부를 아무리 해도 요리 레시

:: 퍼시픽대학교 레지던트 파견 근무 당시 인비절라인(invisalign) 개발자인 보이드 주임교수님, 동기 김철순 원장과 함께한 필자(오른쪽).

피처럼 치료 순서를 나열할 수 없다. 그 첫 단계인 진단부터 같은 환자가 하나도 없다. 사람의 얼굴이 다 다르듯 치열도 다 다르기 때문이다. 심지어 같은 환자를 보고도 2명의 의사가 각기 다른 치료 계획을 제시하기도 한다. 이렇다 보니, 교정과 의사에게는 축적된 경험을 기초로 한 순발력이 필요하다. 이것이 교정의 가장 큰 매력이지만 거꾸로 생각하면 가장 큰 진입 장벽이기도 하다.

### '내가 잘한 것일까?'

의사에게 가장 기억에 남는 환자는 아무래도 첫 환자일 것이다. 야구 선수가 첫 안타를 친 야구공을 간직하듯, 나에게도 첫 환자였던 한 중학생이 잊히지 않는 기억으로 남아 있다.

인턴 과정을 마치고 처음 교정과에 들어와 레지던트 1년 차로 정신없이 일하던 어느 봄날이었다. 제대로 쉬질 못해서 몸과 영혼이 분리된 채로 일하던 중 교수님의 호출을 받았다. 그리고 첫 환자로 중학생 남자 환자를 배정받았다.

정신이 확 들었다. '드디어 첫 환자다.'

나는 기쁨 반, 긴장 반으로 환자를 보기 시작했다.

"교정 치료 할 때 안 아파요?"

"지금 붙이는 거예요?"

"치료 끝나려면 얼마나 걸려요?"

진료 의자에 누워 끊임없이 질문을 하는 환자를 바라보는 내 머릿속은 너무나 복잡했다. 내가 내가 아닌 것 같았다. 환자의 질문에 답은 하면서도 머릿속은 새하얘졌다.

'조용히 좀 해 봐. 나도 지금 힘들단다. 이거 이렇게 하는 게 맞나? 책에서 봤던 거랑 너무 다른데…. 맞게 하고 있는 거겠지?'

드디어 환자의 치아에 교정장치를 붙이고 진료를 끝냈을 때, 선선한 봄바람이 무색하게 나는 땀에 흠뻑 젖어 있었다. 그리고 기쁨과 성취보다는 걱정과 의심이 소용돌이쳤다.

'내가 잘한 것일까?'

환자와 보호자가 진료실을 떠나고 난 뒤에야 "선생님, 감사합니다. 앞으로 잘 부탁드려요." 하는 보호자의 인사가 귀에 들어왔다.

교정과 수련의들은 첫 환자를 보기 전, 동료의 치아에 교정장치를 붙이고 떼는 것을 반복해 연습한다. 서로의 잇몸에 교정용 임플란트를 박고 빼는 것도 반복해 연습한다. 수련의들끼리 실전처럼 연습하는 것이다. 당시 내 연습용(?) 동료는 내가 식립한 임플란트 주변에 염증이 생겨 크게 고생을 했다. 말은 안 했지만, 얼마나 나를 원망했을까. 고맙다, 친구야.

첫 환자였던 중학생의 치료는 1년 5개월 만에 잘 마무리되었다. 사실 비발치 환자는 보통 1년이면 치료가 마무리된다. 수많은 착오와 나의 부족함 때문에 치료 기간이 조금 길어졌지만 교수님의 도움 덕분에 치료는 훌륭하게 끝났고, 그때의 감각은 지금도 내 손가락 끝에 남아 환자를 진료하는 밑거름이 되고 있다.

### 환자를 환자로 보기

우연한 기회로 지방의 한 복지센터에서 운영하는 노인대학에서 2시간짜리 짧은 강의를 하였다. 당시 가장 많이 받은 질문은 임플란트와 '인사○', '이가○' 같은 약에 관한 것이었지만, 짧게나마 이야기한 교정에 대해 어르신들이 많은 관심을 보여 주셨다. 특히 교정 치료가 나이에 상관없이 가능하다는 것을, 그분들은 놀라운 정보로 받아들이셨다.

"아는 게 힘"이라는 말이 있지만, 치아에 관한 한 그 앎을 알려 주는 역할은 우리 치과의사들의 역할일 것이다. 꾸준한 홍보와 교육을 통해 국민의 덴탈 IQ가 높아진다면 환자 스스로 더 나은 진료를 찾아 내원할 수도 있지 않을까. 병원에서 내가 치료한 환자 중 가장 나이가 많은 분은 육십 대 중반의 할머니셨다. 임플란트를 하기 위해 병원에 오셨다가 치주과 교수님의 권유를 받고 교정을 시작하셨다.

"이런 노인네도 치아가 움직여요?"

"교정하다가 잇몸 다 망가지는 것 아닌가요?"

"다 늙어서 교정한다고 친구들이 놀릴 텐데."

아이들만 하는 줄로 알았던 교정장치를 붙이고 와이어(흔히 철사라고 말하는 교정 재료들을 통칭하는 말)를 넣는 과정들을 어색해하셨지만, 환자 분은 치료가 진행됨에 따라 치아가 움직이는 것을 보며 만족하고 자랑스러워하셨다.

치료가 마무리된 후에는 주변 친구 분들께도 적극적으로 교정 치료를 추천하셨다. 교정 치료보다는 임플란트 치료가 적합하신 친구 분까지 모셔 왔을 정도였다. 내 손을 꼭 잡으며 몇 번이나 "수고했어요. 고마워요." 하시는 모습을 보며, 그동안 잊고 지내던 것이 떠올랐다.

'아, 난 마음도 고쳐 줄 수 있는 의사구나.'

수련의의 일상은 쉴 새 없이 바쁜 하루하루의 연속이다. 새벽부터 새벽까지 시간이 어찌 가는지 모른다. 그러는 사이 나는 의사가 아닌 기계처럼 움직이고 있었다. 수련 초기에는 환자를 단지 임상 케이스로만 대했던 적도 있다. 환자의 이름과 구강 내 모습은 일치시키면서도 간혹 이름과 얼굴은 연결시키지 못했던 것이다.

환자를 환자로, 하나의 인격체로 보아야 더 나은 진료를 할 수 있다는 사실을 깨닫게 된 것은 어느 정도 실력이 쌓이고 심리적 안정감과 자신감이 생긴 후였다. 교정 치료는 환자와 1, 2회 만나는 것이 아니라 1년 이상, 길게는 환자의 성장이 끝날 때까지 계속 만나야 하기 때문에 더더욱 교감이 중요하고, 이것은 또한 치료의 질에 중요한 영향을 미친다.


**마음까지 치료하는 의사**


얼마 전 고액 연봉을 받는 직장을 그만두고 치과의사가 되기 위해 치의학전문대학원 입시를 준비하는 친구를 만났다. 그에게 치과의사의 녹록치 않은 현실을 설명해 주었지만 그의 의지를 꺾을 수는 없었다.

그 친구가 치과의사가 되려는 가장 큰 이유는 주변 사람들이 말하는 '치과의사의 경제적 안정성' 때문이었다. 하지만 지금은 경제적 풍요로움을 기대하며 치과대학을 지원하는 시대가 아니다. 주 6일 이상, 하루 10시간 이상 치과 근무는 이제 너무 일반화되었고, 지하철 광고판을 보고 있으면 새벽 진료, 야간 진료도 쉽게 찾아볼 수 있다. 게다가 대다수 치과의사들은 상당한 금액을 대출받아 개원하는데, 인건비는 상승하지만 진료 수가가 하락하고 값비싼 장비와 높은 월세 등으로 인한 고정 지출이 점점 상승하고 있다.

2020년이 되면 치과의사의 수요보다 공급이 많아져 실업자 신세에 처할 수 있다는 연구 결과도 있다. 하지만 또 다른 연구에서는 10년 뒤 유망 직종으로 (판검사와 같은 점수로) 치과의사가 1위라는 연구 결과도 있기 때문에 부정적으로만 볼 것은 아니다. 다만 확실한 것은 치의학과를 지원한다면 이와 같은 현실을 객관적으로 살펴볼 필요가 있다.

내 경우, 어렸을 적 꿈은 치과의사가 아니었다. 그냥 자라면서 성적에 맞춰 의사, 한의사, 치과의사 사이에서 고민했다. 중학교 때는 막연히 과학자를 꿈꾸었으나, 부모님과 담임선생님의 영향으로 꿈이 바뀌었던 듯하다.

의사, 한의사, 치과의사를 두고 고민하다가 어린 마음에 한문 공부나 수련의 같은 힘든 과정을 밟기 싫어서 치의예과를 선택했다. 누구한테 정보를 들었는지 참⋯. 치과에도 수련의가 있다는 것을 치의예과에 입학한 후 알았다. 그리 어설프게 시작된 치과대학 생활은 다행히도 굉장히 만족스러웠다.

치과대학에 가면 또 한 번 선택의 기로에 서게 되는데, 바로 '과' 때

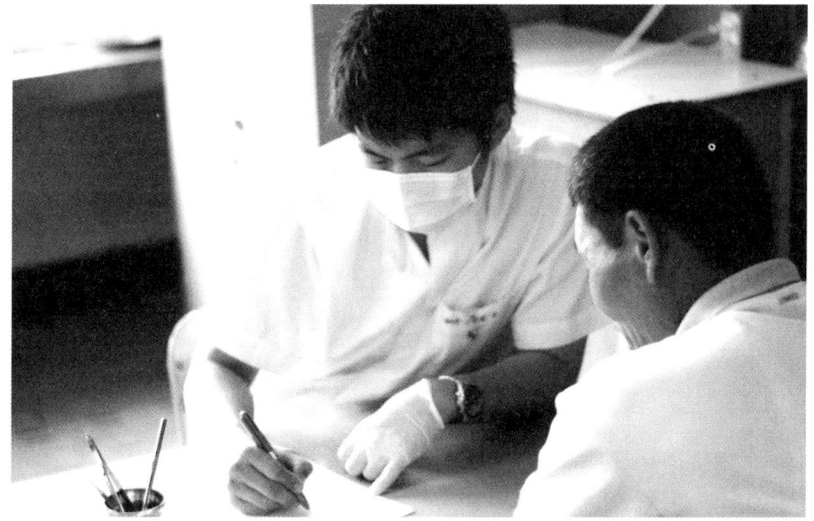

:: "교정 이후에 입을 안 가리고 웃을 수 있어서 너무 좋아요." "교정 덕분에 면접에 성공한 것 같아요."라는 이야기를 들을 때 치과의사로서 참 뿌듯하다는 필자는 봉사 활동에도 열심이다.

문이다. 과 선택과 함께 수련을 받을지 안 받을지, 어떤 수련 과목을 선택할지는 입학하고 최소 5~6년 뒤, 즉 임상과와 기초의학과를 모두 경험한 후에야 결정할 수 있다. 이런 과정을 모두 겪은 입장에서 해 주고 싶은 말은, 치과의사를 목표로 공부하고 있거나 치과대학에 입학한 사람이라면 현재 삶에 최선을 다하라는 것이다. "현재 삶을 잇는 점들은 반드시 미래의 어떤 점과 연결된다는 믿음을 가져라."라는 말이 있다. 현재의 삶에 대한 열정은 향후 자신의 선택에 큰 디딤돌이 된다.

나는 현재 교정과라는 동반자와 살아가고 있다. 그리고 이 동반자와 함께할 미래의 삶이 기대된다. 환자 층이 젊을 경우, 젊은 그들과 공감대를 형성하기 위해서는 의사도 젊어져야 한다. 심미 치료를 하는 입장에서 구시대적인 미적 감각을 가지고 있다면 뒤쳐질 수밖에 없는 것 아니겠는가. 교정과의 이러한 측면이 누군가에게는 큰 부담일지 모르나 내게는 굉장한 장점으로 보인다. 또 환자와 짧게는 6개월, 길게는 2년 이상 만나는 동안 많은 것을 배울 수 있다. 소아 환자를 치료하면서는 생각지도 못했던 순수한 시각을 배울 수 있고, 성인 환자를 통해서는 치과 분야 외 정보와 세상 이야기를 들을 수 있다.

현재 내 꿈은 환자와, 더 나아가 세상과 소통하며 사람들의 마음까지 치료해 줄 수 있는 그런 교정과 의사가 되는 것이다. 내 작은 도움으로 환자들의 삶에 활력을 불어넣고, 나도 그분들로부터 많은 것을 배우며 세상을 알아 가고 싶다. 무엇보다도 환자들에게 기쁨을 찾아 주고 싶다. 그러기 위해 교정과 의사로서 본분을 다하고, 교정 치료 분야에서 최고가 되기 위해 더 노력할 것이다.

# 나는야 자연 치아 지킴이

| 김유란 |

2008년 연세대 치과대학을 졸업했다. 연세대 치과병원에서 인턴 및 치과보존과 레지던트 과정을 수료하고 2012년 치과보존과 전문의 자격을 취득했다. 현재 연세덴티프로치과에서 환자를 진료하고 있다.

갑자기 접수창구가 부산스럽다. 눈은 울어서 퉁퉁 부어 있고 얼굴은 벌겋게 달아오른 어린 남자 아이가 수건으로 입을 막고 보존과로 들어선다. 입을 막은 수건에는 선홍색 피가 묻어 있고, 작은 울음소리와 함께 아이의 어깨가 들썩인다. 접수창구 직원의 다급한 목소리가 들린다.

"선생님, 여기 좀 빨리 와 주세요. avulsion(치아 탈구) 환자가 있어요!"

이 아이는 병원 근처 초등학교에 다니는 학생이다. 친구들과 장난치다가 넘어지면서 계단 난간에 앞니를 부딪쳤는데, 그만 앞니가 쑥 빠져 버린 것이다. 빠진 앞니를 친구가 우유병에 담아 들고는 안절부절못하고 있다. 아들의 소식을 듣고 달려온 아이 엄마의 얼굴은 말 그대로 혼이 빠진 모습이다.

우선 탈구된 치아 부위의 엑스레이 사진을 찍어 치아 뿌리가 남아 있는지 살펴본다. 아이를 진료 의자에 앉히고 탈구된 부위에 마취 주사를 놓은 뒤 빠진 앞니를 우유병에서 꺼내 세척한다. 그리고 치아를 신속하게 제 위치에 재식한다.

"놀랐지? 이제 치아 다시 심었으니까 너무 걱정하지 말고 당분간 다시 다치지 않게 조심해야 해. 알겠지?"

치아 재식이 끝나고 나서야 겨우 아이에게 말을 걸 여유가 생긴다.

이후의 치료 과정에서는 좀 느긋해져도 된다. 사실 이 아이는 접수도 하지 않고 보존과에 와서 치아 재식 치료까지 받았다. 치아가 빠진 후부터 재식하기까지 시간이 얼마나 지체되었는지에 따라 치아의 운명이 좌우되기 때문이다.

치아 재식 뒤에 필요한 치료를 마치고 나서 아이의 보호자에게 이 치아가 앞으로 어떻게 될지, 주의할 점은 뭔지, 치료는 어떻게 진행되는지 등등을 설명한다. 그리고 어린 친구의 앞니가 후유증 없이 낫기를, 어른이 되어서도 문제없이 잘 쓸 수 있기를 기도한다.


## 늦깎이 치과의사가 되다

지금은 치과의사, 그중에서도 치과보존과 전문의가 되어 환자를 치료하고 있지만, 대학을 졸업할 때까지 아니 졸업하고 나서도 한동안 내가 치과의사의 길을 가게 될 줄 꿈에도 몰랐다.

대학에서 나는 화학을 전공했다. 그리고 대학 졸업 후에는 바로 회사에 취직했다. 이후 4년간 무려 3개 회사를 다니는 파란만장한 사회생활을 했고 스물여섯 살에 처음으로 치과의사가 되겠다고 마음먹었으니, 치과대학 동기들과 비교하면 참 많이도 돌고 돌아 치과의사가 되었다.

처음 회사에 들어가 신입 사원 교육을 받았던 그해 봄, 나는 성공한 커리어 우먼이 되겠다고 다짐했다. 내가 번 돈으로 근사한 정장에 비싼 구두도 사고 월급날에 맞춰서 은행 적금을 붓는 재미도 쏠쏠했다. 회사에서 언짢은 일이 있을 때는 퇴근 후에 상사 뒷담화를 안주 삼아 시원한 맥주를 마셨다. 그러면 언제 그랬냐는 듯 기분이 싹 풀리곤 했다.

그렇게 회사 생활에 제법 적응되어 가던 어느 날, 그저 하루하루 꾸역꾸역 시간만 보내고 있는 내 모습을 발견했다. 아침에 눈을 뜨면 언제나처럼 출근길에 오르고, 버스에서 꾸벅꾸벅 졸고, 회사에서는 또 어찌어찌 시간을 보내다 퇴근 시간이면 상사의 눈치를 보며 의자에서 엉덩이를 들썩이는 모습은 내가 꿈꾸던 모습이 아니었다. 내가 하고 싶은 일을 찾고자 회사를 옮겨 보기도 했지만 여전히 내 미래가 구체적으로 그려지지 않았고, 뿌연 안개 속을 걷고 있는 것 같은 답답함이 사그라지지 않았다.

태어나서 처음으로 정말 열심히 밤낮없이 내 미래에 대해 생각했던 것 같다. 고등학교를 졸업할 때까지 장래에 어떻게 살아야겠다는 생각을 치열하게 해 본 적이 없었다. 고등학교 3년간 그저 수능 점수가 몇 점 올랐느니, 등수가 몇 등이니 하는 고민만 열심히 했을 뿐 정작 어떤 공부를 해서 어떤 직업을 갖겠다는 생각은 하지 못했다. 배가 어디를 향하고 있는지 알지 못한 채 열심히 노만 저은 꼴이었다. 그러다 대학은 수능 성적에 맞춰 정하고 전공 또한 불합격하지 않을 선에서 적당히 골라 지원했다.

사회생활을 3년이나 한 뒤에야 나는 정신을 퍼뜩 차리고 몇 달간 내

장래에 대해 고민했다. 내가 어려서부터 하고 싶었던 것, 내가 잘하는 것 그리고 현실적인 조건들을 고려한 끝에 치과대학에 입학하기로 마음먹었다. 다소 늦은 결정이었지만, 지금 돌아보면 내 적성에 맞는 일을 잘 선택했다 싶다. 치과대학을 다니는 내내 재미있게 학교생활을 했다. 특히 해외 오지에서 치과 진료 봉사를 했던 경험은 두고두고 가슴에 남아서 내가 치과의사라는 직업을 택한 것이 얼마나 다행인지 깨닫게 해 주었다.

졸업식 날, 대학을 떠나면서는 여기에 다시 올 일이 또 있을까 하는 생각에 괜히 서운하기도 했다. 그런데 어느 순간 보니, 대학으로 돌아와 4년을 더 공부하고 그것도 모자라 인턴, 레지던트 생활까지 했다. 사람 일은 참으로 모를 일이다.


### 그해, 하노이의 여름

진료 봉사 동아리는 치과대학 본과 2, 3, 4학년 학생 각 10명 남짓으로 구성되어 있다. 학기 중에는 한 달에 한 번 정도 국내에서 봉사 활동을 하고, 여름이면 졸업한 선배님들, 교수님들과 함께 해외 오지로 약 일주일간 진료 봉사를 다녀온다. 30~40명의 인원이 그 먼 곳에 가서 일주일간 치과 진료를 한다는 건 보통 일이 아니다. 우선 치과 치료에 필요한 장비며 기구, 약품을 꾸리는 데만 꼬박 며칠이 걸린다. 또 가지고 간 장비들이 원활히 작동되도록 하기 위해서는 현지의 전기 사정도 미리 파악해야 한다. 발전기를 추가로 돌리면서 치과 장비를 작동시켜도 치료 중에 전기가 끊어지는 일이 있기 때문이다. 봉사 인원이 일주일 동안 생활하는 데 필요한 식수며 음식 조달도 만만치 않다.

본과 3학년 때 우리는 베트남 하노이에서도 몇 시간을 더 들어가야 하는 작은 마을 '로선'과 '자모'에서 진료 봉사를 했다. 일주일 일정이었지만 오가는 데 드는 시간을 빼면 한 마을당 이틀씩 그리고 하노이 시내 고아원에서의 반나절이 우리에게 주어진 진료 시간의 전부였다.

트럭을 타고 비포장도로를 덜컹거리며 곡예를 하듯 3~4시간을 달려가다 보면 엉덩이 감각이 무뎌지고 놀이공원 롤러코스터보다 더 짜릿한 기분을 느낄 수 있다. 주위를 둘러보면 파란 하늘, 푸른 나무 그리고 황톳길이 끝없이 펼쳐져 있다. 이 풍경이 얼마나 선명하고 멋진지 바라보고 있으면 눈이 아려 온다. 울타리라고는 찾아볼 수 없는 야생 속에서 노닐고 있는 물소 떼도 만난다. 근사한 사파리에 온 듯한 착각을 불러일으키는 주변 경치에 우리는 눈을 뗄 수 없다.

하지만 이렇게 설레는 마음으로 도착한 마을 진료소는 상상을 뛰어넘는 열악한 모습을 하고 있다. 숨이 턱턱 막히는 더운 날씨에 진료 장비를 나르고 진료소를 차리고 나니 벌써 진이 다 빠져서 진료를 시작하기도 전에 드러눕고 싶은 마음이 간절하다. 덥기만 하면 그나마 다행일 텐데, 섭씨 40도를 넘나드는 열기 속에서 스콜이 한 번 왔다 가면 온몸이 끈적거려 참기가 쉽지 않다.

이렇게 덥고 힘든 상황에서도 우리는 잠시도 쉴 수 없다. 진료를 받기 위해 모여든 사람들의 간절한 눈빛 때문이다. 치과 진료를 받을 수 있다는 소식에 진료소까지 몇 시간이 되는 거리를 꼭두새벽부터 부지런히 걸어서 온 사람들의 눈빛. 봉사단이 서둘러 아침밥을 먹고 진료소에 도착해서 처음 만나는 광경은 진료를 시작하기 훨씬 전부터 길게 줄을 서서 기다리고 있는 이들의 모습이다. 이들을 보고 있자면 누구라도 절로 힘이 날 수밖에 없다.

하지만 이들에게 우리 봉사단이 해 줄 수 있는 치료는 한계가 있다. 제대로 치료를 하자고 들면 한도 끝도 없는데 우리에게 허락되는 시간은 기껏해야 며칠이고, 치료를 받고자 기다리는 마을 주민들은 몇백 명이나 되다 보니 되도록이면 많은 사람들에게 도움을 줄 수 있는 치료를 선택하게 된다. 스케일링, 발치, 간단한 충치 치료 그리고 아이들 치아에 불소를 발라 주는 치료가 우리가 하는 치료의 대부분이다.

치아 관리에 대한 이해가 부족해서인지 이들의 구강 상태는 상당히 좋지 않다. 젊은 나이인데도 충치가 심해 치아 머리는 없고 뿌리만 남아 있는 경우가 허다하다. 이런 경우 우리가 해 줄 수 있는 치료는 썩어가는 뿌리 때문에 치조골까지 망가지기 전에 발치하는 것이다. 발치하는 것을 넘어 씹는 기능을 회복할 수 있는 보철 치료까지 해 주면 좋으련만, 현실은 그리 녹록하지 않다. 어찌 보면 아쉽기도 하고 부족한 치료지만, 오랫동안 앓던 이를 속 시원히 빼 준 것으로나마 위안을 삼을 수밖에 없다.

진료소를 운영하는 동안 마을 아이들이 먼 나라에서 온 사람들이 신기한지 아침 일찍부터 해가 질 때까지 진료소 주위를 맴돈다. 우리가 나눠 준 칫솔 세트를 신주 단지 모시듯 조심조심 들고 다니면서 서로 네 것, 내 것을 비교해 보고 자랑하기 바쁘다. 비록 짧은 만남이었지만, 마을을 떠날 때는 꼬마 친구들과 헤어지기 아쉬운 마음이 든다.

그리고 마지막 날, 하노이의 한 고아원을 방문했을 때를 나는 아직도 잊지 못하고 있다. 치과 기구며 약품을 양손에 들고 고아원 문을 들어가는데, 티 없이 밝은 얼굴을 한 아이들이 문 안쪽에 늘어서서 손을 흔들며 노래를 불러 주는 게 아닌가. 그 순간 나도 모르게 눈가에 눈물

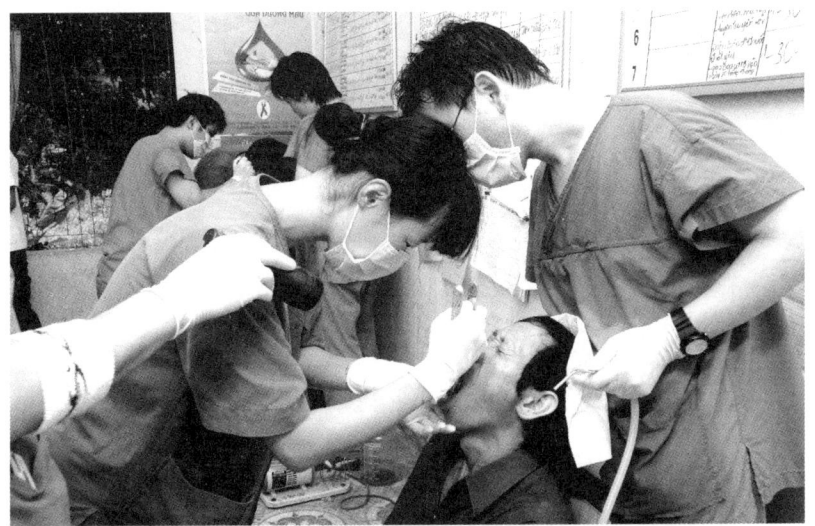

:: 진료 봉사를 계속 하는 것은 우리가 '봉사'라는 이름으로 그들에게 베푸는 것보다 더 많은 것을 받기 때문이 아닐까. 그 경험과 추억은 지금도 내가 앞으로 나아가는 데 힘을 보태 준다.

이 고였다. 아이들은 자신이 가지고 있는 옷 중에서 가장 깨끗하고 예쁜 옷을 입었으리라. 몇 시간 동안 그 아이들에게 양치하는 방법을 알려 주고 치아에 불소를 발라 주었다. 아이들을 보면서 누군가에게 도움을 줄 수 있는 직업을 가지고 있다는 건 참으로 고마운 일이라는 생각이 들어 가슴이 먹먹해졌다.

그해 여름, 그렇게 나는 베트남에서 내 생애 가장 뜨거운 여름을 보냈다.

### 자연 치아를 살리는 치과보존과 의사들

인턴을 마치고 전공과를 정할 때 치과보존과를 선택한 이유 중 하나는 보존과 선생님들의 똑 부러지는 명쾌함과 자신감이 좋아서였다. 치아가 아프다고 하면 대부분 제일 먼저 보존과로 접수하기 때문에 다양한 환자들의 여러 증상을 들을 수 있다. 대개는 수복 치료나 근관 치료가 필요한 환자지만 더러는 치아가 원인이 아닌데도 치아가 아프다고 느끼는 경우도 있으므로 정확한 진단이 필요하다. 진단이 정확하지 못하면 환자가 불필요한 치료를 받을 수 있고, 오랜 시간이 지난 뒤에도 계속 불편함을 느낄 수 있기 때문이다.

내가 인턴 생활을 하면서 깊은 인상을 받은 것 중 하나가 이런 보존과 선생님들의 모습이었다. 아프다고 하는 부위를 검진하고 원인과 치료 방법을 명쾌하게 제시하려면 그만큼 지식이 깊고 훈련이 잘되어 있으리라 생각했고, 나 또한 그렇게 되고 싶었다.

치과보존과 의사는 충치나 외상 등 여러 가지 원인으로 손상된 치아를 치료한다. 치과 치료의 가장 중요한 축은 수복 치료 분야와 근관 치료 분야이다. 수복 치료라 함은 여러 가지 원인으로 손상된 치아의 외형을 복원해 씹는 기능과 심미적인 기능을 회복시키는 치료를 말하는데, 흔히 치아를 '때운다'거나 '씌운다'라고 말할 수 있는 치료 분야이다.

근관 치료는 치아의 신경관과 관련한 치료 전반이라고 할 수 있다. 이렇게 치과보존과의 치료 분야 자체가 손상되거나 아픈 치아를 빼지 않고 살려서 계속 쓰도록 하는 것이어서 치과보존과 의사를 '자연 치아 지킴이'라는 말로 표현하는 것이 적당할 것 같다.

### 치과보존과 의사는 명의(名醫)?

치과보존과 의사가 환자를 진료하다 보면 가끔 '명의' 소리를 들을 때가 있다. 신경 조직에 급성 염증이 생기면 환자가 느끼는 통증은 이루 말할 수 없이 심하다. 이때 근관 치료를 하면 거짓말처럼 통증이 사라지곤 한다. 이런 환자들의 경우, 그들이 치과의 문을 들어서는 순간부터 증상을 미루어 짐작할 수 있다. 한 손에 얼음물을 가득 담은 1.5리터 물병을 들고서 연신 물을 입에 머금고 있다가 삼키기를 반복하며 앉아 있다면 대부분은 신경 조직의 염증으로 극심한 통증이 생긴 것이다.

밤새 찬 얼음물을 입에 머금고 통증을 이겨 보려 눈물겨운 싸움을 하다가 아침 일찍 붉게 충혈된 눈으로 치과에 온 환자가 치료받은 지 몇 분도 안 되어 통증이 말끔히 사라지는 경험을 한다면 치과의사를 절로 '명의'라고 부르고 싶지 않겠는가. 환자가 의사를 존경하는 눈빛으로 바라보는 순간, 보존과 의사의 어깨는 절로 으쓱해진다.

그런데 근관 치료가 사람들에게 흔히 '신경 치료'로 불리고 있어 근관 치료를 처음 받는 환자이건, 여러 개의 치아에 이미 근관 치료를 받은 환자이건 대부분 사소한 오해를 하기 마련이다. 치아에 신경 치료를 한다고 하면 많은 환자들이 눈을 반짝이며 이렇게 묻는다.

"선생님, 신경 치료를 받으면 치아의 신경이 되살아나나요?"

"네, 죽은 신경 조직을 살리는 치료예요."라는 대답을 기대한 환자에게, "아니요, 한번 죽은 신경 조직을 살릴 수는 없고요. 죽어서 염증이 생긴 신경 조직을 깨끗하게 제거하고 소독한 다음에 다른 치과 재료로 채워 넣는 치료예요."라고 설명하면, 반짝이던 환자의 눈에 금방 실망한 빛이 깃든다.

치아의 죽은 신경 조직을 살릴 수 있는 능력이 있으면 더없이 좋겠지만, 안타깝게도 보존과 의사에게 그런 전지전능한 능력은 없다. 하지만 지금 이 순간에도 실험실에서 다양한 연구가 이루어지고 있으니, 멀

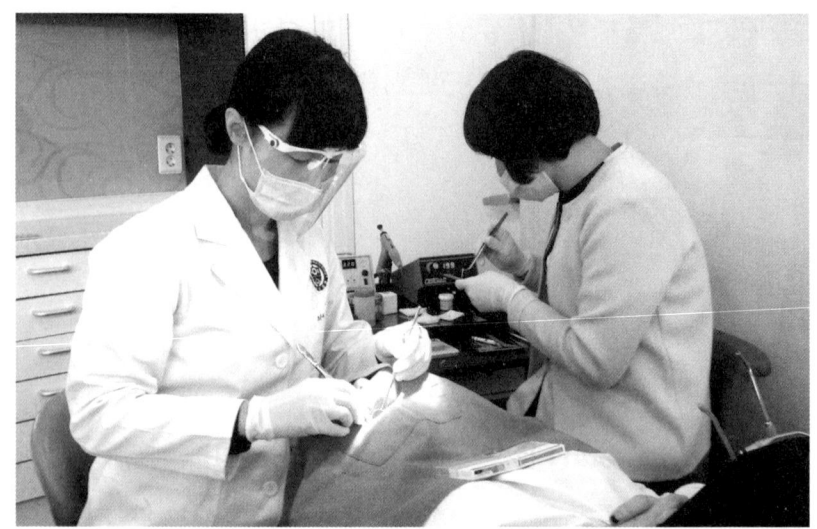

:: "솔직히 내 치아를 빼야 한다고 생각하면 치아가 너무 아까워서 밤에 잠이 오질 않을 것 같다. 그래서 치과보존과 의사가 되길 잘했다."라고 필자는 말한다.

지 않은 미래에 죽은 신경 조직을 되살리는 신경 치료를 할 날이 있기를 기대해 본다.

**"치과의사는 눈이 얼마나 좋아야 해?"**

자연 치아를 살려서 사용하기 위한 여러 치료 방법 중 치근단절제술은 근관 치료로 치아를 치료하지 못할 상황에서 선택할 수 있는 마지막 치료 방법 중 하나이다. 잇몸을 절개해 치아 뿌리 쪽 신경관을 직접 보면서 치료하는 수술이다.

내가 치료한 환자 중 유독 기억에 남는 분이 있다. 연세에 비해 참 해맑은 미소를 지닌 어르신이었다. 막 일흔을 넘긴 할아버지는 위턱의 작은 어금니가 아파서 며칠 밤을 지새웠다며, 나를 만나자마자 하소연을 하셨다.

"집사람이 암 진단을 받고 병원에 입원해 있어. 집사람이 병원 신세를 지고 있으니 나라도 건강해야 하는데, 이가 아파서 며칠 동안 정말 힘들었지. 집사람이 걱정할까 봐 내색도 못하고 혼났네."

진찰을 해 보니 예전에 근관 치료를 받은 흔적이 있었고 다시 근관 치료를 할 수 없는 상태여서 치근단절제 수술이 필요한 상황이었다.

"어르신, 이 치아를 살려서 쓰시려면 치아 뿌리를 직접 보면서 치료를 하는 수술을 받으셔야 해요."

하지만 어르신은 '수술'이라는 말에 질겁하시면서 수술은 안 받는다며 아프지 않게 약만 달라고 하셨다.

"이 아픈 일에 수술씩이나 받아? 우리 집사람도 암에 걸려서 저렇게 누워 있는데, 나까지 수술을 받을 수는 없어."

어르신은 고개를 흔드셨다.

'간단한 수술이고 이 방법 외에는 통증을 없앨 방법이 없으며 수술을 해야만 자연 치아를 살려서 쓸 수 있다'고 한참을 설득한 끝에 어르신은 겨우 수술을 하기로 결정하셨다.

치근단절제 수술은 치아 뿌리 끝 쪽에서 신경관을 치료할 수 있도록 매우 정교한 기구들과 현미경을 이용한다. 바늘 끝 크기쯤 되는 작은 신경관을 수술해야 하니 사용하는 기구들도 작디작아 순간적으로 내가 소인국에 온 것 같은 착각이 들기도 한다. 치근단절제 수술은 말 그대로 치아의 뿌리 끝을 일부 잘라 내고 뿌리 끝 쪽에서 근관을 치료하는 방법이다. 현미경을 보면서 근관의 미세한 부분까지 놓치지 않아야 할 정도로 정교함이 요구되지만 한두 시간 만에 할 수 있는 비교적 간단한 수술이다.

수술을 해야 한다는 걱정에 수술 직전까지 한숨을 쉬던 어르신도 수술 후에는 "벌써 끝난 건가? 금방 하네. 기술이 좋네. 허허. 이제 내 이는 계속 쓸 수 있는 거지?"라며 좋아하셨다.

다음 날 수술 후 관리를 위해 병원에 오신 어르신은 "아니, 그렇게 가는 신경관을 수술하니 눈이 얼마나 좋아야 하는 거야? 치과 선생님은 보통 사람보다 눈이 많이 좋아야 할 것 같아."라며 눈에 좋다는 블루베리 엑기스 한 상자를 내미시는 것이 아닌가. 현미경을 보고 했노라고 설명드렸지만, 어르신은 눈도 좋고 실력도 좋다며 연신 웃으셨다. 이후에도 어르신은 내원하실 때마다 내 눈 건강을 무척이나 궁금해하고 신경 써 주셨다.

치근단절제술이나 근관 치료, 수복 치료에 현미경을 사용하면서 치과의사들은 그야말로 신대륙을 발견한 듯 새 세상을 볼 수 있게 되었다. 육안으로는 보기 힘들었던 근관을 찾아 치료하고 미세한 수술을 할 수 있게 되었으며 수복 치료를 더 정교하게 할 수 있게 되었다. 이에 따라 보존과 의사들이 할 일이 더 늘어나기도 했다. 자연 치아를 발치하지 않고 최대한 오래 유지해 사용할 수 있도록 여러 가지 최신 장비를 이용한 치료 방법이 적용되고 있는 것이다.

치아를 빼서 구강 밖에서 치료하고 다시 재식하는 치아재식술이나 치아가 없는 위치에 사랑니 등을 이식해서 사용할 수 있게 하는 치아이식술 또한 자연 치아를 가능한 오래 유지해서 쓰게 하려는 노력의 한 모습이다.

보존과 의사들은 어떻게 하면 치아를 살려서 쓰게 할 수 있을까에 대해 끊임없이 고민하고 연구한다. 치과 치료를 말 그대로 '보존'적으로, 자연 치아에 최대한 손상이 덜 가게 하려고 그 누구보다 노력한다. 나 또한 그렇다.

사실 나는 스케일링을 제외하고는 지금까지 치과 치료를 받은 적이 한 번도 없다. 지금까지 유치도, 영구치도 충치 하나 없었고 잇몸도 건강하니 그야말로 오복 중에 하나를 제대로 타고났다. 그런데 만일 내가 치과 치료를 받아야 하고 또 발치를 해야 한다고 생각하면 나는 내 치아가 너무 아까워서 밤에 잠도 오지 않을 것 같다. 그래서 비록 환자로서 치과병원을 찾은 적은 없지만, 이런 마음으로 보존과 영역의 치료를 하고 있자면, 마음이 편안하고 즐겁다. 이게 바로 내가 치과의 다른 전공이 아닌 보존과 의사가 되기를 잘했다고 생각하는 이유다.

  오늘, 2년 전에 탈구된 앞니를 재식받은 학생이 치아 검진을 받으러 왔다. 그동안 별 탈 없이 지냈다고 수줍게 말하고는 진료 의자에 앉는다. 다행히 재식한 치아도 별 탈 없이 건강하다. 처음 만났을 때보다 키가 한 뼘은 더 컸다. 교복을 입고 온 걸 보니, 이제 중학생인가 보다. 학생에게 다음 예약을 잡아 주고 잘 가라고 인사를 하는데, 나를 보고 환하게 웃어 준다. 가지런한 앞니가 오늘따라 더 예뻐 보인다.

# 치과의사 면허만 따면,
# 공부는 이제 그만~?

| 이진선 |
2008년 단국대 치과대학을 졸업하고 2012년 동 대학 보철과에서 수련을 받았다. 현재 군복무 중이다.

"이진선 선생님, 11번 자리 신환입니다."

2009년 3월 어느 날, 나를 찾는 기분 좋은 방송 소리가 들렸다. 보철과 전공의로서 첫 환자를 배정받는 순간이었다. 서둘러 가 보니, 중학생 여자 아이가 나를 기다리고 있었다. 보존과에서 신경 치료를 받고 내원한 환자였다. 진찰 결과, 환자는 이미 어금니 몇 개를 발치한 상태였고 신경 치료를 받은 어금니도 성인이었다면 발치를 해야 할 정도로 상태가 안 좋았다.

하지만 환자가 아직 어린 탓에 임플란트 치료를 할 수도 없는 데다 한창 감수성이 예민한 여학생에게 부분틀니를 권할 수도 없기에, 어금니의 머리 부분이 거의 남지 않았음에도 치아를 최대한 살려서 사용하는 치료를 하기로 했다. 그리고 치아 뿌리 안에 기둥을 세우고 머리 부분을 씌워 주는 '포스트앤크라운(Post & Crown)' 치료를 계획했다.

환자가 다른 진료를 받도록 해당 과로 보낸 뒤, 나는 진단 모형 분석을 위해 알지네이트 인상(석고 모형을 만들 때 사용하는 것)을 채득했다. 인턴 생활을 하면서 수도 없이 채득하여 익숙할 대로 익숙해진 인상이었지만, 첫 환자를 떠올리니 긴장감에 손끝이 떨려 왔다. 교과서와 저널을 확인하며 술식을 준비하고 제작한 진단 모형으로 시뮬레이션을 하였다.

얼마 후 환자가 다시 보철과로 왔을 때 나는 떨리는 마음을 다잡고 치아 뿌리 내 기둥과 치질을 대신할 포스트를 만들기 위한 인상을 채득했다. 1시간이라는 진료 시간이 한없이 길게 느껴졌고 괜히 마음만 급해서 허둥지둥했다. 심지어 진료를 보조하는 어시스트에게 제대로 하라는 뜻으로 목소리를 높이기도 했지만, 지금 돌아보면 모든 게 다 내가 미숙한 탓이었다.

우여곡절 끝에 인상을 채득하고 기공지시서를 작성하여 기공실에 의뢰하고 나서야 긴장을 풀 수 있었다. 그런데 잠시 후, 기공실에서 연락이 왔다.

"이걸로는 기공하기가 어려워요. 인상을 다시 채득해 주셔야겠어요."

갑자기 머릿속이 복잡해졌다. 그러면 안 되지만, 환자가 다시 내원하지 않기를 바라는 마음마저 들었다.

환자의 두 번째 내원 날은 너무도 빨리 다가왔고, 떨리는 손으로 환자에게 시적(보철물이 환자의 치아에 잘 맞는지 맞춰 보는 것)을 해 봤는데 우려와 달리 만족할 만한 결과가 나왔다. 한층 가벼워진 마음으로 최종 인상을 채득하고 임시 치아의 제작을 끝으로 그날 진료는 순조롭게 마무리되었다.

환자가 세 번째로 내원했을 때는, 제작한 보철물의 교합을 맞춰 보고 임시로 접착하여 한 달 정도 불편한 곳이 없는지 지켜보기로 했다. 그리고 한 달 뒤 최종 접착을 했다. 치료가 끝나자, 환자는 "선생님, 고맙습니다." 하며 웃었다. 어린 학생 환자가 만족스러워하는 모습을 보면서, 새삼 '아, 이 길이 앞으로 내가 걸어가야 하는 길이구나.' 하는 깨달음을 얻었다.

그 환자는 워낙에 어금니가 조금밖에 남아 있지 않았던 터라 주기적으로 치아 상태를 점검받기 위해 나를 찾아왔다. 내가 수련의 생활을 마칠 때까지 무려 3년이라는 시간을 함께했다. 그만큼 정이 깊어져서 환자의 남아 있는 치아를 지켜 주려고 무던히도 애를 썼지만 결국 치아 한 개가 부러져서 발치를 하였다. 나의 첫 환자라 그랬을까, 내 치아를 빼는 양 아쉽고 아픈 마음이 지금도 남아 있다.


**"보철과, 음, 그게 뭐냐?"**


"응, 그래, 네가 치과의사라며? 그런데 전공이 뭐냐?"

명절날 가족, 친지들이 모인 자리에서 인사를 하면 누군가는 꼭 이렇게 묻는다.

"네, 보철과입니다."

그러면 어르신들은, "응, 그렇구나. 그런데 그게 뭐냐?" 하신다. 나는 성심껏 상세히 설명해 드린다. 그러나 이러한 문답은, 조금 맥 빠지게도, 그다음 해에도 똑같이 반복된다.

사실 보통 사람들은 치과가 여러 과로 나뉘어 있다는 것조차 모르는 경우가 많고, 보철과의 경우, 무언가 특징지어 설명하기가 상당히 어렵다. 그래서 나는 "보철과에서는 무슨 치료를 하지요?"라는 질문에 "크라운, 브리지, 임플란트, 틀니 치료를 하는 과예요."라고 간단히 대답하곤 한다. 물론 이는 보철과의 극히 일부만을 설명한 것이다.

이 외에도 보철과에서는 구강암과 같은 질병이 원인이 되어 구강 내 특정 부위를 절제한 환자를 위한 악안면보철학, 치과 임플란트 보철학, 악관절 질환이나 교합 부조화 등의 예방과 치료를 위한 교합학, 고령화 사회에 적응하기 위한 노인치과보철학 등 흡사 잡화점처럼 굉장히 넓은 영역을 다룬다. 그 덕에 '치과의사 면허만 따면 더 이상 공부는 안 해도 되겠지.' 싶었던 안이한 내 기대는 산산이 부서졌고, 수련 기간을 끝낸 지금도 공부를 '계속' 하고 있다.

다행히 나는 보철과 공부가 좋다. 또 보철과 치과의사의 길을 선택하길 잘했다 싶다. 보철과의 가장 큰 매력은 '치과 진료의 시작과 끝을 담당하는 과'라는 것이다. 환자가 처음 내원하면 보철과에서 치료 계획을 세우는 경우가 대부분이고, 이후 최종 보철물이 들어감에 따라 치료가 완료되는 상황이 많기 때문이다. 보철과에서는 충치와 신경 치료, 잇몸 치료, 발치 같은 치료 계획을 세워 해당 과에 의뢰한다. 그러면 해당 과에서 진료를 진행하고, 이후 환자가 다시 보철과에 내원하면 그때부터 엄격한 의미의 보철 치료가 시작된다.

보철과의 또 다른 매력은 '나무가 아니라 숲을 보는 과'라는 것이다. 특히 치료 계획을 세울 때는 최대한 신중해야 하고 다른 어떤 치료보다도 더 넓은 시야를 요한다. 치아를 발치하지 않아서 생기는 문제점을 미리 예상하지 못하고 진료를 진행하면 환자가 통증을 많이 느낄 수 있음은 물론 치료 시간이 지체될 수 있기 때문이다.

그런데 가끔은 보철과 의사로서 치료 계획을 세우며 안타까움을 느낄 때도 있다. 보철과에 오시는 환자들은 대부분 중·장년층 환자나 고령 환자들이다. 그 연령대 분들이 치아를 상실한 경우가 많기 때문이다. 치아를 상실하면 틀니나 임플란트 치료를 통하여 수복하게 되는데, 만약 치주 질환이나 치아 우식으로 치아를 상실했다면 환자는 보존과나 치주과에서 해당 질환을 치료하고 이후 다시 보철과로 온다.

모든 치과는 최대한 많은 수의 치아를 살리기 위해 노력한다. 보철과의 치료 계획은 여기에 바탕하고 있다. 그러나 종종 그렇지 않은 계획을 세울 때가 있다. 잇몸 상태도 좋고 치아도 건강하여 당연히 살려야 함에도 불구하고 전체적인 치료 계획을 방해할 때에는 눈물을 머금고 발치를 해야 하는 것이다. 환자뿐만 아니라 해당 진료과 선생님들에게도 그 이유와 과정을 자세히 설명하긴 하지만, 마음으로는 그런 결정을 할 수밖에 없는 것이 안타깝다.


## 명의냐, 돌팔이냐

보철과 하면 빼놓을 수 없는 진료가 바로 틀니다. 어금니 부위의 치아를 여러 개 상실했을 때는 '부분틀니'라고 불리는 국소의치 치료를 하고, 치아를 모두 상실했을 때는 '전체틀니'라고 불리는 총의치 치료를 한다.

틀니를 새로 만들 때는 치아를 거의 다 뽑거나 잇몸 치료를 병행하는 경우가 많아서 치료에 시간이 오래 걸린다. 보철과만 하더라도 최소 5, 6회 내원하게 되는데, 이렇다 보니 환자가 몇 개월을 치과에 오는 경우가 종종 있다.(솔직히 나라도 그렇게 오랜 시간과 노력을 들여 치료가 끝나면 다시는 치과에 오고 싶지 않을 것 같다.)

틀니 진료는 그 특성상 할아버지, 할머니 환자가 많다. 대학병원에서 수련의 생활을 하는 내내 어르신들을 참 많이 뵈었고, 이분들의 아이 같은 모습에 남몰래 킥킥 웃기도 하였다.

그중 ○○ 할머니는 오실 때마다 "이놈의 치과가 제일 싫어."라고 하셨다. 그러면 나는 "네, 할머니, 저도 치과가 제일 싫어요. 앞으로 치아 관리 잘해서 다시는 오지 마세요."라고 답하곤 했다. 할머니는 말은 그렇게 하시면서도 가방에 사과, 옥수수, 고구마 등을 챙겨 오셨다가 내게 건네주곤 하셨다.

진료가 거의 마무리되어 갈 무렵, 할머니에게 완성된 틀니를 끼워 드리면서 이렇게 말했다. "일주일 뒤에 또 오세요. 편안하신지 어떤지, 문제는 없는지 상태를 확인해야 해서요. 그런데 혹 중간에라도 틀니가 많이 불편하면 내원하세요."

틀니가 완성되었을 때, 나는 환자들에게 "이제 치료의 절반이 끝났습니다."라고 말한다. 새로 만든 틀니에 적응하고 이를 편안하게 쓰기까지 긴 시간과 여러 차례의 조절이 필요하다는 것을 우회적으로 표현한 말이다. ○○ 할머니에게도 충분히 설명을 했다고 생각했지만, 며칠 지나지 않아서 화난 표정으로 대기실에 앉아 있는 할머니를 만났다.

"이런 돌팔이!!!"

할머니는 나를 보자마자 크게 소리를 치셨다. 주변 사람들의 시선이 한순간에 모두 나에게로 쏠렸다. 당황한 나는 서둘러 할머니를 진료실로 안내했다. 그리고 틀니의 불편한 부분을 조절해 드렸다.

"역시 이 선생은 명의구먼."

○○ 할머니는 바로 몇 분 전 일은 까맣게 잊으시고, 이제 격한 칭찬을 쏟아 내셨다. 틀니 사용이 편안해질 때까지 이런 일이 몇 번 더 반복되었고, 그때마다 나는 '돌팔이'와 '명의'를 왔다 갔다 했다.

자기 치아 같은 틀니를 만드는 것이 모든 보철과 의사의 꿈일 것이다. 치아 사이에 조그마한 음식물만 끼어도 불편해서 참을 수 없을 지경인데 입안에 커다란 틀니가 들어갔을 때는 얼마나 불편하겠는가. 연세가 지긋한 환자들을 주로 만나면서, 나는 이런 난감한 상태를 이해시키기 위해 갖은 애를 썼다. 그러는 사이 자연스럽게 더는 돌팔이라는 말을 듣지 않게 되었다.


## 딸의 결혼식

레지던트 2년 차가 끝나 가는 2010년 12월 어느 날, 평소와 같이 상담을 위해 환자에게 다가가 앉았다. 진료 의자에는 우리 부모님 연배의 아주머니 한 분이 마스크를 쓰신 채 앉아 계셨다. 파노라마 사진을 보니, 곳곳에 상실된 치아가 보였고 잇몸 상태도 썩 좋지 않았다. 마스크를 벗기고 구강 안을 살펴보니, 실제는 사진보다 더 심각했다. 무엇보다 치아의 마모가 심해서 수직 고경(윗니와 아랫니의 간격)이 무너져 있었다. 혹시나 싶어 마지막으로 치과에 오신 게 언제인지 여쭸더니, 지난 50년간 치과에 내원한 적이 한 번도 없다고 하셨다.

"딸 결혼식 날에는 마스크를 벗고 사진을 찍고 싶어요."

아주머니는 딸의 결혼식이 얼마 남지 않아서 용기를 내어 치과에 오셨다고 했다. 딸의 결혼식이 4개월 뒤였는데, 치료를 완료하기에는 시간이 너무 부족했다. 치주 치료, 신경 치료, 발치 등 여러 치료가 필요한 데다 무너진 수직 고경을 회복하기 위해 전체 치아를 씌우는 전악 수복 치료가 필요한 상황이었다.

상담을 통해 치료가 결정된 후, 나는 각 과 치과의사들을 직접 찾아다니며 부탁하여 최대한 빨리 약속을 잡고 치료를 진행했다. 발치를 하면 그 부위 피부가 아물 때까지 두 달 이상이 걸리기에 먼저 구강외과에 의뢰하여 발치를 시행했다. 다른 과 선생님들의 적극적인 협조로 보존과에서 받는 신경 치료와 치주과의 치주 치료가 거의 동시에 진행되었다. 그 덕에 보철 치료를 위한 준비 과정이 매우 빨리 마무리되었다.

아주머니가 보철과에 다시 내원하셨을 때는, 잇몸과 치아 건강을 많이 회복한 상태였다. 이틀에 걸쳐 22개의 치아 삭제(씌우는 치료를 위해 치아를 깎는 것)를 시행하였고 임시 치아를 제작했다. 무너진 수직 고경을 회복하는 치료는 시간을 가지고 적응 기간을 충분히 두어야 하지만, 여건이 허락되지 않아서 촉박하게 진행해야만 했다. 너무 빨리 수직 고경 회복 치료를 할 경우 턱관절에 무리가 올 수도 있어서 구강내과에 협진을 요청했고, 환자가 임시 치아를 최대한 오래 사용하시도록 했다.

최종 보철물을 제작할 때도 친분이 있는 기공사에게 부탁해서 도와가며 겨우 날짜에 맞췄다. 선배 치과의사들이 말하길, "마음 맞는 기공사를 만나는 것은 보철과 의사에게 있어 큰 축복"이라고 하였는데, 짧은 시간에 최적의 보철물을 만들면서 그 말의 의미를 깨달았다. 보철물의 적합도에 기공사의 실력은 굉장히 중요하며, 특히 전치부(앞니) 보철물에 있어서는 의사와 기공사와의 호흡이 무엇보다 중요하다.

보통 일주일 이상 걸리는 단계별 과정을, 기공사와 나는 함께 밤잠을 줄여 가며 기공 작업에 속도를 내서, 일주일이 아닌 이틀 간격으로 치료를 진행할 수 있었다.(그때도, 지금도 그 기공사 분께 너무나 고맙다.)

치료를 마치고 딸의 결혼식을 치른 뒤, 아주머니는 다시 내원하셨다.

"선생님이 아니셨다면 이런 사진 못 찍었을 거예요."

딸과 함께 찍은 사진을 보여 주시면서 연신 고맙다고 말씀하시며 눈물을 훔치셨다. 그날 나는 보철과 의사로서 큰 보람을 느꼈다. 지금껏 몇 손가락에 꼽을 정도로 의사로서 기쁜 날이었다.

아주머니는 일단 결혼식 당일에만 최종 보철물을 사용하시고, 이후 다시 임시 치아를 사용하시며 충분한 조절 기간을 거쳐 치료를 마무리하셨다.


## 뻔한 거짓말, "이제 다 끝났어요."

지금은 치과의사로 살아가고 있지만, 어린 시절 나는 치과에 가는 게 무척이나 싫었다. 이가 잘 썩는 편이기도 하고 솔직히 관리도 잘 못해서, 내 치아 파노라마 사진을 보면 치료의 흔적들이 여기저기 산재해 있다.

그런데 레지던트 생활 1년이 거의 끝나 갈 무렵, 어릴 적에 치료받은 하악 좌측 소구치에 문제가 생겼다. 치통 때문에 잠을 못 이뤘다는 환자들의 불만을 대수롭지 않게 생각했건만, 정작 내가 치통을 느끼고 보니 여간 괴로운 것이 아니었다. 진통제를 먹어도 조금도 가라앉지 않는 극심한 통증에 뜬눈으로 밤을 새우고 나서야, 환자의 고통을 가벼이 여겼던 스스로를 반성하게 되었다.

이튿날 병원에 출근하여 방사선 사진을 촬영하니, 치아 상태가 이미 살릴 수 없는 지경이어서 발치를 했다.

과거에는 브리지 치료가 경제적이라는 이유로 많이 시술되었지만, 최근에는 치아 하나를 상실했을 때는 대개 임플란트 치료를 한다. 주변의 건강한 치아에 손상을 주지 않는 장점이 있기 때문이다. 나 역시 발치를 하고 2개월 뒤에 임플란트 식립을 했다.

평소 임플란트 식립을 할 때면 환자들에게 "조금 울리는 느낌이 날 거예요."라고 말하고 바로 수술에 들어갔는데, 막상 내 자신이 임플란트 시술을 받게 되니 아차 싶었다. 임플란트를 심기 위해 구멍을 뚫는 드릴링(drilling)을 하는데 머릿속 깊은 곳까지 울림이 전해졌다. 결단코 좋지 않은 기분이었다.

임플란트를 식립하고 나서 그것이 뼈에 잘 붙을 수 있도록 4개월을 기다렸다가 임플란트 치아 부분을 연결하기 위한 2차 수술을 받았다. 동료 의사에게 부탁해 임플란트 최종본을 뜨고 보철물을 제작하여 치료를 마무리하기까지 모두 7개월의 시간이 걸렸다.

최근에는 임플란트 자체의 기능도 좋아지고 술식들이 발달하면서 임플란트 식립과 동시에 보철물이 올라가는 시술도 많이 받지만, 나는 치아 주위에 염증이 심했기에 실패 위험을 줄이기 위해 시간이 좀 걸리더라도 고전적인 방식으로 치료를 진행했다. 임플란트 보철물을 장착할 때는 보철물이나 부품들을 여러 번 조였다 풀었다 한다. 이 단계에서 평소 나는 환자에게 "약간 누르는 느낌이 날 거예요. 약간 울리는 느낌이 날 거예요."라고 아무 감정 없이 말하곤 했다. 하지만 이 역시 환자의 입장이 되어 보니, 그동안 내가 크게 잘못 생각하고 있었다는 것을 알게 되었다.

환자들에 따르면 치과의사들이 가장 많이 하는 거짓말이 "이제 거의 다 끝났어요."란다. 돌이켜 생각해 보면, 나도 어렸을 때 치과에 갔을 때 그 말이 제일 듣기 싫었다. 임플란트 수술 이후, 나는 환자들에게 치료 과정을 이전보다 더 상세하게 하나하나 사실대로 알려 주는 진료 습관을 갖게 되었다.

## 웃음을 되찾아 주는 역할

보철과 치과의사로서 그사이 많은 환자를 치료하였다. 단순히 치아를 씌우는 치료가 필요한 환자부터 치아가 하나도 없는 무치악 상태에서 임플란트나 틀니를 통해 완전 수복을 해야 하는 환자에 이르기까지, 이 글을 쓰면서 내가 치료한 환자들의 얼굴이 하나하나 떠올랐다. 치료가 성공적이었던 환자들이 대다수이지만 간혹 아쉬움이 남는 환자들도 있다. 혹여 나의 지식과 경험이 부족한 탓에 치료가 어려웠던 것은 아닌지 반성하게 된다.

치아 우식, 외상, 잇몸병 등 여러 가지 이유로 치아를 잃은 환자들이 치과를 찾아오는 일이 점점 늘고 있다. 치아 상실로 음식을 제대로 씹지 못하는 환자, 턱관절 질환이 발생한 환자는 물론 심미적인 문제로 과도한 스트레스를 받는 환자도 자주 만난다. 기능적으로나 심미적으로 심한 고통을 받고 있는 이런 환자들에게 웃음을 되찾아 주는 일이야말로 보철과 의사의 역할이자 보람이다.

하루가 멀다 하고 새로운 보철 기구, 보철 재료, 보철 술식이 생겨나고 있다. 그에 따라 보철과 의사는 치아 문제로 고통받는 환자들에게 더 나은 솔루션을 제공할 수 있게 되었다. 나는 보철과 의사로서 이러한 변화와 발전에 빠르게 적응하고 새로운 술식을 익혀 나갈 것이다. 그것은 아마도 모든 임상 치과의사들이 견지해야 할 자세가 아닐까 싶다.

동문회나 동아리 모임에 가면 후배들로부터 "수련을 하게 되면 어떤 전공을 선택하는 것이 좋을까요?" 하는 질문을 많이 받는다. 물론 내 대답은 한 가지다.

"보철과!!!"

# 치과에 웬 치질?
# 나는 치주과 치과의사라니깐!

| 남대호 |

2008년 연세대 치과대학을 졸업했다. 강남 세브란스 병원에서 인턴 및 치주과 수련을 받은 후 2011년 치주과 전문의를 취득하였다. 현재는 국군양주병원에서 군의관으로 근무 중이다.

나는 치과의사다. 치과의 여러 전문과 중에서도 치주과 전문의이다. 치주과 치과의사로 있다 보니 사람들이 치주과가 무엇인지, 어떤 치료를 하는 곳인지 거의 모른다는 것을 수시로 경험한다. 대학병원의 수련의로 근무할 때 일이다.

치과대학병원의 수련의와 인턴은 의과대학의 수련의나 인턴만큼이나 일이 많고 병원에서 생활하는 시간이 길다. 자연히 끼니를 잘 챙겨 먹기도 어렵고 그마저도 배달 음식일 경우가 많다. 그날도 일과가 끝나고 저녁 시간이 되어, 인턴들에게 먹고 싶은 메뉴를 시키라고 하고는 일을 계속했다. 한참 후 주문한 음식이 배달되었다. 음식을 받고 영수증을 보았는데, 황당한 나머지 말을 잃고 말았다.

"주문하신 분 – 강남 세브란스 병원 별관 3층 치질과"라고 쓰여 있었던 것이다. 영문을 모르는 배달 아저씨는 "치질과라고 쓰인 곳이 없어서 한참을 찾았어요. 진땀이 다 났다니까요."라며 씩씩거리다 계산을 마치고 아무 일도 없다는 듯 쌩하니 가 버리셨다.

조금 어색한 침묵이 흐른 뒤, 우리는 묵묵히 밥을 먹었다. '치질과라니…, 치과에 웬 치질? 아저씨가 치질이 있으신 건가?' 하는 잡생각과 함께 전화해서 설명해 드리고 싶은 생각이 머릿속을 맴돌았다. 하지만 막상 전화로 과 이름에 대해 설명하는 내 모습을 떠올려 보니, 우습기도 하고 씁쓸하여 그만두었다. 그 정도로 일반인들에게 '치주과'는 낯선 단어인 것이다. 지금에야 한바탕 웃고 넘길 기억이지만, 치주과 의사로서 안타까운 일이긴 하다.


## 이가 붓고 피가 난다면?


치주(齒周)는 '치아 주위 조직'의 줄임말이고 치주과는 치아 주위 조직에 생기는 병을 치료하는 과이다. 흔히 어르신들이 '풍치'라고 말씀하시는 병이 바로 치주 질환이다. 치주 질환은 사십 대 이상 중년층에서 감기 다음으로 발병률이 높을 만큼 아주 흔한 질환이다.

치주 질환이나 치주과를 모르는 사람도 인사O, 이가O 등 약 이름은 잘 알 것이다. 제약회사들은 방송이나 언론을 통해 약 광고를 상당히 많이 하고 있으며, 약국에서 팔리는 약 중에서 이들 치주 질환 약은 매출액이 최상위권이다. 하지만 약만 먹어서는 치주 질환을 치료할 수 없다. 대개는 치주 치료를 받은 후 보조적인 수단으로 복용할 때만 효과를 볼 수 있다. 광고나 제품 설명서에 아주 조그맣게 "치과의사와 상

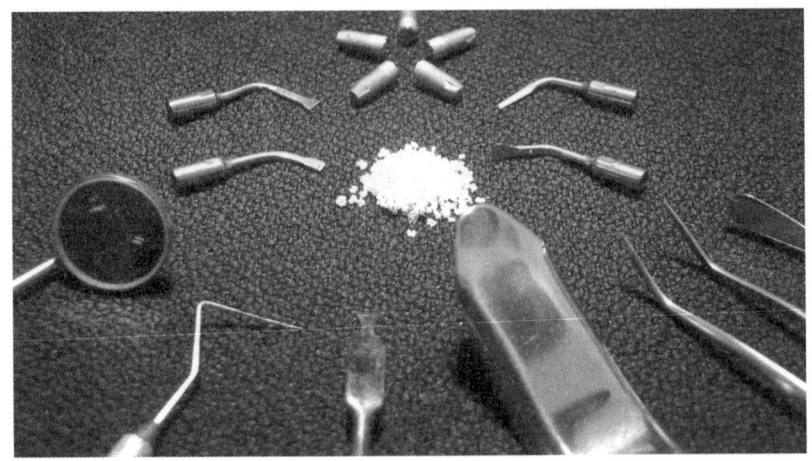

:: 치과의사들의 무기. 맨 위가 임플란트, 가운데 흰 가루가 뼈이식에 사용되는 인공 뼈, 그 외는 임플란트 수술 또는 치주 수술에 사용하는 수술 기구들.

담한 후에 복용하시오."라고 쓰여 있는 것도 그 때문이다.

치주 질환은 많은 분들이 앓고 있지만, 정확히 어떤 병인지는 모르고 있다가 방치하여 다수의 치아를 뽑아야 하는 심각한 상황에까지 이를 수 있다. 이러한 치주 질환의 주된 원인은 치태와 치석이다. 식사를 한 뒤 침이나 음식물과 함께 치아에 달라붙은 침착물에 구강 내 세균이 응집되어 형성되는 것이 치태(플라크)이고, 그것이 제거되지 못하고 석회화된 것이 치석이다. 치태는 물을 뿌리거나 입을 헹구는 것만으로는 제거되지 않으며 칫솔질로 없앨 수 있다. 치석은 치아 면에 단단히 붙어 있기 때문에 칫솔질로도 제거되지 않고, 치석제거술(스케일링)에 의해서만 없앨 수 있다. 그러므로 치태가 치석이 되기 전에 올바른 칫솔질과 구강 위생 관리가 중요하다.

치주 질환이 시작되면 정상 치주 조직이 염증 조직으로 변한다. 그러나 병이 상당히 진행되기 전까지는 아픈 증상이 잘 없기 때문에 모르고 방치해 병을 키우는 경우가 많다. 다시 말해 누구나 한 번은 잇몸에서 피가 나고 부어서 불편한 경험을 하지만, 그 증상이 곧 없어지면 자신의 구강 상태가 양호하다고 믿고서 방치하는 것이다. 하지만 시간이 지나면서 자신도 모르게 치주 질환은 악화된다.

## 치주 질환은 예방이 최선이다

치주 질환은 철저한 구강 위생 관리를 통해 예방하는 것이 최선이다. 따라서 치주 질환 환자를 치료하는 첫 번째 단계는 구강 위생 교육을 하는 것이다. 환자 스스로 치주 질환에 대해 이해하고, 칫솔질을 비롯한 구강 위생 관리법을 배우고, 나아가 치아 치료와 관리를 하도록 동기를 유발시키는 것이 목적이다.

수련의 시절, 교수님을 필두로 하여 수련의들이 함께 환자를 위한 교육 자료를 만들었다. 교수님이 전체적인 틀을 제시해 주시면 수련의 모두가 세세한 부분을 채우는 방식으로 진행되었는데, 대학병원이다 보니 교수님들이 환자 교육에 열의를 가지고 계셔서 자료의 완성도를 높이느라 오랜 시간과 정성을 쏟아야 했다.

수련의들이 회의와 집필 분담을 통해 첫 결과물을 만들고, 교수님의 확인을 받고 수정하는 과정을 수도 없이 반복했다. 특히나 중년 이상의 환자 눈높이에 맞추어 어려운 용어와 내용을 쉽게 풀어 설명하는 것이 예상외로 어려웠다. 이를 위해 글보다는 사진과 동영상 등의 시청각 자료를 최대한 이용했는데, 쉽게 구할 수도 없는 것들이어서 자체 제작하는 경우도 많았다. 수련의들이 환자 역할도 하고 촬영 기사도 하고…, 난항에 난항을 거듭했지만, 환자 입장에서 많은 생각을 해 볼 수 있었던 값진 시간이었다. 만드는 과정에서는 많은 잡업들로 인해 솔직히 불만도 있었지만 결과물을 보고는 큰 보람을 느꼈고, 수련의들끼리도 해냈다는 성취감과 끈끈한 동료애까지 덤으로 얻을 수 있었다. 그 자료들이 쌓이고 쌓여 아직도 환자들의 구강 위생 증진에 많은 도움을 주고 있다고 생각하니, 지금도 미소가 지어진다.

## 치주 질환 치료는 때밀이와 비슷하다

치주 질환은 치주 치료 한 번 하는 것보다 평소 구강 위생 관리를 잘하는 것이 훨씬 중요하다. 이것은 치주과 의사라면 누구나 동의할 것이다. 하지만 현실적으로 치아 사이사이에 자리한 치태를 100퍼센트 제거하는 일은 쉽지 않기 때문에 완벽한 관리는 불가능하다. 따라서 이미 진행된 치주 질환에 대해서는 직접적인 치료가 필요하다.

초기 치주 질환 치료에는 치석제거술과 함께 치석이 떨어진 치아 면을 매끈하게 하는 치근활택술, 염증 조직을 제거하는 치은소파술이 있다. 치주 질환이 많이 진행된 경우에는 치주 수술이라고도 하는 치주 판막 수술이 필요하다. 치주과 의사들은 이러한 치료를 하는 데에 많은 시간을 보낸다.

이러한 치주 질환 치료는 때밀이와 비슷하다. 치아 주위의 염증, 치태, 치석, 세균 등을 때를 밀듯이 깨끗하게 제거하는 것이다. 간단하게 생각될 수도 있지만, 치아의 형태상 기구가 접근하기 어려운 부위도 있고 입안이라는 좁은 공간에서 치료를 진행하기 때문에 기술적으로 상

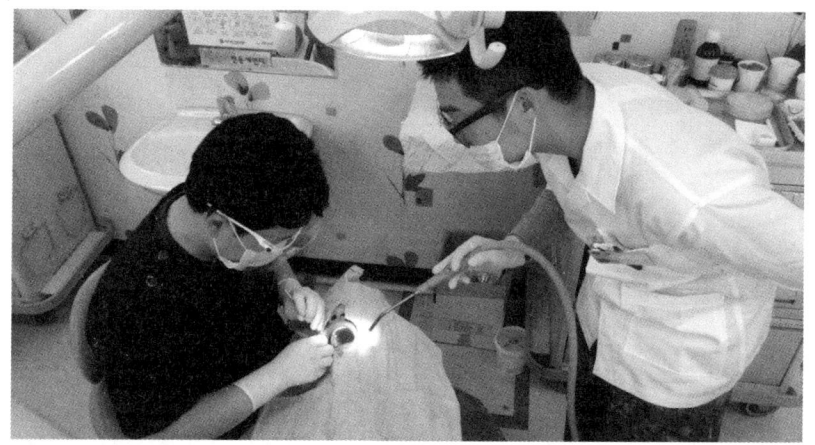
:: 환자를 진료하는 필자. 그러나 필자는 치주과 치과의사로서 언제나 치료보다 예방이 먼저라고 말한다.

당히 어렵다.

수련의나 초보 치과의사는 대부분 기구 조작이 손에 익지 않아 치료 시간이 오래 걸리고 몸도 힘들다. 덩달아 환자도 힘들어할 수 있다. 그럴 때면 환자에 대한 미안함으로 수련을 더 열심히 하게 된다.

그런데 이렇게 힘들게 치주 치료가 끝났다고 해서 모든 치료가 끝난 것은 아니다. 치주 질환은 구강 위생 관리가 소홀해지면 언제든지 재발할 위험이 있어서 정기적인 검진과 관리가 필요하다. 치주과에서는 이 단계 또한 중요한 치료로 여긴다.

치주과 진료의 또 다른 중요 영역은 바로 임플란트 치료이다. 치주 질환이 심하면 발치로 이어질 수 있고, 이후 필요한 치료 방법 중 하나로 등장한 것이 임플란트 치료이기 때문이다.

임플란트 치료는 치아의 뿌리에 해당하는 티타늄 매식체를 잇몸뼈에 직접 심는 것으로, 잇몸에 심은 임플란트는 나머지 치아처럼 꾸준한 관리가 필요한데, 치주과는 그런 방면에서 적임이다. 임플란트 치료는 비교적 최신 치료 방법이고 아직은 치과의 여러 과 중에서 어느 한 과의 진료로 정해진 바 없지만, 치주과에서는 잇몸뼈, 잇몸 등과 임플란트의 조화에 초점을 두고 활발히 치료를 하고 있다.

## 의사와 환자 사이에도 마음은 통한다

치주 질환의 특성상 치주과 환자의 대부분은 중년층 이상으로 나이가 지긋하신 분들이 많다.(수련 기간 동안 상당히 많은 환자를 치료했지만 이십 대 환자는 손에 꼽을 정도였다.) 꾸준한 관리를 위해 오랫동안 정기적으로 병원에 오시는 환자들이 많아서 그분들과 정을 쌓을 기회도 많다. 잊을 만하면 오시는 환자들의 얼굴을 보면, 마치 명절에 가까운 친척들을 보는 것 같은 반가운 마음이 들곤 한다.

사람의 마음은 통한다고, 환자들도 병원에 온다기보다는 오다가다 안부를 전하러 오시듯 하는 분들도 많다. 가끔은 정성이 담긴 음식을 들고 오시는 분도 있는데, 빵이나 과자는 물론이고 직접 밤을 삶아 오시는 분도 있고, 한번은 냉면 장사를 하시는 분이 냉면을 잘 포장하여 가지고 오신 적도 있다. 또 한번은 가정 형편이 조금 어려운 환자 분이었는데, 진료가 끝나고 조용히 야쿠르트 두 개와 요플레를 두고 가셨다. 소박한 선물이었지만, 콧잔등이 시큰할 만큼 치과의사로서 보람을 느끼게 해 준 고마운 선물이었다.

환자들과 교류하며 잇몸 관리도 돕고 발치한 치아는 임플란트를 통해 기능을 회복할 수 있도록 돕는 것, 그것은 치주과 의사에게 가장 큰 기쁨이다. 그런데 가끔은 임플란트가 만능인 줄 아는 환자들이 있어 곤란한 경우가 생긴다. 임플란트가 고가의 치료이기 때문에 그런 생각을 하는 것 같다. 또 임플란트는 평생 고장 나지 않는 줄 알지만, 임플란트 또한 지속적인 관리가 필요하고 뽑아내야 할 경우도 생길 수 있다. 그런데 이에 대한 인식이 아직 약해서 임플란트에 문제가 생기면 환자와 의료진 사이에 신뢰가 깨질 수도 있고, 심지어 오랜 기간 가족처럼 정을 쌓아 온 의사와 환자 사이에 금이 가기도 한다.

환자를 가족처럼 대할 때 최선의 치료 결과가 나올 수 있다고 한다. 치주과 수련을 하는 동안 나는 그 방법을 스스로 습득할 수 있었다. 이것은 치주과 수련의 큰 장점 중 하나이다.

# 실험실에서 일하는 치과의사

| 장성일 |

2008년 연세대 치과대학을 졸업했다. 현재 동 대학원 박사 과정에 재학하며 세균을 연구하고 있다.

"왜 그 길을 선택했어요?"

　나를 아는 사람이든, 모르는 사람이든 내가 하고 있는 일에 대해 이야기하면 항상 나오는 질문이다. 아마도 첫째로는 나와 같은 길을 걷는 사람이 드물기 때문이고, 둘째로 내가 하는 일을 내가 가진 '치과의사'라는 명칭과 연결시키기가 어렵기 때문이고, 셋째로 일반적인 치과의사의 길을 포기(또는 보류)하고 지금 하고 있는 일을 선택할 만한 특별한 이유가 잘 떠오르지 않기 때문일 것이다.

　나는 기초치과의사다. 나와 같은 사람들을 일컫는 데 특별히 정해진 명칭이 있는 것은 아니지만, 치과의사라고 하면 떠오르는 일반적인 이미지—치과에서 하얀 가운을 입고 입안의 문제를 해결해 주는 사람—와 달리, 진료를 거의 또는 전혀 하지 않고 실험실에서 치과 분야와 관련된 기초적인 생명 현상에 관한 연구를 본업으로 하는 치과의사들을 보통 기초치과의사라고 한다.


## 치과의사가 단순 기술자라고?


"왜 그 길을 선택했어요?" 이와 같은 질문을 받으면, "진료하는 것보다 재미있을 것 같아서요."라고 대답한다. 한참 장래에 대해 고민하던 고등학생 시절, 다양한 꿈을 꾸었는데, 그때 꾸던 꿈 중 하나가 물리학자였다. 스티븐 호킹의 『시간의 역사』나 데이비드 보더니스의 『E=mc²』 등의 책을 흥미진진하게 읽었고,(제대로 이해하지는 못했지만) 우주가 어떻게 만들어졌는지, 물질은 어디에서 오는지를 탐구하는 사람이 되고 싶었다. 머리를 쓰고 무언가를 탐구하고 발견해서 인류가 가진 지식의 경계를 넓히는 일, 그런 일이야말로 멋진 일이라고 생각했다.

치과의사를 부정적으로 말할 때 자주 쓰이는 "치과의사는 의사가 아니고 단순 기술자"라는 표현이 있다. "치과의사를 뜻하는 영어 단어에 -ist라는 접미사가 붙는 건 예전부터 치과의사를 그냥 기술자로 보았기 때문"이라는 그럴싸한 근거도 있었다.(물론 잘못된 해석이다.) 고등학교 시절 치과의사에 대한 나의 인식은 딱 그 정도 수준이었다. 그리고 그때 나에게 치과의사는 그리 멋있는 일이 아니었다.

한 통계에 따르면, 우리나라 치과의사의 80퍼센트 이상이 치과의원에서 일한다. 즉 '개원의'라는 이야기다. 사람들이 보는 치과의사의 모습은 거의 개원의이고, 개원의 이외의 다른 일을 하는 치과의사가 있다는 사실을 알기 어렵다. 치과의사의 진료 활동, 특히 의원급 치과 진료는 치과 치료를 잘 모르는 사람이 보기에는 단순해 보일 수 있다.(대부분 좁은 입안에서 이루어지기 때문이다.) "치과의사는 단순 기술자에 불과하다."는 말은 물론 매우 좋지 않은 편견이지만, 모르는 사람이 보면 그렇게 보일 여지는 충분하다.

그런 생각들을 마음 한구석에 가진 채로 치과대학에 입학해서 2년 동안의 예과 생활을 마치고 맞이한 4년간의 본과 과정은, 내가 치과의사에 대해 그동안 가지고 있던 생각들이 얼마나 잘못된 것이었는지 알게 해 주는 시간이었다.

치과대학에서 배우는 교과목들은 크게 해부학, 조직학, 생화학 등 기초과목들과 보존학, 보철학, 교정학 등 임상과목들로 구분된다. 처음 배우기 시작하는 해부학, 조직학, 생화학 등의 기초과목들은 물론이고, 학년이 올라가서 배우게 되는 수많은 임상 관련 과목들 역시 선배 학자들의 끊임없는 연구를 통해 축적된 지식에 근거하고 있다는 것을 알 수 있었다. 임상 분야의 어떤 성과도 기초 분야의 뒷받침 없이는 만들어질 수 없다는 것을, 그리고 좀 더 장기적으로 보면 임상 분야와 기초 분야는 분리된 것이 아니라 서로가 서로를 이끌면서 함께 발전해 나가는 관계라는 것을 알게 되었다.

한편으로 얼핏 단순해 보이는 치과 진료가 얼마나 많은 지식에 근거하고 있는지, 치과의사의 의사 결정이 얼마나 치열하고 복잡한 판단 과정을 거쳐 이루어지는지도 알게 되었다. 그러면서 나는 진료와 직접적인 관련은 없어 보여도 좀 더 '기초적'이고 '근본적'인 내용을 다루는 기초과목들에 더 흥미를 느끼게 되었다.

본과 1학년 때 해부학, 조직학, 생화학 등 사람과 생명 현상의 기본적인 원리를 다루는 학문들을 배우면서 '바로 이거다!' 싶었다. 고등학생 때 꿈꾸었던, 인류의 지식의 경계를 넓히는 일을 할 수 있을 거라는 생각이 들었기 때문이다. 치과대학 과정의 절반도 마치지 않았고 배운 과목들보다 앞으로 배워야 할 과목들이 더 많은 시점이었지만, 막연하게나마 '나중에 이런 일을 하면 좋겠다.'라고 생각했다. 돌아보면 치과대학 생활 6년 중 본과 1학년 때가 공부를 가장 열심히 그리고 즐겁게 했던 시기 같다.

6년간의 치과대학 생활을 정리하며, 결국 나는 기초치과의사의 길을 선택했다. 하지만 결정을 내리기까지 많은 고민이 있었다. 가장 큰 고민은 치과대학에서 배운 것과는 상당히 다른 일이고 그것이 연구라는 것 외에는 아무것도 모른다는 점이었다.

치과대학 학생들이 많이 하는 걱정 중에 이런 게 있다. 본과 1학년 때는 기초과목 중심으로 수업이 편성되기 때문에 적지 않은 학생들이 기초 분야에 관심을 보이고 궁금해한다. 이런 궁금증을 직접 해당 과목 교수님이나 기초실험실에 있는 사람들에게 물어보는 것을 학생들이 많이 부담스러워하는데, 괜히 관심을 보였다가 학생들끼리 하는 말로 '발목 잡혀서' 나중에 다른 선택을 하기 어렵지 않을까 미리 걱정하는 것이다.

나도 치과대학에 재학할 당시 그런 걱정이 있었기에, 기초연구자로 살아간다는 것에 대해 그전에 미리 많이 알아보지 못한 채로 결정을 내려야 했다. 지금도 그때의 결정에 후회는 없지만, 더 적극적으로 많은 것을 알아보았다면 고민을 덜 하고 좀 더 확신을 가지고 결정을 할 수 있었을 거란 생각이 든다.

이 글을 읽고 있는 후배들에게 이 자리를 빌려 장담하자면, '발목

잡혀서 나중에 다른 선택을 하기 어렵지 않을까.' 하는 걱정은 하지 않아도 좋다. 자신이 장래에 하고 싶은 일은 학교에 다니는 동안 수도 없이 바뀌게 마련이고, 선택은 전적으로 개인의 자유다. 자신의 장래를 결정하는 일이니, 충분한 정보를 가지고 충분히 생각해서 결정할 수 있는 기회를 눈앞에서 놓치는 일이 없길 바란다.

### 시간표 없는 대학원 생활

기초치과의사의 길을 가기로 마음먹고, 졸업 후 실험실 생활을 시작함과 동시에 모교인 연세대학교 치과대학 대학원에 입학하였다. 지금은 박사 과정에 6년째 재학 중이다. 박사 과정 수료 후에는 전문 연구 요원으로서 병역의 의무도 수행하고 있다. 진료가 아닌 실험과 연구가 나의 주된 일이기 때문에, 나의 생활은 치과의사라기보다는 생명과학 분야 대학원생의 생활과 비슷하다.

그러면 치과대학 생활과 대학원 생활은 어떤 차이가 있을까? 가장 큰 차이점은 정해진 시간표가 없다는 것이다. 치과대학의 경우, 매 학기 강의와 실습 시간표가 짜여 나오고 한 학년이 한 교실에서 같은 수업을 듣는다. 대학원에 들어오면, 일단 수업 부담은 크게 준다. 한 학기에 3~4과목 정도를 직접 선택하여 수강하기 때문이다. 하지만 그렇다고 대학원 생활이 한가한 것은 아니다. 수업 부담이 준 만큼 남은 시간을 연구로 채워야 한다. 정해진 시간표가 있는 것이 아니기에 실험과 공부, 그 외 다른 일들을 하는 데 들어가는 시간을 어느 정도 자유롭게 분배할 수 있지만, 실험이 손에 익고 하는 일이 많아지면 정신없이 바

빠지는 것은 학생 때와 똑같다.

대학원 생활은 한 사람의 독립적인 연구자로서 성장하기 위한 과정이다. 연구란 것은 기존의 지식으로부터 이제까지 알려지지 않았던 새로운 내용을 찾기 위한 과정이고, 그러기 위한 두 가지 축은 공부와 실험이다. 다만 이제까지 밝혀진 것들, 특히 연구 결과가 축적되어 논란의 여지가 거의 없는 내용들을 배우고 습득하는 과정이 학부생의 공부라면, 대학원생의 공부는 학부생 때 배운 내용을 기반으로 하여 학문의 최신 연구 동향을 파악하고 아직 밝혀지지 않은 부분이나 논란이 있는 부분, 즉 증명이 필요한 부분을 찾아내는 일이다. 학부생은 교과서로 공부하고, 대학원생은 교과서와 더불어 최신 연구 결과가 들어 있는 논문으로 공부한다고 말할 수 있다.

이렇게 공부를 통해 연구의 실마리를 잡아, 주제를 정하고 가설을 세운 다음에는 실험을 통해 그것을 직접 확인하고 증명하는 과정을 거치게 된다. 나의 경우, 치과대학에서 배우게 되는 여러 기초 학문들 중 미생물학을 전공하고 있고, 특히 세균에 대해 연구하고 있기 때문에 매일매일 세균이나 사람에서 유래한 세포를 키우거나, 세균이나 세포에서 DNA나 단백질 등을 추출해서 분석하고, 가끔은 쥐 같은 동물들을 가지고 실험을 진행한다. 실험은 기본적으로 몸을 움직여서 해야 하는 일이고 나의 생활 주기보다 내가 실험하는 세균과 세포의 생활 주기를 먼저 고려해야 하기 때문에, 더러는 잠을 줄이거나 집에 들어가지 못하는 일도 있다.

### 나는 지금 연구 중~

현재 사람의 입안에 사는 세균과, 그로 인해 발생할 수 있는 질병들

:: 치과대학 대학원생의 주된 일은 역시 공부와 실험이다.

에 대해 연구하고 있다.

　연구자에 따라 조금씩 다르게 이야기하고 있기는 하지만, 사람의 입안에는 약 1000종류, 200억 마리의 세균이 서식하고 있다. 입안에 살고 있는 세균의 이 놀라운 숫자만큼이나 치의학은 세균과 많은 관련이 있다. 사람들이 치과에 가는 가장 큰 이유인 충치와 잇몸병은 모두 세균에 의해 생기는 질환이다. 별 생각 없이 사용하는 치약이나 양치액 등도 제품 포장이나 광고를 자세히 보면, 해당 제품들이 입속 세균을 얼마나 효과적으로 제거해 주는지 이야기하고 있다. 충치의 주된 원인 균인 스트렙토코쿠스 무탄스균은 이런저런 광고에서 '뮤탄스균'이라는 이름으로 워낙 자주 등장한 덕에 일반인들도 그 이름을 알 정도가 되었다.

　요즘은 연구 기법의 발달로, 한두 종류의 균에 대한 연구뿐만 아니라 입안에 존재하는 모든 종류의 세균 전체를 대상으로 하는 연구들도 진행되고 있다. 수많은 종류의 세균이 사람의 입속에서 함께 서식하고 있는 만큼 한두 종류의 균이 병을 일으키는 것이 아니며, 1000종에 달하는 입속 세균 집단의 구성이 달라지면 우리의 건강 상태도 영향을 받을 수 있다는 생각에 착안한 것이다. 실제로 여러 종류의 질병에서 정상인과 환자의 입속 세균의 구성이 다른 것이 확인되기도 했다. 이렇듯 연구가 진행됨에 따라 입속 세균의 중요성은 커져 가고 있고, 앞으로 내가 해야 할 일도 점점 많아질 것 같다.

### 실습 조교가 되다

학부 학생들의 미생물학 수업이나 실습 시간에 조교로 참여하기도 한다. 학생들의 실습 과정을 지도하는 일을 주로 하는데, 내가 맡고 있는 미생물학의 경우, 세균의 기본적인 특성을 알아보거나 여러 종류의 세균을 각각의 특성에 따라 구분하는 실험, 입안에 사는 세균들을 관찰하는 실험 등 세균에 관한 실험들을 지도하고 있다. 원활한 실습 진행을 위해 학생들에게 설명할 내용을 정리하는 것이나 실습 물품들을 챙기는 것도 나의 일이다.

치과대학을 졸업한 첫해, 처음으로 학생 실습을 준비하면서 '몇 년 전에 다 해 봤던 내용이니까.'라고 생각하며 별 걱정 없이 있다가 막상 준비를 하면서는 기억나는 것이 아무것도 없어서 한 번 당황하고, 몸만 있으면 되었던 학생 때와 달리 준비하고 챙겨야 할 것들이 너무 많아서 또 한 번 당황했던 기억이 난다. 이 생활을 6년째 하고 있는 지금도, 실습 준비는 매년 새로운 느낌이다. 실습이 예정된 전날이면 준비 상태를 몇 번씩이나 확인하는데도 무언가 빠진 것 같은 불안한 느낌이 들곤 한다.

그러면서 아주 당연한 사실 두 가지를 다시 느낄 수 있었다. 하나는, 지식은 다른 사람에게 전달될 때 비로소 의미가 있다는 것이다. 처음으로 실습 지도를 맡았을 때, 지난밤 늦게까지 열심히 공부해서 실습 내용을 모두 파악했다고 자부하며 교탁 앞에 섰다. 그런데 긴장한 탓도 있었겠지만, 막상 말로 설명하려니 머릿속에 들어 있는 내용이 정리가 되지 않고 뒤죽박죽인 채로 튀어나와 여간 난감한 것이 아니었다. 돌아보면, 그날 그리고 그해에 실습한 학생들도 많이 당황했을 것 같다.

다른 하나는, 다른 사람과 교류함으로써 나의 지식을 더욱 발전시킬 수 있다는 것이다. 매년 실습을 진행하다 보니, 첫해에 느꼈던 긴장감은 거의 사라지고 실습 중간중간 짬짬이 학생들과 농담을 주고받을 정도가 되었다. 실습 중에 학생들이 질문을 해 오기도 한다. 대부분은 내가 예상한 범위를 벗어나지 않지만, 가끔씩 전혀 생각지도 못한 질문들이 나오기도 한다. 그럴 때마다 내가 미처 생각하지 못한 지점들을 짚어 주는 학생들에게 고맙기도 하고, 한편으로는 매년 하는 실습이 익숙해졌다고 내가 풀어져 있는 건 아닌지 스스로를 돌아보게 된다.

학생들과 함께 있다 보면, 가끔은 시간이 흐르는 것을 잊어버리기도 한다. 해가 바뀌면 내가 담당했던 학생들은 다음 학년으로 진급하고 새로운 학생들이 올라와 그 자리를 채우게 되는데, 몇 년이 지나도 항상 같은 학년의 학생들을 만나다 보면 내가 매년 한 살씩 먹고 있다는 사실을 잊어버리게 된다.(그래서 아직 마음만은 이십 대다.)

물론 매년 새 학기가 되면, 학생들에게 나이를 물었다가 새삼 세대 차이를 느끼기도 한다. 내가 담당했던 학생들이 어느새 고학년이 되어 있거나, 심지어 졸업해서 치과의사가 되어 진료하는 모습을 보게 될 때면, 아주 조금이나마(나의 경험으로 미루어 볼 때 그들이 나를 기억할지도 장담할 수 없지만) 내가 한 사람의 치과의사를 키워 내는 데 보탬이 되었다는 생각이 들어 흐뭇하다.

### 논문 발표하기

'내가 발견한 것을 다른 사람들에게 전달하는 것'은 학문 분야에서는 논문 발표와 학회 참가라는 형식으로 이루어진다. 그리고 이것들이 실험실 생활의 가장 큰 기쁨이 되기도 한다. 실험을 통해 얻은 결과가 축적되고, 이 실험 결과들을 통해 지금까지 알려지지 않은 새로운 사실을 논리적으로 설명할 수 있는 기회이기 때문이다.

하지만 논문 작성은 신체적, 정신적으로 상당히 피곤한 일이다. 우선 아무리 많이 공부했어도 외국어일 수밖에 없는 영어로 글을 써야 하기 때문에 달랑 한 문장을 쓰는 데도 많은 고민과 시간이 필요하다. 또 학문적인 글인 만큼 고도의 논리성이 요구되고 사소한 실수도 용납되지 않기에 내가 쓴 한 문장, 한 문장이 확실한 근거를 가지고 있는지 끊임없이 확인해야 한다. 그리고 잊을 만하면 터져 나오는 유명 인사의 표절 논란 역시 남의 일이 아니다. 더욱이 과학계는 표절에 매우 민감하다.

이렇게 애쓴 끝에 논문을 완성해서 저널에 제출한다고 '바로 고생 끝'인가 하면 그렇지도 않다. 저널에 제출된 논문은 우리와 같은 분야를 연구하는 다른 나라의 누군가에게 보내져 평가를 받는다. 이 단계에서 한 번에 통과되는 경우는 거의 없다. 편집자로부터 보통 몇 가지 요구 사항을 담은 답을 받는데, 문장을 조금 다듬거나 그림을 약간 손보는 간단한 수준이라면 금방 마무리할 수 있지만, 실험을 추가해야 할 정도로 까다로운 수준의 요구를 받으면 몇 개월에 걸쳐 여러 번 수정

집필을 한다.

이렇다 보니, 편집자로부터 논문 게재가 확정되었다는 최종 연락을 받는 날은 실험실이 온통 축제 분위기가 된다. 심지어 기념 회식을 하기도 한다.

의학이나 생명과학 분야의 논문들을 검색할 수 있는 PubMed에 처음으로 내 이름이 들어간 논문이 검색되던 날, 그 순간의 벅찬 느낌을 나는 아직도 잊지 못한다. 끝이 없어 보이는 공부와 밤늦게까지 계속되는 실험에 가끔 지칠 때도 있지만, 그날의 벅찬 느낌이 현재 나를 지탱해 주는 하나의 축이 되고 있다.

### 학회 참석하기

학회 발표는 (완성되지는 않았지만) 상당 수준으로 진행된 연구를 놓고 다른 연구자들과 의견을 나누는 자리다. 나는 국내 학회는 물론이고 가끔은 국외에서 열리는 학회에 참가한다.

수백 명의 연구자가 발표하는 연구 결과를 보고 들으면서 내 연구 분야에 몰입돼 있는 사이 좁아진 시야를 넓힐 수 있고, 내 연구에 대해 다른 사람과 이야기하면서 새로운 아이디어를 얻기도 한다. '세상에 이렇게 많은 사람들이 나와 비슷한 연구를 하고 있구나.' 하며 다시 한 번 마음을 다잡기도 하고, 내 연구와 별 관련은 없지만 뭔가 신기하고 특이해 보이는 연구 결과를 접하며 '이런 것도 연구의 주제가 될 수 있구나.' 하는 신선한 충격을 받기도 한다.

그 외에도 학회가 열리는 장소가 평소에 쉽게 가 볼 수 없는 곳인 만큼, 학회 일정이 끝난 후 다니는 하루나 이틀 정도의 여행은 좁은 실험실 생활에 익숙해져 있던 나에게 재충전의 시간이 되기도 한다.

:: 2009년 미국 필라델피아에서 열린 학회에 참석해 외국 연구자와 의견을 나누는 필자(왼쪽).

## 그러니까, 나도 치과의사다

치과의사의 '주 무기'라고 할 수 있는 핸드피스를 내려놓고 임상을 접할 일이 거의 없다 보니, 가끔은 치과의사로서의 정체성에 혼란을 느끼기도 한다. 주변 사람들이 치과 의료 상담을 요청해 올 때 더욱 그렇다. 치과 관련 연구를 하고 있지만, 현재 진료를 보는 것은 아니어서 아무래도 자신 있게 답해 주기는 어렵다. 최선의 답을 주려고 노력하지만, 기구와 장비가 부족해 입안을 자세히 들여다볼 수도 없고 책에서 본 내용들도 이제는 머릿속에서 뒤죽박죽되어서 맞는지, 틀리는지도 알 수 없다. 물론 비교적 간단한 질문이나 가벼운 상담은 가능하다.

그런데 치과에서 진료나 상담을 받고 와서 그 내용을 나에게 평가해 달라고 하는 경우가 가끔 있다. 전문가의 진료를 받고도 굳이 '아는 사람'일 뿐인 나를 찾아오는 그 마음을 모르는 것은 아니다. 하지만 임상을 떠난 지 오래되어 잘 모르기도 할뿐더러, 설사 알 것 같아도 섣불리 답하기에는 좀 민감한 문제여서 언제나 조심스럽다.

가끔 일반 치과의사로 활동하고 있는 친구들을 만나면 대화를 쫓아가기 힘들 때가 있다. 학생 때 배웠는데 기억나지 않는 내용이나 진료에 관한 기술적인 내용이라면 중간중간 말을 끊고 물어보기라도 하지만, 개원가의 분위기나 병원에서 일하는 치과의사들의 애환…, 이런 이야기로 넘어가면 이해도, 공감도 어렵다. 이럴 때면 '내가 정말 치과의사가 맞는 건가.' 싶기도 하다.

하지만 그것은 어디까지나 일반적인 의미의 치과의사에 해당하는 이야기이다. 진료에 종사하는 치과의사들에 비해 그 숫자는 많지 않지만, 나처럼 진료 활동을 하지 않고 연구에 몰두하는 선후배 기초치과의사들이 있다. 기초치과의사들은 환자들의 불편한 부분을 직접 해소해 주거나 진료에 필요한 어떤 것을 만들어 내지는 않는다. 그러나 나는 우리의 연구가 지금 당장은 아니더라도 미래 치의학의 발전을 뒷받침하는 초석이 될 것임을 믿어 의심치 않는다. 그러니까, 나도 치과의사다.

# 5장

## 더 낮고 아름다운 치과의사의 세계

# 치과의사,
# 직업이 아닌 삶의 선택

| 이수구 |

서울대 치과대학을 졸업했다. 치과의사로 서울시치과의사회장과 대한치과의사협회장직을 역임했다. 우리민족서로돕기운동본부 공동대표, (사)건강사회운동본부 이사장이기도 하며 현재 한국국제보건의료재단(KOFIH) 총재로 일하고 있다.

인생이라는 게 처음 의도한 방향이 아닌 엉뚱한 방향으로 가는 경우가 있게 마련이다. 1999년 나는 서울시 중구 치과의사회 회장 임기를 마친 후, 주변의 권유와 오기로 서울시치과의사회 회장에 도전했다. 촌놈의 서울시 회장 출마가 그리 쉽지 않을 거라 예측은 어느 정도 했지만, 보기 좋게 고배를 마시고 말았다.

## 장애인치과병원을 세우다

선거가 끝나고 나서, 나는 선거 참모진들과 선거대책위원회의 장래에 관해 토론했다. 그 결과, 위원회를 해체하는 대신 치과계 봉사단체로서 사회를 위해 일하자고 의견을 모았다. 이렇게 해서 만들어진 단체가 바로 '열린치과의사회'이다. 열린치과의사회는 노숙자 집합소였던 영등포 문래동 '자유의 집'에 고정 진료소를 설립한 것을 시작으로 지금은 국내에 진료소 5곳을 열고 해외(인도네시아)에도 진료소를 세우는 등 치과계 최대 봉사단체로 발전했다. 내가 서울시치과의사 회장 선거에서 당선되었다면 어땠을까? 지금의 열린치과의사회는 존재 자체가 없었을지도 모른다.

하지만 서울시치과의사회 회장으로서 하고 싶은 일이 여전히 많았던 나는 2003년 또다시 선거에 도전했고 그해 회장으로 취임하였다. 그런데 회장이 된 지 얼마 지나지 않아 한 후배 치과의사가 저소득 장애인 치과 치료비를 지원하는 '스마일복지재단' 설립을 도와 달라며 찾아왔다. 나는 그 자리에서 흔쾌히 승낙했고, 현재 스마일복지재단은 연간 후원금이 10억 원이 넘는, 저소득 장애인 치과 치료비를 지원하는 치과계의 대표적인 장애인복지재단이 되어 있다.

스마일재단을 설립한 경험을 바탕으로, 나는 서울시에 시립 장애인 치과병원을 설립할 것을 강력히 요구했다. 우여곡절이 있었지만, 당시 이명박 서울시장을 설득해 한국 최초의 장애인치과병원을 서울 성동구 홍익동 경찰병원 자리에 세울 수 있었다. 선거에서 패한 일이 오히려 우리나라 최초로 시립 장애인치과병원을 설립하는 쾌거로 이어진 것이다. 인생지사 새옹지마라는 옛말이 거짓이 아닌 것 같다.

당시 일본은 1980년대부터 도쿄도 후원으로 도쿄치과의사회에서 장애인치과병원을 설립해 운영하고 있었다. 나는 서울시청 직원들에게 일본의 장애인치과병원을 견학할 기회를 두 번이나 제공했다. 장애인치과의 필요성을 알리기 위해서였다. 하지만 새로운 시립 치과병원을 설립하는 데 동의를 받아 내기는 쉽지 않았다.

시 예산도 넉넉지 않은데 시장을 만날 때마다 장애인치과병원 설립을 요청하는 내가 마음에 걸렸는지, 담당 국장은 서울시의사회장에게 "이수구 치과의사회 회장이 시장님 만날 때마다 장애인치과병원 설립 얘기를 하는데, 그러지 않도록 해 주세요."라고 부탁했다고 한다. 나중에 들으니, 의사회장은 "이수구 회장은 장애인치과 만들려고 회장 된 사람이니 그런 말은 전하기 어렵습니다."라고 답했다고 한다.

꿈을 위해 노력하면 반드시 기회가 오기 마련이라고 했던가. 당시 의료계 대표들과 서울시장은 한 달에 한 번 식사를 하며 시 보건의료에 대해 의견을 나눴다. 이 식사 모임이 있는 날 세계치과연맹 회장에 당선된 윤홍렬 치과협회장을 만나러 온 세계치과연맹 버나드 사무총장이 이명박 시장을 면담하러 시청에 온다는 소식을 들었다. 시장과 식사를 하는 자리에서 시장에게 슬쩍 말을 건넸다.

"시장님, 오후 3시에 세계치과연맹 사무총장 닥터 버나드가 시장님을 뵈러 온다던데요. 어제 버나드 총장과 만났는데, 한국 방문이 처음이라기에 보고 싶은 곳이 있느냐고 물었더니, 한국에 장애인치과병원이 있으면 보고 싶다고 하더군요. 지금 설립 중이니 내년에 다시 오면 보여 주겠다고 했습니다. 혹시 그 얘기를 하면 시장님도 그렇게 답변을 해 주시면 감사하겠습니다."

천연덕스러운 거짓말이었지만, 시장은 웃으며 담당 국장에게 지시했다.

"다음 우리 모임에서 이 회장이 이 얘기를 안 하도록 서둘러 주세요."

이후 공무원들의 태도는 백팔십도 바뀌었고, 마침 공사 중이던 치매노인요양원 건물에 장애인치과 자리가 마련됐다. 이렇게 설립된 우

:: 2014년 보편적 건강보장 국제포럼에서 비공식 부문 건강보장 확대 방안에 대해 연설을 하고 있다.

리나라 최초의 장애인치과병원은 서울시치과의사회를 거쳐 현재 서울대병원 치과병원이 위탁받아 운영하고 있다.

서울시립장애인치과병원 설립 소식이 전해지면서 치과 치료가 쉽지 않았던 전국 정신지체장애인들이 서울로 몰려들었다. 다른 지역에도 장애인치과병원이 필요했던 것이다. 나는 치과의사협회장 당선 이후 이 일에 더욱 힘을 쏟았고, 보건복지부 담당 공무원들을 설득해 6개 지역에 중앙과 지역이 재정을 반씩 부담하는 치과병원을 설립하였다.

지금 와 돌아봐도, 내가 치과의사가 되고 나서 가장 보람을 느꼈던 일은 역시 장애인치과병원을 설립한 것이다. 그리고 이 일의 시작은 어쩌면 치과대학 시절에 참여한 무의촌 진료 동아리 '향토개척단' 덕분이었을 것이다. 당시 우리는 어려운 농촌을 살리기 위해 간척사업을 하는 등 학생으로서는 생각하기 어려운 많은 일들을 하였다. 농촌으로 들어간 우리는 낮에는 구강 위생 홍보교육과 진료를 하고 밤에는 열띤 토론을 하느라 시간 가는 줄 몰랐다. 그 시절 우리가 만난 농민들은 달군 쇠

젓가락으로 충치를 태워 통증을 해결할 정도였으니, 지금 한국국제보건의료재단이 모자보건증진사업 등을 진행하고 있는 라오스나 캄보디아 등보다 상황이 더 안 좋았다. 농민들을 만나면서 나는 '이 세상에는 생각지도 못한 수많은 문제가 있고 인류는 이런 문제를 해결하면서 발전해 왔다는 것, 이런 발전의 주체가 바로 민중의 삶이라는 것'을 조금이나마 깨닫게 되었다. 그 뒤 한국국제보건의료재단 총재가 된 지금도 여전히 어려운 이들을 위해 봉사하고, 양극화된 사회의 불평등을 없애는 데 힘을 보태려 하고 있다.

## 지구촌을 무대로 뛰다

오늘날 지구촌은 점점 가까워지고 있다. 국제 사회가 공동으로 대응하지 않으면 사스, 에볼라 등 전염병이 전 지구로 퍼져 나가는 것은 한순간이다. 개발도상국의 보건의료 문제는 선진국의 보건의료 문제이기도 하다. 우리나라는 세계에서 유일하게 원조 수원국에서 공여국으로 탈바꿈한 국가다. 선진국의 구호물자를 받던 우리나라가 이제는 아시아, 아프리카, 남미에 걸쳐 개발도상국을 돕고 있는 것이다. 나아가 가난을 벗어나는 노하우를 함께 전하고 있다.

한국국제보건의료재단(KOFIH)은 그중에서 기본이라 할 수 있는 보건의료지원 전문기관이다. KOFIH는 해외 동포를 위한 보건의료지원사업, 북한 주민을 위한 보건의료지원사업도 하고 있다. 현재 북한의 개성공단에는 재단에서 파견한 직원이 근무하고 있다. 국제적인 재해가 발생했을 때도 KOFIH는 즉각 의료지원과 긴급구호대를 파견한다.

이 밖에 한국에서 일하는 이주 노동자를 위한 지원 사업부터 개발도상국의 의료진 교육까지 재단의 역할은 무궁무진하다.

KOFIH의 이런 정체성은 바로 한국인 최초의 국제기구 수장이었던 이종욱 전 WHO 총장의 기념 재단이라는 데서 나온다. 국제보건을 위해 힘썼던 이종욱 박사의 유지를 받들어, 나는 국제보건의료사업의 한국 대표로서 그 역할을 다하고 있다.

국제보건을 지원하는 의료재단이라고 하면 흔히 개도국에 의사 등을 보내 진료하는 단체를 생각하는데, 재단에서 직접 진료를 하는 일은 드물다. 재단은 1차 보건의료사업을 통해 개도국 자체의 역량을 끌어올리는 일을 한다.

### 미래를 위해 가장 중요한 모자보건사업

개발도상국 보건의료 문제 중 개인적으로 가장 마음이 쓰이는 부분은 불결한 위생 상태나 의료진 부족 등으로 산모와 영유아 사망률이 선진국에 비해 매우 높은 것이다. 건강하지 않은 여성이 건강하지 않은 아이를 낳고 그 아이는 건강하지 않은 어른이 된다. 악순환이다. 국가 경쟁력에도 큰 악영향을 미친다. 그러나 이들은 산부인과 진료가 필요하다는 것을 알아도 실행에 옮길 수 없는 경우가 많다. 조산원도 없고, 하루 벌어 하루 사는 처지에 병원을 찾기도 어렵다.

그래서 KOFIH에서는 여러 개발도상국에서 모자보건증진사업을 진행하고 있다. 캄보디아에서는 임산부들이 수상(水上)보건소에서 꾸준히 진료를 받을 수 있도록 툭툭(Tuk Tuk, 오토바이에 리어카 같은 승객 탑승용 좌석이 붙어 있는 동남아시아의 주요 교통수단)과 이를 운행할 기름값을 지원하는 등 보건의료 혜택을 받는 데 걸림돌이 될 만한

:: 2014년 보건복지부와 나눔국민운동본부에서 주최한 제5회 대한민국나눔대축제에 직원들과 함께한 필자.

요인들을 하나하나 없애는 것도 이 사업의 중요한 부분이다. 이렇다 보니 재단 사업을 하는 이들은 보건의료만 알아서는 안 된다. 그 나라 사람들의 삶을 보고 그들의 문화를 읽어야 한다. 이렇게 진행되고 있는 모자보건증진사업은 3년 정도로 예정돼 있다. 사업 시작 전후 주민들의 보건소 이용률과 산모·영유아 사망률 변화가 이 사업의 성패를 알려 줄 것이다.

재단은 개발도상국민을 대상으로 교육사업도 진행한다. 남수단조산사·조산사교육인력양성사업이 그 대표적인 예다. 우리나라 산부인과 의사를 파견하는 대신 남수단인을 조산사나 조산사교육 강사로 키우는 데는 오랜 기다림이 필요하고 그 과정에서 많은 시행착오를 겪게 마련이다. 그러나 '자국의 보건의료는 자국 의료진이 해결할 수 있는 것이 가장 빠른 길'이라는 점을 수원국 스스로 깨달을 때까지 우리의 경험을 나눠 주는 것이 그들에게 가장 필요한 일이라고 생각한다.

KOFIH가 다른 보건의료지원 전문기관과 가장 다른 것은 바로 이런 점이다.

### 잊어선 안 될 고려인들

중앙아시아 우즈베키스탄 타슈켄트에는 고려인 어르신들이 사는 아리랑 요양원이 있다. KOFIH가 운영하는 곳이다. 2013년 우스리스크에서 만난 고려인 남알라에라 씨에 따르면, 그의 아버지 13형제 중 11명이 강제 이주 열차 안에서 사망했다고 한다. 아리랑 요양원에 살고 있는 어르신들은, 그와 같이 어릴 때 이런 강제 이주를 겪은 분들이다. 이런 역사를 생각하면 우리 정부가 혼자 남은 고려인 어르신들의 노후를 책임지기로 한 것은 당연한 도리라고 생각된다.

이곳에 처음 방문했을 때, 직업병처럼 어쩔 수 없이 어르신들의 치아가 눈에 들어왔다. 나는 현지에 있는 우리나라 NGO가 설립한 열방치과병원에 치과 치료와 틀니 제작을 부탁드렸다. 그리고 다리가 불편한 어르신들을 위해 사회복지공동모금회의 지원을 받아 올해 봄에 승강기를 설치했다.

### 가장 가깝고도 먼 나라, 북한

2013년 9월에는 개성공단에 다녀왔다. 도라선 역 출입국 사무소에서 출국 수속을 받으며, 두 번째 방문임에도 여전히 낯선 느낌을 받았다. 그렇지만 개성공단 치과 진료소에 도착하자, 언제 그랬나 싶을 정도로 앞으로 해야 할 일들이 끊임없이 눈에 보였다.

남쪽 근로자 800명을 위한 남측 진료소와 북쪽 근로자 5만 2000명을 위한 북측 진료소…. 그런데 북쪽 근로자를 위한 치과 진료소는 한

:: 2014년에 개성공업지구 부속 의원을 둘러보고 사업 관계자들과 기념 촬영을 한 필자.

군데도 없었다. 이번 방문은 북측 진료소에 새로 설치해 준 치과 진료소를 점검하기 위한 것이었다. 북측 책임자에게 시설 운영을 위해 구강과 의사를 파견해 줄 것을 요구하면서 동시에 남쪽 치과의사들이 북쪽 근로자들을 치료해 줄 수 있다는 얘기도 건넸다. 예전에 이미 남북 치과의사들이 사이좋게 협진을 했던 사례도 들어가면서.

5만 명이 넘는 근로자가 있는데도 치과의사 한 명 없는 북측 진료소와 한 달에 한 번씩 근로자들을 위해 무료 임플란트 시술까지 해 주는 남측 치과 진료소. 두 진료소의 엄청난 간극이 현재 남북 현주소가 아닌가 싶어, 형언키 어려운 감정이 가슴을 휘젓고 지나갔다. 두 번째 가보니, 개성은 서울에서 1시간이면 도착하는 참 가까운 곳이다.

"통일은 대박"이라는 내용의 연초 대통령 기자회견 이후, 우리 국민의 통일에 대한 생각이 많이 바뀌고 있다고 한다. 신문을 읽다가 "통일에 대해 무관심하거나 냉소적이었던 젊은이들이 통일 비용을 북한에 대한 투자로 생각하기 시작했다."는 글을 봤는데, 기뻤다. 북한보건의료지원사업은 재단의 중점 사업이다. 재단의 역할에 따라 보건의료 부분에서 통일 비용은 엄청나게 달라질 수도 있을 것이다.

## 치과의사, 더 나은 지구를 만들다

치대생 시절의 향토개척단부터 치과의사, 서울시치과의사회장, 대한치과의사협회장으로 일하며 쌓은 내 나름의 성과인 장애인치과병원, 열린치과의사회, 스마일복지재단 설립까지를 돌아보면 참 많은 일을 해 왔다. 그리고 한국보건의료재단 총재로서 나는 내 세계를 지구촌으로 넓혔다. 앞으로도 재단 총재로서 나는 내가 할 수 있는 일들을 더 많이 고민하고 실천에 옮길 것이다. 그래서 세상 어느 누군가의 삶이 조금이라도 나아진다면 정말 좋겠다. 북한에 치과 진료 의자 하나를 들이는 일이 통일의 초석을 다지는 큰일의 시작이라는 자부심을 가지는 것이 지나친 일만은 아닐 것이다. 또 다른 개발도상국들의 보건의료에 도움을 주는 일을 할 수 있어서 보람을 느낀다.

매일 아침 서울시청 앞에 있는 한국국제보건의료재단 사무실로 출근할 때면 우리 직원들이 키보드를 치며 모니터에 집중하고 있는 모습을 본다. 이들이 서울 재단 사무실에서 만들어 내는 수많은 계획과 결정과 고민이 더 나은 지구촌의 미래를 앞당기는 일이라고 생각하면 고맙다. 그리고 예쁘다. 오늘도 이들과 함께할 수 있어서 내 삶은 참 복되구나 하는 생각으로 하루를 시작한다.

# 소록도 치과의사,
# 한센인들의 벗이 되다

| 오동찬 |

조선대 치의학 학사와 석사를 마치고 한림대 강남성심병원 구강외과 인턴을 수료했다. 국립소록도병원 공중
보건의로 근무한 후 의무사무관, 치과과장을 거쳐 원장 직무대리를 했으며 공공치의학회장을 역임했고 현재
국립소록도병원 의료부장을 맡고 있다. 2014년에는 광주전남 희망인물에 선정되기도 했다.

오늘도 20여 분의 환자가 진료실에 오셨다. 물론 진료를 받기 위해 오셨지만 절반은 나와 커피를 마시며 부부싸움 이야기, 뭍에 있는 자식들 이야기, 어제 저녁에 본 드라마 이야기, 점심은 뭘 먹나 고민하는 이야기 등을 나눈다. 치과 진료실이 아닌 어느 시골 마을 사랑방에 오신 것 같다.

**모두가 반대한 소록도 병원행**

구강외과 인턴을 마치고 나는 공중보건의가 되기 위해 영천에서 군사 훈련과 교육을 받고 성남에서 지역 보건소 관련 교육을 받았다. 그리고 나에게는 역사적인 날과도 같았던 1995년 4월 22일, 전남도청에서 자신이 원하는 근무지의 병원과 보건소를 찍었다.

먼저 의과 선생님들이 찍고 나서 치과 선생님들이 찍었다. 표에는 전남 지역의 많은 병원과 보건소가 표시되어 있었다. 인턴을 마친 나는 일반 선생님들에 비해 우선적으로 찍을 수 있는 순번이 주어져서 감사하는 마음으로 병원과 보건소 중 제일 밑에 있는, 누구나 가고 싶어 하지 않는 국립소록도병원을 찍었다. 후배들이 "형, 왜 그런 곳에 가?"라며 의아해했고 주변 사람들의 반대와 부정적 우려도 많았지만 난 행복했다. 드디어 내가 가고 싶은 곳에 갈 수 있게 되었기 때문이다.

사실 나는 그 이전에 코이카(KOICA, 한국국제협력단)에 원서를 냈다. 후진국에 가서 환자들을 진료하면서 사는 것이 내 꿈이었는데, 그해 코이카에서 치과의사는 뽑지 않았기에 어쩔 수 없이 포기해야 했다. 그런데 공중보건의 배치 표에서 국립소록도병원을 만난 것이다. 일찍이 본과 2학년 때 아버지를 따라(당시 초등학교 교사로, 보이스카우트 활동을 하셨다) 소록도 직원 자녀들이 다니는 초등학교에 간 적이 있었다. 그렇게 우연찮게 그곳 한센인들의 힘든 삶을 접하며 함께 가슴 아파했다.

그날 저녁 가족들에게 "저 국립소록도병원에 가기로 했어요." 하니, 온 식구들이 어이없는 표정에 이어 화를 내고 크게 반대를 하셨다. 특히 어머니는 암 수술을 받은 뒤 항암 치료를 받고 있는 중이라서 육체적으로나 심리적으로 충격을 받으면 안 되셨는데 내 말에 무척이나 동요하셨다. "내 눈에 흙이 들어가면 가."라고 강하게 말씀하셨다. 어머니는 어렸을 때 한센인들을 보면서 부정적인 선입견을 많이 가지고 계셔서 소록도병원을 무서운 곳으로 생각하셨던 것이다. 나는 어머니와 다른 가족들을 안심시키는 한편 내가 그곳에 가야 하는 당위를 설명했다. 마지막으로 "국립소록도병원에서 1년만 근무하면 제가 원하는 곳 어디든 갈 수 있습니다."라고 말씀드렸다.

여기서 잠깐 설명하자면, 한센병이란 결핵과 마찬가지로 법정 3군 감염병이다. 결코 유전병이 아니다. 왜냐하면 한센병을 일으키는 나균이 너무 약해서 태반을 통과할 수 없기 때문이다.

결핵 예방 접종제인 B.C.G.는 한 번만 주사해도 40~80퍼센트의 한센병 예방 효과가 있다는 학술 보고가 있고, 특히 보건학적으로 예방 사업이 잘된 우리나라와 대부분의 선진국에서는 B.C.G. 한 번 주사에 99퍼센트 한센병 예방 효과가 있으며(가톨릭의대한센병연구소) 항나제 주사로는 1회, po med(복용약)는 최소 3개월만 복용해도 전염성이 사라지는 병으로 증명되었다. 이렇게 쉽게 치료되고 전염성도 약한데, 우리나라에는 한센 치료약이 1950년대 들어와 1980년 초에야 상용화되면서 치료가 종결되었는데 과거에 사람들 사이에 부정적 인식이 많았던 것 같다. 한센병 발병률은 그 이후에 점차 감소해 현재는 0퍼센트에 이른다. 현재 소록도에 계신 분들은 이미 한센병이 다 치유된, 그러나 치료 시기가 늦어 장애만 약간 가지고 있는 할머니, 할아버지 들이다.

다음 날, 가족들에게 인사를 드리고 나서 새벽 5시 버스를 타고 광주에서 녹동으로 갔다. 물론 녹동에서 배를 타고 소록도에 입성하는 루트였다. 지난밤 잠을 설쳐 피곤한 몸이었지만 거의 4시간에 걸쳐 도착할 소록도에 대한 기대와 설렘으로 마음만은 너무나도 행복했다.

그렇게 소록도에 와서 즐겁게 생활하다 보니, 1년이라는 세월이 훌쩍 지나 버렸다. 다른 의사들은 모두 발령을 받아 본인들이 원하는 곳으로 가는데 아들놈이 나오지 않고 계속 소록도에 있으니 어머니가 힘든 몸을 이끌고 이곳 소록도까지 오셨다. 매우 불편한 심기로 오셨지만 아들과 소록도를 한 바퀴 돌고 한센 어르신들을 만나서 "이렇게 좋은 의사 아들을 보내 주셔서 감사합니다."라는 말씀을 들은 어머니는, 당연히 내게 화를 내실 줄 알았는데 오히려 "미안하다, 동찬아."라고 하시면서 "이곳 환자 분들께 엄마 대하듯 해 줘라."라고 당부까지 하셨다. 이 말씀을 하시고 어머니는 2개월 뒤에 돌아가셨다. 하늘 아래 나 같은 불효자는 없을 거라는 생각이 든다.

아버지도 이제 소록도에서 할 만큼 했으니 나와서 개업을 하라고 계속 이야기하시지만 나는 이곳 한센 어르신들을 등지기 싫었다. 그래도 아버지는 다른 식구들이 많지만 이분들은 나를 아들로 의지하시는 분들이 많기 때문이다. 항상 부모님께는 크게 불효를 하면서 살고 있지만 그래도 어머니께 못 다한 효도를 이곳 한센 할머니, 할아버지 들께 하고 있으니 저 천국에서 흐뭇해하시지 않을까 싶다. 어머니, 죄송합니다.

### "고마워요"가 아니라 "수고하시겠네요"

소록도에서 나의 첫 환자는 아랫입술이 심하져 처져 있는 할머니였다. 할머니는 침을 흘리면서 들어오셔서 "아이고, 보름 만에 치과의사 얼굴 보네."라고 하셨다. 공중보건의가 전출되고 오는 기간이 그 당시에는 짧게는 2주, 길게는 4주 정도가 걸렸다.

할머니를 치료하는 내내 마음이 너무나 아팠다. 한센병 후유증으로 손가락은 하나도 없지, 당연히 양치를 제대로 하지 못해서 치아 사이에 음식물이 끼여 있지, 입술 밖으로 타액은 쉴 없이 흘러나오지, 더불어 초대하지 않은 손님 파리까지 계속 할머니 주변을 맴돌았다.(그 당시 한센인들은 생계 수단으로 돼지와 닭 등을 키웠다.)

할머니는 식사 후 치아에 음식물들이 너무 많이 끼어서, 그 불편함으로 나를 찾아오셨다. 내가 해 드릴 수 있는 치료란 치아에 낀 음식물을 빼 주는 것이 전부였다. 소록도 밖에서 이것은 치료라 보기 어렵다. 이런 일로 치과의사를 찾아오는 일도 없다. 양치질을 하거나 이쑤시개로 파내면 끝나니까.

하지만 이곳 소록도에 거주하고 있는 한센인들은 나균의 말초신경 침범으로 손가락 마디를 절단했거나 손가락이 아예 없거나 의수나 갈고리 손을 쓰는 경우가 많아서 칫솔질을 자주 할 수가 없다. 그래서 심한 치아우식증과 치주질환을 가지거나 치아를 다수 상실한 경우가 많다. 또 구강 상태가 좋지 못해서 치성 감염이 자주 발생하고, 안면 신경 마비가 안면 기형을 초래해 부정교합을 일으키고, 구내 조직과 구외 조직의 프레셔 애트러피(pressure atrophy)와 하순 이완으로 식사할 때 음식을 많이 흘리고, 평상시에도 구강 밖으로 타액이 줄줄 흘러나오는 등 상당한 고통을 당하고 있다. 심지어는 구강암인 편평상피세포암 환자들도 있었다.

소록도병원에 입원한 한센인들은 자신들의 구강 상태가 다른 환자들보다 좋지 않다는 것을 잘 알고 있었다. 하지만 몸에 상처가 많고 다른 만성 질환들을 가지고 있어서 구강 질환에 대해서는 심각하게 생각하지 않았고 별로 관심도 없었다.

이후에 나의 환자 치료는 단순 처치도 있었지만 수술이 훨씬 많았다. 날씨가 더운 여름에는 농양 환자와 봉와직염 환자들과 구강 내 낭종 등 구강외과 환자들이 많아서 오전에는 진료, 오후에는 수술을 하면서 1달에 20~30명의 환자들을 입원시켰다. 수술하고 진료하고, 틈틈이 무료의치사업도 했다. 공중보건의 월급이 23만 원 정도였는데, 그 대부분을 할머니, 할아버지 들께 사용했다.

나름 최선을 다해 이런저런 일을 했다. 그런데, 물론 인사를 듣고자 한 일은 아니었지만, 우리 할머니들, 할아버지들은 "고맙네." 하는 말씀을 잘 안 하셨다. 내가 짬을 내서 그분들 집에 가서 청소도 해 주고 파리도 잡아 주고 했는데도 말이다. 그래서 어느 날은 그분들께 물어보았다.

"보통 도움을 받으면 '고마워요'라고 하지 않나요? 그런데 여기 분들은 '수고하시겠네요'라고만 하시네요."

그랬더니 그중 한 분이 이렇게 말씀하셨다.

"오 선상도 떠날 건데…. 정 주기 싫어서 그런 거여. 우리가 좋아서 우리에게 오는디 좋지 않은 사람이 누가 있겄어. 근디 의사들이 이렇게 마을까지 와서 청소도 해 주고, 우리를 재미있게 해 주고 우리랑 이야기를 많이 한 의사도 없었는디. 오 선상도 다른 선상님들 같이 1년 있으믄 딴 디 더 좋은 곳으로 가 버릴 건디. 우리가 정 주고 좋아하면 우리 맴이 많이 아파. 그래서 정 주는 거이 싫어서 그러는 거여."

실제로 소록도의 의사 선생님들은 대부분 1년간 근무한 뒤 타지로 떠나셨다. 물론 가끔 더 근무하시는 분도 계셨지만….

나는 그분의 말씀이 가슴에 남아, 하루의 진료와 수술이 끝나면 마을에 있는 원생(환자들을 원생이라고도 부른다) 분들 집에 가서 살다시피 했다. 하루는 남생리에 사시는 정활수 할아버지와 조복근 할머니 집에 가서 농짝과 짐을 옮겨 드렸다. 정활수 할아버지는 93세, 조복근 할머니는 86세였다. 정활수 할아버지에 대해 조금 더 말하자면, 결혼을

6번이나 하신 분이다. 결혼을 어떻게 6번이나 할 수 있느냐고? 소록도에서는 심각한 장애를 안고 사는 부부가 많은데 둘 중 어느 한쪽이 먼저 돌아가시면 혼자 남은 분은 또 다른 혼자 남은 이성과 결혼해 서로 돌보며 살아간다. 그래서 결혼을 여러 번 하는 경우가 많다.

짐을 다 옮기고 나니 정활수 할아버지가 밥을 먹고 가라고 그러셨다. 당시 우리 할머니, 할아버지 집들은 상상할 수 없을 정도로 깨끗하지 못했다. 돼지 막(막사)에 다녀오셔서 피곤하면 그냥 주무셨고, 샤워 시설이 제대로 되어 있지 않았을 때라 씻는 것이 쉽지 않았을 뿐 아니라 자신들의 몸에 장애가 많아서 그냥저냥 사시는 분들이 많았다. 게다가 파리며 바퀴벌레, 쥐도 정말 많았다. 그런 곳에서 같이 식사를 하자고 권하시니…. 잠시 거절을 할까 생각했지만, 먹기로 했다.

조복근 할머니는 불편한 몸에도 힘껏 밥상을 차려 오셨다. 밥상은 정말 오래되어서 군데군데 녹이 많이 슬어 있었다. 심지어 숟가락과 젓가락도 정말 오래된 듯 녹이 슬고 깨끗하지 않았다. 밥그릇도 상황은 비슷했다. 밥은 밥통에 오래 있었는지 색이 누렇게 바래 있었고, 반찬은 된장, 고추, 찬물, 하얀 김치가 전부였다.(손이 불편한 한센인들은 김치에 고춧가루를 넣고 주물럭주물럭하기가 쉽지 않다.) 내가 밥숟가락을 뜨기도 전에 초대하지 않은 손님 파리들이 밥상 주위에 번잡스럽게 몰려들었고 어떤 놈은 먼저 시식까지 하고 있지 않은가. 밥을 먹기가 쉽지 않았다.

정활수 할아버지 앞에 마주 앉아 식사를 하기 전, 그래도 이분들 대부분은 신앙생활을 하시니 식전 기도는 필수겠지? 아니나 다를까, 기도를 하시는데 그분 말씀이 생각났다.

"우리 입으로 들어가는 모든 것은 배로 들어가서 뒤로 내버려지는

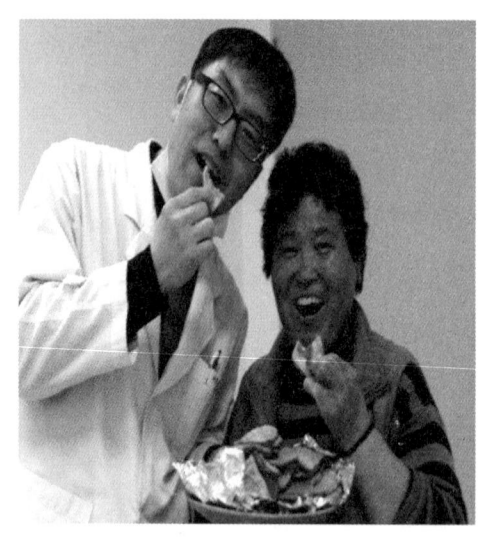

:: 우리는 이렇게 지낸다. 필자를 위해 만들어 온 고구마튀김이며 간식거리를 함께 나눠 먹고 커피 한 잔에 넘치는 정을 담는다.

줄을 알지 못하느냐. 입에서 나오는 것들은 마음에서 나오나니 이것이 야말로 사람을 더럽게 하느니라. 즉 마음에서 나오는 것은 악한 생각과 살인과 간음과 음란과 도적질과 거짓 증거와 훼방이니…."

잠시 후 나는 정말 맛있게 식사를 했다. 정활수 할아버지는 식사를 하지 않고 그런 내 모습을 지켜보셨고, 조복근 할머니도 안경을 끼고 날 지켜보셨다.

소록도는 자연환경이 참 좋은 곳이다. 또 할머니, 할아버지도 참 좋은 분들이다. 그러나 커다란 단점이 있다. 섬이라는 점이다. 섬의 가장 큰 특징은 소문이 금방 퍼진다는 거다. 그다음 날 오전에 진료를 개시하니, 새마을에 사시는 조병관 할아버지가 들어오시며 말씀하셨다.

"어이, 오 선생, 어제 정 노인 집에서 밥 먹었다매. 오늘 오후에 우리 집에도 와서 같이 밥 먹세."

그날 오후 나는 조병관 할아버지 댁에 갔다. 도둑이 한 번 도둑질하기가 어렵지 그다음부터는 쉽지 않다던가. 맛있게 점심을 먹었다. 그 후 한동안은 점심마다 이 마을 저 마을에 가서 맛있는 식사를 대접받았다. 참고로 소록도에는 8개 마을이 있다. 중앙리, 동생리, 양지마을, 남생리, 구북리, 신생리, 녹생리, 새마을.

내가 팥죽을 좋아하는 것을 어찌 알았는지 마을 주민들이 직접 팥죽을 쒀 놓고 호출했다.

"어이, 오 선생, 얼른 와. 우리 팥죽 쒀 놨어."

진료 끝내고 가면 초대하지 않은 손님들이 먼저 팥죽을 시식하고 있곤 했지만, 그분들이 차려 준 식사는 정말 맛있었다. 보답으로 나도 그분들에게 종종 맛있는 것을 사 드렸다. 주로 자장면이었지만.

그러는 사이 우리 할머니들, 할아버지들은 나에게 "수고하시겠네요."라고 말하지 않게 되었다. 대신 "어이, 오 선생, 고마워잉." "밥 묵었어?"라고 하게 되었다. 그래서 난 행복했다.

소록도병원 의료부장이 된 요즈음에는 할머니들, 할아버지 들이 공무원인 나보다 돈이 더 많아서 소록도 밖으로 나가 식사할 때면 식사비를 내 주신다. 그럴 때 난 절대 내 지갑을 열지 않는다. 의료부장에게 밥 사 주시는 것이 이분들께는 행복이기 때문이다. 가끔은 의료부장이라기보다 아들 같아서 사 주시는 게 아닐까 싶기도 하다. 그래서 우리는 한 가족이다.


**아랫입술 재건 수술법을 개발하다**

1995년 소록도에 왔을 때 나는 감염성 환자들부터 수술을 하고 바로 하순 재건술을 연구해 수술을 시행했다.

소록도 할머니, 할아버지 중에는 한센 후유증으로 아랫입술이 처진 분들이 많았다. 그런 환자들을 볼 때면 마음이 너무나 아팠다. 그분들은 아무 말 않고 가만히 있어도 침이 계속 흘러내렸다. 스스로 침을 닦고자 해도 쉽지 않았다. 손가락 없는 손을 연신 아랫입술 쪽으로 갖다 댈 뿐이었다. 침은 닦이지 않고 몽당손으로 입술을 자극하니 아랫입술 표피가 떨어져 나가 피까지 나곤 했다. 의학적으로 볼 때 아랫입술이 하악 치아를 어느 정도 지지해 주어야 하는데, 그렇지를 못하니 하순이 완으로 하악 치아가 없으신 분도 많았다. 이런 상태에서 식사를 하면 많은 양의 음식물이 입 밖으로 흘러나올 수밖에 없고, 그렇게 흘러나온 음식물에 파리들이 날아와 달라붙기도 했다. 그런 할아버지, 할머니를 보고도 의사로서 아무 손을 쓸 수 없는 내 자신이 초라하고 무력해 가슴이 아팠다.

그러다 문득 떠오르는 것이 있어 1960년대에 다미안재단에 속한 벨기에 의사와 간호사가 소록도에 와서 시행한 치료와 수술 기록을 찾아보았다. 하순이완 환자들에게 수술을 시행한 기록이 있었다. 저작근 중 교근을 측두근으로 연결하는 수술이었는데, 처진 아랫입술 문제는 해결되었으나 마우스 오픈 리미트(mouth open limit)가 1.5~2.0센티미터 정도밖에 되지 않아서 수저가 입안으로 들어가기 어려워서 식사도 힘들고 구강 질환 치료에도 제약이 있었다.

저작근에 손을 대지 않고 아랫입술 재건 수술을 한 논문과 책을 찾아보았지만 찾을 수 없었다. 그런 와중에 입술 두툼한 것을 얇게 하는 수술 방법을 찾았고, 여기에 더해 근육에 손대지 않는 수술 방법을 연구한 결과 임석순 할머니께 첫 수술을 시행하게 되었다.

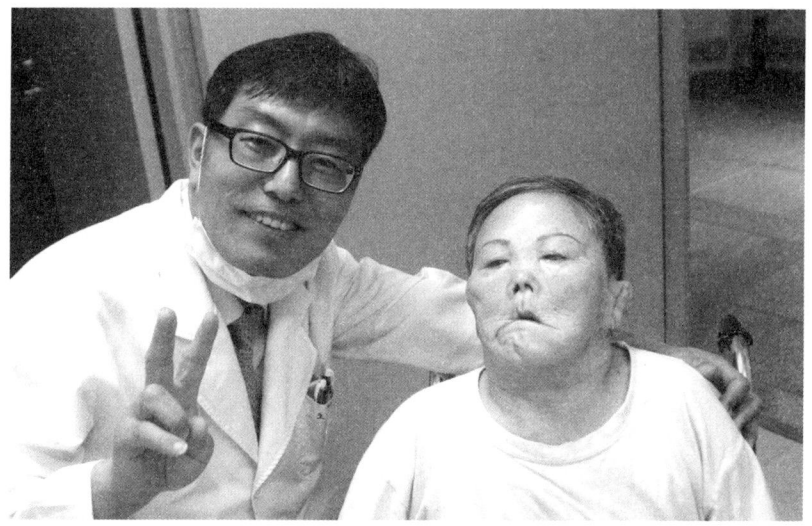

:: 하순 재건 수술 후 아랫입술이 더 이상 처지지 않아 침도 흘리지 않고 식사 시에도 음식물을 더 이상 흘리지 않게 되었다.

처음에 임석순 할머니는 지금까지 그런 수술은 들어 본 적도 없다 하시며 딱 잘라 거절하셨다. 나는 포기하지 않고 할머니를 설득해 수술 허락을 받았다. 그런데 이번에는 할머니의 보호자인 할아버지가 "아이고 지금도 이렇게 살았는디. 언제 죽을지 모르니께 이렇게 살다가 천국 가면 되지, 뭐 하러 힘들게 수술을 해."라며 완강하게 반대하셨다. 나는 또 한 번 설득에 나섰고, 약 일주일 후 나의 진정성에 할아버지도 흔쾌히 수술을 허락하셨다.

막상 수술실에 들어가서 마취를 하고 메스를 대는 순간은 걱정과 두려움도 컸다. 약 7시간에 걸친 수술이 무사히 끝났다. 그렇게 일주일이 지나고 수술 후에 아랫입술 처짐을 방지하기 위해 붙였던 테이프를 떼는 순간은 이루 말할 수 없이 떨렸다.

'과연 수술이 잘되었을까? 혹 잘 안 됐으면 어쩌지? 잘되었을 거

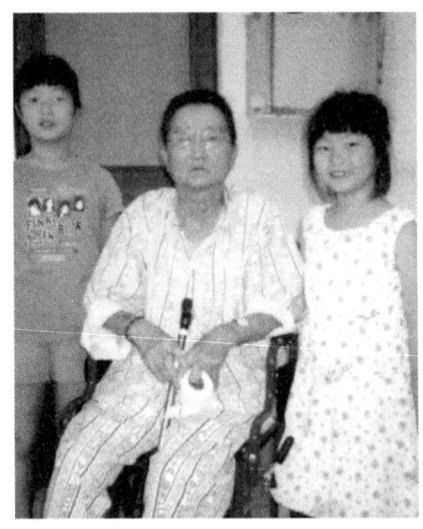

:: 소록도 어르신들은 필자의 아이들에게 용돈도 자주 주시고 맛있는 과자도 종종 사 주시며 많이 사랑해 주셨다.

야. 수술이 말끔하게 끝났었잖아….'

그 짧은 순간, 얼마나 많은 생각이 스쳐 갔는지 모른다. 너무 감사하게 할머니의 처진 입술은 더 이상 처지지 않았으며 입을 크게 벌리는 데도 전혀 지장이 없었다. 할머니는 "아, 이제 더 이상 침이 흐르지 않네."라면서 아주 좋아하셨다. 모든 게 감사했다. 특히 하나님께. 우리 한센 할머니, 할아버지 들의 고통을 아시고 수술이 잘되게 해 주신 것에 대해 감사했다. 전혀 기대하지 않았던 할머니가 이렇게 행복해하는 모습을 보게 해 주시고, 또 나에게 행복을 안겨 주신 데에 감사했다.

거울을 들여다보시며 할머니는 "얼굴은 노친네인디 입술 주위만 20대네."라며 눈물을 흘리셨다. 할머니의 수술 과정과 회복 과정을 옆에서 지켜보며 걱정을 많이 하신 할아버지도 이제 마음 놓고 행복해하셨다. "이제 우리 할망구가 이렇게 예뻐져서 어떻게 데리고 살지?"라며 마냥 좋아하셨다.

소록도 주민들 사이에 임석순 할머니의 수술 결과에 대해 입소문이 돌았고, 그 후 나는 400여 분의 환자들을 수술하게 되었다.

한편으로 이런 생각도 든다. 한센병이 역사와 더불어 시작된 질환이지만 과거에도 이렇게 아랫입술이 처진 환자들이 많았을 텐데…. 편견과 차별이 없었다면, 그리고 이 수술 방법이 돈을 많이 벌 수 있는 그런 수술이었다면, 의사들이 수술을 많이 시행해 우리 한센인들이 더 일찍부터 편하게 지냈을 텐데….


## 정이 넘치는 소록도 어르신들

국립소록도병원에 입원하고 있는 한센인들의 평균 연령은 74세이다. 물론 비교적 젊은 남자와 여자도 있다. 처음 이곳에 왔을 때 한센인 어르신들은 나를 아들, 손자 대하듯 하셨다. 이제 결혼을 하고 아이를 키우니 제법 어른 취급을 해 주신다. 나는 이게 행복이다.

두 아이가 많이 어렸을 때 나는 아이들을 데리고 마을을 돌곤 했는데, 어르신들이 큰아이 윤에게는 예쁘다고 천 원, 작은 아이 현에게는 귀엽다며 오백 원을 주셨다. 일곱 개 마을을 다 돌고 나면 수입이 꽤 짭짤했다. 또 여름에는 이 마을, 저 마을 분들이 계속 아이스크림을 사 주셔서 아이들이 그걸 다 먹고는 배탈이 난 적도 있었다.

소록도 어르신들이 두 아이를 많이 사랑해 주셨다. 그도 그럴 것이 한센인 할머니, 할아버지가 사는 마을에는 아이들이 살지 않는다. 물론 손녀와 손자가 있는 한센인들도 있다. 하지만 그분들의 손녀, 손자는 이곳에 없다. 다들 뭍에서 산다. 명절 때도 이곳 어르신들을 찾아오는 이는 없다. 심지어 어떤 이들은 자신의 부모가 소록도에서 산다는 사실조차 부정한다.

내가 어르신들 앞에서 재롱을 피우고 놀듯 우리 아이들도 똑같이 따라 한다. 할머니, 할아버지와 이야기도 하고 과자와 고구마, 감자 등을 함께 먹으면서 즐거워한다. 나는 우리 아이들에게 기꺼이 맛있는 것을 챙겨 주시는 우리 할머니, 할아버지가 좋다. 어르신이 꼬막손으로 큰아이에게 과자를 건네주면 큰아이는 노래를 불러 드린다. 그리 잘하는 노래는 아니지만 그 노랫소리가 참 듣기 좋다.

얼마 전에는 아이들을 데리고 동생리에 사는 상구 아저씨와 함께 낚시를 다녀왔다. 상구 아저씨는 큰애 윤이의 낚시 스승이다. 아빠가 워낙 낚시에 관심이 없다 보니, 윤이가 저 혼자 상구 아저씨를 찾아가 함께 낚시를 하곤 한다. 어느 때 보면 아빠보다 상구 아저씨를 더 좋아하는 것 같다.

어느덧 아이들도 꽤 커서 큰애는 고등학생, 작은애는 중학생이 되었다. 마을에 인사를 드리러 가면 어르신들이 이제는 컸다고 만 원, 심지어 오만 원까지 주시기도 한다. 아이들을 위해 인근 육지인 녹동에서 피자까지 배달시켜 주신 적도 있다. 나를 사랑해 주고, 또 아이들을 이렇게 예뻐해 주시는 소록도 할머니, 할아버지 들에게 감사할 따름이다.

우리는 이렇게 산다.

작은 사슴을 닮았다고 해서 소록도로 불리는 아름다운 섬. 그러나 소록도는 섬 전체가 병원이다. 크기는 여의도의 1.5배쯤 된다. 소록도는 과거 뭇사람들에게 공포의 대상이었다. 아파도 병원에서 치료를 못 받았던 병, 하늘이 준 천형이라고 불리던 병, 가족과 사회로부터 버림받은 병, 바로 한센병을 앓았던 사람들이 살고 있는 곳이기 때문이다. 지금도 한센인들의 눈물과 서러움이 저 깊이 배여 있다.

과거 한센인들은 다른 어느 질환을 앓고 있는 사람들보다 천대받았다. 한센병에 걸렸다는 이유 때문에 학교도 다닐 수 없었고 일반 식당에서도 일반인들과 같이 식사를 할 수도 없었을 뿐 아니라 평생을 사람들의 눈을 피해 살아야 했다.

1916년 일본은 이곳 소록도를 한센 요양소로 만들겠다는 거짓 홍보 아래 전국에 있는 한센인들을 강제로 끌고 와서 요양은커녕 강제 노역, 강제 수용, 심지어 죽으면 시신 해부까지 시행했다. 그리고 시신은 화장터로 보냈다. 당시만 해도 한센병이 유전병으로 잘못 알려져 있을 때라 한센병을 앓고 있는 사람들은 결혼을 할 수 없었고 소록도는 단종 시설의 기능을 했다. 해방 후에도 한센인들은 고향으로 돌아갈 수 없었고 84인 학살 사건 등을 겪어 내며 인권을 철저히 유린당했다. 얼마나 힘들었으면 이곳 소록도에 들어오면 죽은 후에나 나갈 수 있다고 했을까.

요즘은 하루에도 수없이 많은 관광객들이 찾아와 소록도의 아름다움에 감탄을 하지만, 우리 한센 할머니, 할아버지 들에게 소록도는 한의 섬, 고통을 인내해야 했던 혹독한 섬이다.

# 진료실을 넘어
# 국민의 건강을 돌보다

| 최종희 |

서울대 치의학과를 졸업하고 서울대 대학원 석사 졸업, 박사 수료하였다. 서울 용산구 보건소 치과 과장으로
일하다 성균관대학교 보건진료소에서 일했고, 2001년 보건복지부 구강보건과 보건사무관으로 특채되어 다
양한 업무를 수행하고, 현재 미국 워싱턴 D.C. 조지타운대학교 내 O'Neill Institute에서 근무하고 있다.

　　지금 여기는 미국 워싱턴 D.C.이다. 미국행 비행기에 오른 지 2
주가 지났다. 1년 반 동안의 외국 연수 중이다. 낯선 곳에서 새로운 생
활 터전을 마련하는 일은 참으로 고되다. 특히 정신적 스트레스가 많
다. 집을 구하고 차를 사고 아이를 학교에 등록시키고 운전면허를 따
고…. 소소하게는 집에 인터넷을 설치하는 일조차 쉽지가 않다. 하지만
모두 시간이 해결해 줄 것이라 생각하면서 하루하루를 지낸다.

　　돌아보면 공무원이 된 지 십수 년이 지나고 과장이 되어서야, 고시
출신 공무원들이 사무관 시절부터 받는 혜택을 비로소 누리게 되었다.
그것도 경쟁을 거쳐서 낙점이 되었다. 공무원의 가장 큰 혜택은 국비
유학이다. 학비와 생활비를 지원해 주는 국비 유학은 매우 매력적임에
분명하다. 그러나 밖에서 보는 것보다 훨씬 고단한 공무원 생활을 꽤

오래 한 후에 겨우 숨통을 틔워 주는 탈출구 역할을 할 뿐이다.


## 고단함, 그러나 보람은 있었다


서울대학교 치의학과를 졸업하고 서울 용산구 보건소, 성균관대학교 보건진료소에서 일하다 예방치의학 석사를 마친 뒤, 2001년 보건복지부 사무관(5급)으로 입사하였다. 물론 치과의사 면허를 가진 사람을 채용하는 특채였다.

지금은 보건소가 다양한 영역에서 주민들의 건강관리를 위해 힘쓰고 있지만, 당시는 생활보호대상자들이 많이 이용하는 의료기관이었다. 보건소에 근무하면서 나는 치과의사로서 사적 부문보다 공공 영역에서 일하는 것도 의미가 있겠다는 생각이 들었다. 국민 개개인의 구강관리서비스를 제공하는 치과의사는 너무도 많았고, 주변의 치과의사들이 너무나 당연하게 선택하는 길이 병원이었기 때문이다. 그래서 대학원에 입학하여 공중구강보건을 전공하였고, 지도교수님의 추천으로 공무원의 길에 들어설 수 있었다.

그 무렵 정부의 인사 채용은 전문성을 매우 중시하는 분위기였고, 보건복지부에 구강보건과가 만들어진 지 오래되지 않아서 치과의사가 반드시 근무해야 한다는 원칙 같은 것이 있었다. 공무원 업무는 모든 것이 다 낯설고 어색하였다. 게다가 어떻게 하라고 가르쳐 주는 사람 또한 없어서 내가 일을 잘하고 있기는 한 건지 전혀 가늠이 안 됐다. 공채로 입사한 사람들은 교육과정을 거쳐 실무에 투입되지만, 특채는 그런 기회도 없었다. 또 법정 퇴근 시간은 규정에나 있는 것이고 저녁이 되어도 집에 가는 사람이 거의 없었다. 두 살배기 어린아이가 있던 터라 매일 일을 포기할까 고민하며 이삼 년을 보냈다. 하지만 일 자체는 재미있고 의미가 있었기에 점차 고민의 끈을 놓고 자리를 잡아 가게 되었다.

구강보건과 공무원으로서 처음 한 일은 '치아홈메우기사업'과 '노인의치보철사업'의 기획과 그 실행을 위한 예산 확보 업무였다. 당시 기획예산처는 서초동 강남성모병원 맞은편에 있었다. 예산 담당을 끈질기게 찾아다녔고, 밥도 같이 먹는 것은 물론이거니와 저녁 늦은 시간에도 설명하러 오라고 하면 득달같이 달려갔다. 그렇게 해서 100억 원 이상의 예산을 확보하였고, 이 사업들은 몇 년간 진행되다가 현재는 대부분 건강보험으로 편입되었고 노인의치사업이 겨우 명맥을 이어 가고 있다.

또한 '수돗물불소화사업'에 반대하는 시민단체 등을 대상으로 이 사업의 필요성을 알리고자 토론회와 공청회를 열어 시민들을 설득하는 일도 하였다.

2003년 8월, 검역소에 계시던 치과의사 과장님이 본부로 영전하시는 관계로 나는 가정아동과로 이동하여 아동 업무를 맡게 되었다. 입양과 아동시설(고아원) 관리 등이 주요 업무였다. 이후 다시 정신보건과로 이동하여 알코올중독자 예방치료사업과 정신질환자 사회복귀시설 업무를 했다. 2006년에는 미용사 자격과 피부미용사 자격을 분리하는 일을 국정과제로 수행했는데, 미용사 2만 명이 과천청사로 몰려들어 시위를 했다. 내 이름을 불태워 상여에 태우고 과천 시내를 행진하는 퍼포먼스까지 하였지만, 나는 굽히지 않고 그 일을 수행했다. 그 결과 피부미용사들은 머리 만지는 시험을 생략하고 피부 관련 시험으로만

:: 2008년 5월 김성이 보건복지부장관과 WHO 총회에 참석한 필자(맨 앞줄 오른쪽 끝).

자격증을 딸 수 있도록 제도가 바뀌었다.

모든 일이 그렇겠지만, 자신이 옳다고 생각하는 일을 마무리 짓기까지는 정말 많은 장애가 있다. 공무원의 경우 그것은 이해 당사자일 수도 있고 거부하기 어려운 높은 곳의 압력일 수도 있다. 하지만 이용자인 국민의 입장, 그리고 시장의 작동 행태를 잘 파악하여 옳다고 판단되면 밀고 나가는 일이 결국 우리의 몫이다.

2008년에는 국제협력과로 이동하였고, 거기서 정말 뜻깊은 경험을 많이 했다. WHO 담당사무관으로 해마다 5월이면 장관님을 모시고 스위스 제네바에서 열리는 WHO 총회에 참석하였고, 다음 해 2월에는 집행이사회에 갔다. 제네바를 수시로 드나들었다. 제네바를 자주 가는 일이 겉으로 보면 참 즐거울 것 같지만, 업무 수행 준비를 위해 출국 전까지 며칠 밤을 새야 하고, 특히 장관님을 모시는 행사는 한 치의 오차가 허용되지 않으므로 몇 달을 준비해야 하는 일이었다. 더욱이 2008년에는 WHO 서태평양지역사무처장 선거가 있었고, 나는 우리나라 후

:: 2009년 5월 WHO 총회에 참석했을 때 각국 대표들이 연설하는 연단에 서서 기념 촬영을 했다.

보로 선정된 신영수 서울대학교 의과대학 교수를 당선시켜야 하는 미션을 수행하는 담당사무관으로 일했다. 신영수 교수는 그때부터 지금까지 WHO 서태평양지역사무처장으로 연임하고 계신다. 그 공으로 나는 2009년 서기관으로 승진할 수 있었다.

서기관 승진 후, 나는 두 가지의 의미 있는 일을 했다. 하나는 의료기관 인증제도를 도입한 것이다. 당시 우리나라 종합병원들은 거액의 수수료를 내 가며 미국 인증기관인 JCI의 인증을 받아 그것을 병원 홍보에 활용하고 있었다. 때마침 그간의 의료기관 평가제도에 대해 불만이 팽배하던 터라, 차제에 미국과 같은 인증 시스템으로 전환하기로 결정하고 '의료기관 인증추진단'이란 별도의 조직을 만들어 1년을 준비했다. 단장은 외부의 교수님이 맡았고, 나는 정부대표로 부단장 직책을 맡아 제도를 만들었다. 지금은 '의료기관인증원'이란 별도 법인으로 운영되며, 국내 병원들을 대상으로 의료의 질 관리를 하고 있다.

다른 하나는 흡연 규제를 대폭 강화하였다. 식당과 PC방, 카페, 공원, 고속도로 휴게소 등의 공공장소에서 담배를 피울 수 없도록 제한하고 과태료를 물리도록 하였다. 요즘 한국의 식당에 가 보면 전과 다르게 구석에 흡연실이 생기고 실내에서는 담배 냄새가 사라졌다. 또 아무데서나 담배를 피던 고속도로 휴게소에도 흡연자들은 양쪽 귀퉁이로 쫓겨난 신세가 되었다. 쉬운 일은 아니었다. 몇 년째 관련 법안들이 국회에서 잠자고 있었고, 담배회사 직원들은 수시로 의원실을 드나들었다. 하지만 운 좋게 몇 년간 발의되었던 수십 건의 법안들이 일괄 정리되는 순간이 만들어졌고, 그 덕에 나는 과장이라는 보직에 가까이 가게 되었다.

2012년 3월, 나는 드디어 과장이 되었다. 보건복지부에 들어온 지 11년 만이었다. 과장 자리가 부족하여 오랫동안 팀장 자리를 전전하는 서기관이 많은 상황이었기에 나의 경우 매우 운이 좋았다. 더군다나 보건을 넘어 복지 부문으로 영역을 확대할 수 있는 아동복지 업무였다. 근본적으로 아동의 기본적 권리와 관련된 일로서, 방과 후 어머니, 아버지의 맞벌이로 인해 집에 방치되는 아이들을 돌보는 지역아동센터 운영을 주축으로 '드림스타트'라고 해서 집안의 경제적인 문제 등으로 인한 아동의 위기와 관련된 사례를 관리하고 아이들에게 공평한 출발점을 제공하는 역할을 수행한다. 그 외에 학대 아동이나 실종 아동에 관한 업무, 아동권리협약 이행, 어린이날 및 대한민국아동총회 등 아동권리행사도 개최한다.

지난 십여 년 동안 이루어진 일들을 실타래 풀듯 나열하니 참 아무것도 아니고 쉬웠던 일처럼 느껴진다. 하지만 어느 한순간도 쉽지 않았고, 긴장하지 않을 수 없었다. 또한 나에게는 아직 너무도 어린 두 아이

:: 2013년 2월 드림스타트사업 성과 대회에서 아동권리과장으로서 인사 및 연설을 하였다.

가 있었고, 6시면 퇴근할 것으로 기대하고 공무원 생활에 동의한 남편이 있었다. 공무원 시작할 때 두 살이었던 아이가 지금 중학교 3학년이다. 유년기 대부분을 아줌마들 손에 전전하며 성장한 아주 짠한 아이들이다.

공무원 생활 중 젊은 치과의사들을 대상으로 하는 교육에 간 적이 있었다. 그 가운데 몇 명이 공무원에 관심 있다며 질문을 했다. "정말 칼퇴근이 가능한 직업인가요?" 매우 회의적인 질문이다. "봉급은 얼마나 받나요?" 내가 봉급표를 스캔 떠서 보여 주었더니, 더는 누구도 내게 관심을 표명하지 않았다.

두 가지 모두 가능하지 않은 고단한 삶이 공무원 생활이다. 그럼 무엇으로 버티는가? 자긍심과 보람이다.

## 세상을 보는 눈

공무원의 세계는 병원 진료실을 넘어 대한민국 전체를 보고 그림을 그리는 넓은 세계이다. 접하는 사람들도 큰 그림을 보는 사람들이고, 관심도 그러하다. 시간이 지나면 이런 생활의 차이가 엄청난 인생관, 세계관의 차이로 드러난다. 진료실 안이 답답하여 넓은 물에서 한번 살아 보고 싶은 분들에게 공무원을 권하고 싶다.

인생은 생각보다 그리 길지 않다. 특히 여자의 경우, 학교 졸업 후 결혼하고 아이를 낳으면 이후 20년은 인생이 나를 중심으로 움직이지 않는다. 그렇게 훌쩍 세월이 지나가 버리면 어느새 중년이 된다. 생각보다 시간이 빨리 지나 어느덧 중년이 되었음을 깨닫고 나니, 다시 돌이킬 수 없는 길을 걸어왔다는 것을 절실히 느끼게 된다. 하지만 돌이켜 생각해도 이 길은 나와 잘 맞는 길이고, 그 선택으로 인해 다른 기회를 잃었을지언정 한 번 살아 볼 만한 선택을 했노라고 말하고 싶다.

### 치과의사와 공무원

요즘 개원가가 별로 신통치 않다는 소식이 들린다. 꼭 그래서만이 아니라도, 다른 일을 하고 싶은 친구들이 있을 게다. 그래서 몇 가지 덧붙이고자 한다.
치과의사와 공무원 사이에는 무엇이 있을까?

### 치과 전문 지식은 공무원 업무에 도움이 얼마나 될까?

보건복지부에는 의사, 치과의사, 한의사가 30여 명 근무한다. 모두가 특별 채용

된 공무원으로 일반 행정직과 동일하게 업무를 처리한다. 공무원 생활에 있어 전문 지식의 비중은 10퍼센트에서 15퍼센트 정도이고, 주로 법과 예산에 대한 지식, 정보를 사용한다. 의학적 전문 지식이 없는 공무원도 전문가를 활용하면 보건의료 관련 업무를 처리할 수 있지만 세부 사항에 대한 섬세한 고려가 부족하다. 이 점이 전문직 공무원의 강점이 된다. 반면 전문직 공무원의 약한 고리는 법에 대한 기초이다. 법령 해석과 법령 제정 및 개정 작업을 할 때 공부를 다시 하거나 고생을 해야 한다. 하지만 몇 번 해 보면 극복이 가능하다.

### 치과의사의 세계와 다른 공무원의 세계

치과의사란 전문직의 가장 큰 한계는 인적 네트워크이다. 전문직의 일반적인 특성은 매우 독립적이고 개인적인 성향이 강하다는 것이다. 개인적인 작업으로 평가받고 그룹 활동이 거의 없다. 개원을 하거나 병원에 근무하더라도 독립적으로 업무를 처리한다. 반면 공무원은 조직원이다. 조직 생활에 익숙하지 않으면 살아남기 어려운 냉정한 세계이다.

그뿐 아니라 우리나라의 고시제도는 이미 형성된 네트워크 속에 새로운 구성원을 추가하는 재생산 과정이다. 고시를 통해 공무원이 된 사람들은 이미 기득권을 갖고 출발한다. 이 점은 전문직이 극복하기 어려운 한계이다.

### 치과의사 공부를 했지만, 사실 문과 체질이라면…

치과대학을 들어와서 졸업하기까지, 그리고 이후에 치과의사로 생활하며 적성에 맞지 않아 힘들어하는 사람들을 많이 보았다. 우리나라 고등학생들이 문과 또는 이과를 선택하는 과정은 적성에 근거한다기보다 부모님의 의사나 사회경제적 기득권을 많이 취할 수 있는 직업을 염두에 둔 경우가 많다. 의사가 되기를 원하는 부모님의 뜻에 따라 이과를 선택한 문과 체질의 사람은 공무원을 생각해 볼 만하다.

행정고시를 준비하는 사람들 중에 10년 이상 공부하여 어렵게 사무관이 되는 경우가 많다. 이것도 뜻대로 안 되는 경우는 7급 공무원으로 시작한다. 또 미국 박사학위 소지자가 5급(사무관)으로 채용되기도 한다.

이와 비교하면, 치과의사 면허 취득까지의 6년은 결코 길지 않다. 물론 면허 취득 후 예상되는 경제적 안정을 포기하고 공무원의 길을 새로 가려면 아쉬움이 남을 수 있다. 그럼에도 불구하고 적성에 맞는 일을 하고 싶어 하는 후배들에게는 공무원을 권하고 싶다.

### 공무원과 치과의사의 경제적 능력 차이는?

임금상승률은 기본적으로 물가상승률을 반영한다. 다만 경제 상황이 좋지 않을 경우 몇 년씩 동결되기도 한다. 하지만 내가 처음 입사한 시점에 비하면 요즘의 공무원 봉급은 많이 올랐다. 내가 처음 공무원이 되었을 때 5급 사무관이었고 지금은 서기관이자 과장이 되어서 4급인데, 첫 봉급에 비하면 2배 정도 올랐다고 볼 수 있다. 자리로 치면 대기업 부장 정도의 자리이지 싶고, 임금의 측면에서는 해당 직급의 70~80퍼센트 정도 충족된다고 볼 수 있다. 다만 20년을 근무하면 연금을 받을 수 있다는 장점이 있다. 요즘 공무원 연금 개혁이 뜨거운 감자로 떠올라 향후 어떻게 진행될지 예측하기가 어렵긴 하지만, 공무원의 입장에서는 정말 좋은 복지 제도이다.

------------------------------------------------------------

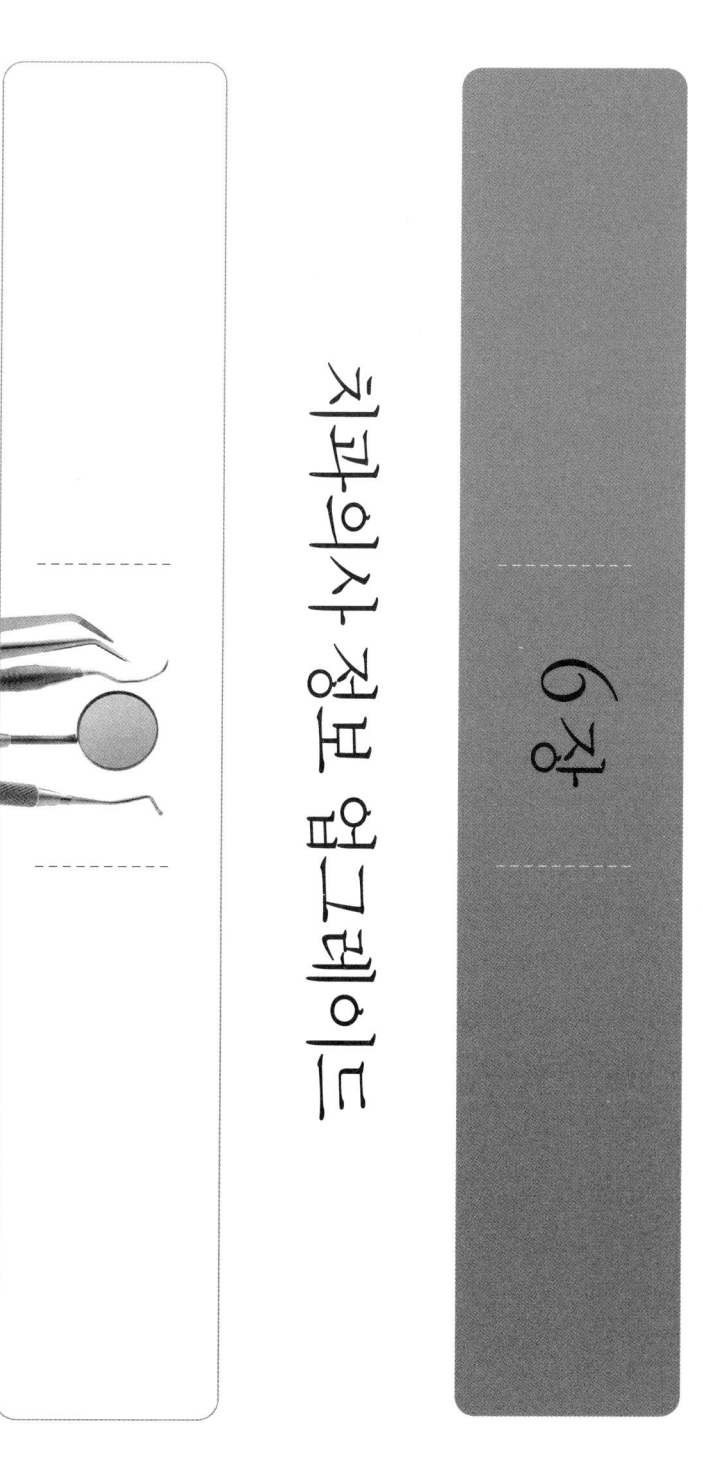

치과의사 정보 업그레이드

6장

# 오늘도 멈추지 않는
# 무한~도전

| 김형근 |

2007년 연세대 치과대학을 졸업한 후 치과의사 면허를 취득하였다. 2011년까지 연세대 강남세브란스병원 구강악안면외과에서 수련을 받고 전문의에 합격했다. 미국으로 유학하여 현재 미국 뉴저지 주립대학인 러트 거스치과대학(Rutgers School of Dental Medicine) 졸업 및 미국 치과의사 면허를 취득을 앞두고 있다.

"**무슨** 치과의사가 수술을 해?"

구강악안면외과 수련 중 가장 많이 받은 질문이다. 보통 치과의사 라고 하면 외래에서 환자를 진료하는 일이 전부일 것이라고 생각한다. 나 역시 치과대학에 입학해서 본과에 올라가기 전까지 같은 생각이었 다. 본과 4학년 때 구강악안면외과 라운딩(일주일간 수련의들과 함께 생활하며 외래뿐 아니라 수술실까지 체험하는 시간)을 경험한 후에는 '구강악안면외과 수련 따위 절대 받지 않겠다.'고 굳게 다짐했었다. 그 랬던 내가 2년 후 구강악안면외과 수련의가 되고, 구강악안면외과 전 문의를 취득하고, 또다시 2년이 지난 지금에는 그것도 이역만리 떨어 진 미국에서 학부생이 되어 있을 줄 어찌 알았을까. 그래서 인생은 섣 불리 단정하면 안 되는 것인가 보다.

## 미국 유학을 준비하다

치과대학 학부 과정을 채 반도 채우지 못한 본과 1학년 2학기 때 우연히 미국치과의사면허취득시험(NBDE, National Board of Dental Examination)*에 대해 알게 되었고, 운명에 끌리듯 그 시험을 준비하였다. 몇 년 전 잠시 미국에 거주할 때 보았던 미국 대학에 대한 환상과 체계적인 교육제도, 교과서에서나 보던 석학들에게 직접 사사할 수 있다는 핑크빛 꿈이 강한 동기 부여가 되었다.

학부 과정을 이수하면서 NBDE까지 준비하기가 쉽지는 않았지만, 대학을 졸업하고 치과의사 면허를 취득함과 동시에 NBDE 파트 I과 파트 II까지 통과했다. 그러나 주변에 유학을 간 치과의사가 많지 않아서 유학 관련 조언이나 자료를 구하기가 쉽지 않았다. 무턱대고 유학을 준비했고 그 과정에서 수차례 시행착오를 겪었음은 말할 것도 없고 많은 돈과 시간을 낭비하고 말았다. 결국 유학이 여의치 않아졌고, 일반 진료를 하면서 스스로 한계를 느껴 구강악안면외과 수련을 결심하였다.

구강악안면외과 4년의 수련의 과정은 예상외로 힘든 시간이었다. 힘든 만큼 무슨 일이든 묵묵히 참고 견디면 결국 지나갈 것이라는 깨달음과 자신감을 안겨 준 귀한 시간이기도 했다.

뜻이 있는 곳에 길이 있다고 했던가. 구강악안면외과 수련을 받는 동안 유학에 대한 열망이 다시 고개를 들었고, 논문이나 교과서에서만

---

*NBDE(약칭 NB)는 파트 I과 파트 II로 구분되는데, 둘 다 통과한다고 해도 미국에서 진료는 할 수 없다. NB는 국가시험일 뿐이고 개업을 하기 위해서는 주 단위로 행해지는 SBDE(State Board of Dental Examination, 약칭 SB)를 취득해야 하기 때문이다. 대부분의 경우 미국에서 치과대학을 졸업해야 SB를 취득할 수 있다.

듣고 보던 석학들 가까이에서 공부하고 싶다는 바람이 강해졌다. 나는 치밀하게 작전을 짜고 충분한 시간을 들여 유학(편입)을 준비했다.

유학을 준비하는 데 있어 가장 중요한 것은 '영어'이다. 한국에서 나고 자라고 교육받은 후에 제2외국어로 시작하는 영어는 분명히 한계가 있다. 게다가 일상 대화도 아니고 환자를 진료하는 데 필요한 영어는 더더군다나 쉽지가 않다. 따라서 장기적인 관점에서 준비하는 것이 좋다.

미국 치과대학에서 지원자들에게 필수적으로 요구하는 토플은 우리나라 사람에게 유리하다. 학교에 들어가면서부터 수없이 많은 시험을 보면서 일찍부터 시험 점수를 잘 받을 수 있는 요령을 터득한 사람이 많기 때문이다. 하지만 면접에서 치과 전 분야에 대해 자신의 철학과 신념을 영어로 말하려면 토플과는 다른 접근법이 필요하다. 실제로 영어를 공식 언어로 사용하는 인도나 필리핀 출신 학생들과 비교해 우리나라 학생들의 영어 읽기와 쓰기 실력은 결코 뒤떨어지지 않는다. 문법이나 어휘 면에서는 오히려 뛰어나기까지 하다. 영어 듣기는 웬만하다. 그러나 영어로 말하기는 하루아침에 될 리가 없다.

수련의 시절 나는 학원을 다닐 시간 여유가 없어서 일대일 회화 과외를 받았다. 일주일에 두 번 받은 원어민 과외 덕에 영어에 대한 두려움을 떨칠 수 있었고, 한국인의 고질적인 문제인 영어로 말하기에서 많은 도움을 받았다.

**미국 치과대학에 지원하다**

미국 치과대학 유학을 위한 영어와 NBDE 파트 I, II* 준비가 끝났다면 이제는 원서를 접수할 차례다. 참고로 토플과 달리 NBDE 파트 I, II를 모두 통과하기까지는 1년 이상의 시간이 소요된다. 시험 접수를 하고 시험을 치르고 시험 결과가 나오기까지 한국인의 인내심을 시험이라도 하듯 느리게 진행된다.

만족할 만한 토플 성적과 NBDE 파트 I, II 합격증을 손에 쥐었다면 이제 필요한 것은 영어로 된 자기 소개서와 추천서 3장이다. 합격하고 난 뒤에서야 들은 이야기이지만, 미국 치과대학에 지원하는 지원자들 대부분은 토플 성적이나 학점이 비슷하다고 한다. 이 때문에 예상외로 자기 소개서와 추천서가 중요한 변수가 될 수 있다. 자기 소개서는 다소 오글거릴 정도로 자기를 미화해서 쓰는 것이 도움이 된다. 한국과 달리 미국에서는 겸손이 그리 미덕이 아닌 까닭이다. 자신의 장점을 멋지게 표현하고 단점조차도 자기 발전을 위한 자양분 정도로 아름답게 승화시킬 수 있다면, 더는 걱정할 필요가 없다. 또 봉사 활동 경력이 큰 가산점이 된다. 3장의 추천서는 출신 학교 교수님들 또는 현재 미국에 계신 교수님들이나 선생님들로부터 받으면 된다.

한국에서는 자신이 원하는 치과대학에 직접 원서를 접수하면 되지만 미국은 그렇지 않다. 원서 접수와 지원을 대행해 주는 공식 사이트가 있다. ADEA(America Dental Education Association) 홈페이지에 들어가서 CAAPID^SM(Centralized Application for Advanced Placement for International Dentists)를 검색해 보면 자세한 과정을

---

* 미국 치과대학에서 필수적으로 요구하는 조건 중에 NBDE 파트 I, II는 지금은 합격 혹은 불합격 제도로 바뀌어서 예전보다 부담이 많이 줄어들었다.

NBDE 파트 I, II 준비를 위해 한국에서 구매가 가능한 자료 중 많은 자료들이 수년 전 것이어서 현재의 시험 출제 양상과는 상당한 차이가 있으므로, 인터넷 서점 등을 통해 최근의 정식 자료를 구해서 보는 것이 좋다. 시험 원서 접수나 시험 일정 등은 ECE 홈페이지 www.ece.org에서 확인 가능하다.

확인할 수 있다. 하지만 몇몇 치과대학은 CAAPID<sup>SM</sup>를 통하지 않고 개별적으로 원서 접수를 하기도 하니, 특별히 마음에 둔 대학이 있다면 개별적으로 접촉해 보는 것도 좋다.

나는 한국에서 일하면서 토플 준비는 마쳤지만 CAAPID<sup>SM</sup> 지원만큼은 현지에서 알아보고 하는 것이 좋을 것 같아 영어 공부도 할 겸 미국에서 진행했다. 나와 같은 도전을 한 좋은 분들을 소개받아 큰 도움도 받았고, 생각보다 빨리 면접에 오라는 연락을 받을 수 있었다.

미국 치과대학 지원 과정에서의 어려움은 학교마다 요구하는 조건이 약간씩 달라서 혼란을 느낄 수 있다는 것이다. 어떤 학교는 벤치 테스트라고 해서 치과의사의 자질을 시험해 보는 곳도 있고, 또 어떤 학교는 벤치 테스트 없이 면접만 진행하기도 한다. 벤치 테스트를 진행하지 않는 학교는 대개 영어 실력과 학점에 더 큰 비중을 둔다.

미국 현지에서 영어 공부를 하며 CAAPID<sup>SM</sup>를 통해 원서를 접수하던 즈음, 강남 세브란스 구강악안면외과 허종기 교수님이 메일을 보내 주셨다. 치과대학과 수련 병원, 수련과 모두의 직속 선배님인 김기영 선생님에 대한 소개 메일이었는데, 이미 수년 전에 나와 같은 과정을 거친 분이라고 하셨다. 염치 불구하고 연락을 드렸는데, 따뜻하게 받아 주시고 용기를 북돋아 주셔서 천군만마를 얻은 듯 기뻤다.

김기영 선생님의 조언에 따라 원서 접수를 빨리 시작하는 학교부터 지원을 시작했고, 2주 후 당시 뉴저지치과대학(New Jersey Dental School)에서 인터뷰와 벤치 테스트에 오라는 연락을 받았다. 미국에 건너간 지 정확히 두 달 만이었다. 그리고 그것은 예상보다 1년 이상 빠른 진행이었다. 현지 사정을 잘 모를 때는 내 생각을 고집하는 것보다 주변에 조언을 구하고 도움을 청하는 것이 좋다. 그러면 보다 빨리

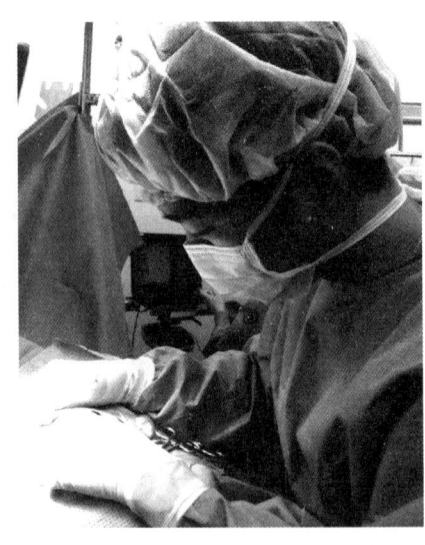

:: 구강악안면외과 수련 당시 수술 방에서 집도를 하고 있는 필자.

뜻을 이룰 수 있다. 나는 이 경험을 통해 그 큰 교훈을 얻었다.

면접 당일, 지원자들이 한 방에 모여 있었는데 다들 영어도 유창하고 준비도 많이 한 듯 보여서 긴장도 많이 되고 주눅도 들었다. 다행히 면접을 진행하던 교수님이 편안한 분위기로 천천히 대화를 이끌어 주셔서 조금씩 자신감이 되살아났다. 면접은 30여 분 동안 진행됐고, 내가 어떤 말을 어떻게 하고 나왔는지도 모를 만큼 시간이 후딱 지나가 버렸다.

면접 다음 날에는 벤치 테스트가 있었다. 치과의사에게는 가장 기본적인 아말감 치료와 크라운 치료 테스트였다. 한국에서 치과대학을 졸업한 사람이라면 누구나 수월하게 통과할 수 있는 시험이었다.

그리고 2주 후, 합격 통보를 받았다. 그렇게 미국에 간 지 석 달, 유학을 희망한 지 10년 만에 나는 꿈을 이루었다. 미련할 정도로 집착했던 일인데, 합격 전화를 받고 나니 의외로 덤덤했다. 사람이 너무 기쁘면 멍해지는가 보다. 어쩌면 꿈이 현실이 되고 나니 앞으로 벌어질 일들에 대해 기쁨 반, 두려움 반이었던 것일 수도 있다.


## 드디어 미국 치대생이 되다

2013년 4월 3일, 뉴저지치과대학 IDP(International Dentist Program)가 시작되었다.

미국의 학기는 한국과 달리 7월부터 시작한다. 나는 본과 3학년 편입 예정으로, 4~6월까지 3개월간 적응 기간을 갖으며 학교 커리큘럼에 대한 교육을 받았다. 이 과정을 인터내셔널 코스라고 한다. 본과 3학년 진료 실습을 위한 준비 차원에서 편입생들끼리 따로 수업을 받는데, 하루에 반은 기초 및 임상 수업을 하고 나머지 반은 마네킹으로 실습을 한다. 짧은 시간 동안 많은 것을 다루다 보니, 일정도 바쁘고 할 일도 많다. 게다가 이 단계에서 적응을 못한다 싶으면 학교에서는 가차 없이 본국으로 돌려보낸다. 그렇다고 걱정할 필요는 없다. 다른 나라 치과대학 출신과 달리 한국인은 여기서부터 두각을 나타내는 게 보통이다.

한국인 선배들이 모두 입을 모아 "우리나라 학생들에게는 아주 쉬운 실습이 될 거야."라고 했지만, 솔직히 나는 그 말을 믿지 못했다. 그런데 막상 실습을 시작하고 보니, 다른 나라 학생에 비해 상대적으로 인정을 많이 받아서 실습 시간이 기다려지기까지 했다. 하지만 영어가 여전히 내 발목을 잡았다. 같은 치과 용어라고 해도 한국과 미국 사이에는 용어 사용에 많은 차이가 있었고, 수업 중에 잠시 딴생각을 하다

:: 화이트코트 세리머니(White coat ceremony),
일명 착복식 때 러트거스치과대학 학장님과 함께
한 필자(오른쪽).

한마디라도 놓치면 그 후부터는 '난 누구? 여긴 어디?' 하면서 카오스 상태가 오기 때문에 한시도 마음을 놓지 못했다.

그러던 어느 날, 한 학기 내내 나를 힘들게 하는 사건이 터져 버리고 말았다. 처음으로 보철 실습을 하는 시간이었는데, 교수님이 한 사람씩 돌아가며 자기소개를 해 보라고 했다. 한국에서 왔고 언제 졸업했고 몇 년 일하다 왔는지 소개하자, 교수님은 바로 나를 학생 대표로 지목하셨다. 그리고 이후 모든 실습 진행과 공지는 모두 나를 통해 학생들에게 전달하겠다고 하셨다. 그 순간 정말 눈앞이 캄캄해졌다.

그날부터 모든 학생들의 질문 세례가 내게 쏟아졌고, 수업 시간 변경부터 실습 재료 준비, 심지어 시험 일정을 잡는 것까지 도맡아 하는 신세가 되었다. 무엇보다도 이 모든 것을 영어로 진행해야 한다는 점이 너무나 힘들었다. 실습 중에 검사를 할 때도 해 줄 말은 많은데, 영어가 생각이 안 나서 "참 잘했어요." 하고 돌아서기 일쑤였다. 눈치 빠른 녀

석들은 "왜 넌 잘했다고만 하고 고칠 점은 지적하지 않니?"라고 따지기도 했다.

실습 시험을 본 뒤 강의를 한다는 건지, 강의를 한 뒤 시험을 본다는 건지 헷갈린 나머지 반대로 전달해서 교수님과 학생 모두에게 눈총을 받기도 했다. 그래도 이심전심이라고, 최선을 다해 설명해 주고 말이 안 될 때는 직접 나서서 도와주니 학생들은 물론이고 교수님과도 많이 가까워지게 되었다.

## 미국 치대 vs 한국 치대

뉴저지에는 치과대학이 여기 단 하나다. 내가 치과대학에 지원할 때만 해도 뉴저지치과대학이었는데, 2013년 7월 1일부터 러트거스대학교(Rutgers University)로 합병되었다. 전통이 오래된 뉴저지주립대학교인 러트거스대학교에는 의과대학과 치과대학이 없었는데, 내가 본과 3학년으로 편입했던 시점에 뉴저지치과대학이 러트거스대학교로 합병된 것이다. 그 바람에 입학은 뉴저지치과대학으로 하고 졸업은 러트거스치과대학에서 하는 신기한 경험도 하게 될 듯하다.

내 경우 인터내셔널 코스 3개월을 마치고 2013년 7월부터 본과 3학년 생활을 시작했는데, 기존에 1학년부터 시작한 학생들과 차별 없이 하나로 합쳐져서 모든 학과 일정이 진행되는 점이 인상적이었다. 또 본과 3학년부터 2년 동안 실제로 환자를 진료하게 된다.

한국 치과대학과 미국 치과대학의 교육과정은 비슷한 부분이 꽤 많다. 우선 본과 3학년부터 환자를 보는 것은 한국과 미국의 공통점이다.

본과 2학년까지 기초학과 임상에 대한 전반적인 학문을 배우고 본과 3학년부터 본격적인 임상이 시작된다. 치과학에도 여러 다양한 세부 임상과가 있는데, 병원에 있는 각 과에 가서 교수님들과 수련의들이 진료하는 것을 참관하는 데 머무는 것이 아니라 실제로 환자를 보면서 치과의사에게 가장 필요하면서도 기본적인 실습을 진행한다. 환자 진료에 더 비중을 두는지, 아니면 교수님들이나 수련의들의 진료를 참관하고 어시스트하는 데 비중을 더 두는지는 한국과 미국의 차이가 아니라 학교에 따라 차이가 있는 것으로 보인다.

환자를 진료하는 데 필요한 기공 작업이나 기본적인 학문에 대한 테스트도 진행되는데, 이는 모두 학생의 몫이다. 단, 미국 치과대학에서는 환자 1명을 진료하는 데 시간과 노력을 많이 들인다. 그리고 의료사고를 방지하고 진료의 질을 높이기 위해 담당 임상 교수진이 시작부터 끝까지 함께한다.

한국의 치대와 미국의 치대는 공통점도 있지만 차이점도 많은데, 우선 진료의 범위에 차이가 있다. 미국 치과대학에서는 학생들이 환자를 임상적으로 진료만 하는 것이 아니라 환자의 영양 상태에 대한 체크, 비만도 체크, 금연 교육, 치아 우식 위험도 등을 모두 상담하도록 한다. 이러한 상담은 실제로 졸업을 위한 필수 요소로 지정되어 있다.

또 한국과 달리 미국 환자들은 다양한 전신 질환을 동반하는 경우가 많아서 학생들에게 상당히 높은 수준으로 환자 전신 관리를 하게 한다. 그렇다 보니 고혈압, 당뇨 같이 흔히 접할 수 있는 전신 질환뿐만 아니라 한국에서는 구강악안면외과 수련 과정 중에도 쉽게 접하지 못했던 희귀 질환을 가진 환자를 접하게 된다. 이런 경우에는 담당 교수진과 치료 계획을 수립하기 전에, 전신 질환에 대한 관리와 치과 진료

:: 러트거스치과대학 동기들과 함께한 날의 여유로운 모습.

가 가능한지 여부를 담당의에게 문의하고 나서 치료 계획을 수립한다.

학교 선후배 관계나 교수님과 학생 관계 역시 한국과 미국은 상당히 다르다. 한국 치과대학에서는 선배와 후배 사이에 상하 수직적인 관계가 성립되어 있고 교수님과 학생 사이는 말할 것도 없이 어려웠는데, 미국은 그런 것 없이 모두 수평적인 관계가 성립되어 있다. 물론 교수님의 권위에 도전하거나 대드는 것은 미국에서도 용납되지 않지만, 나는 아직도 교수님들께 손을 흔들면서 인사하거나 이름을 부르며 농담을 하는 등의 분위기가 적응이 안 된다. 선후배 관계에서도 선배가 대접받거나 기강을 잡으려는 모습은 전혀 없고, 오히려 모르는 것이 있으면 선배일지라도 후배에게 스스럼없이 물어보고 부탁도 하는 분위기다.

한국과 미국 중 어느 쪽이 더 좋고 나쁜 문제가 아니라 그저 다를 뿐이지만, 문화적 차이에서 오는 충격을 나는 아직도 종종 겪고 있다.

## 미국 병원에서 공부하며, 일하며

### 울어야 할지, 웃어야 할지

한국에서 임상 경험을 꽤 쌓았기 때문에 미국에서 환자를 진료하는 데 있어서 별 어려움은 없었다. 하지만 역시 영어로 환자를 보다 보니, 웃지 못할 일을 겪곤 한다.

병원에서 교수님이 학생 개개인에게 담당해야 할 환자를 골고루 배정해 주면 학생들은 환자에게 전화를 걸어 약속을 잡고 필요한 진료를 진행한다. 그런데 미국이라는 나라는 정말이지 다양한 인종, 언어, 문화를 가진 사람들이 모여 있는 곳이다 보니, 환자들 역시 엄청 다양하다. 그런 환자들과 얼굴을 보며 대화할 때는 표정이나 몸짓을 통해 눈치껏 넘어갈 수 있지만, 전화로 대화하는 일은 처음에는 정말 막막했다. 전화 통화는 직접 마주 보고 대화하는 것보다 적어도 두세 배는 더 어렵다.

그런데 하필이면 내가 첫 통화를 해야 하는 환자가 강한 억양을 가진 흑인인 데다 치아도 거의 상실해 남은 치아라고는 위아래 합쳐 5개뿐이어서, 발음이 이루 말할 수 없이 부정확했다. 환자의 말을 못 알아듣는 나도 답답했지만, 그런 나와 통화하던 환자도 답답했는지 결국 버럭 화를 내며 "헤이 맨, 아 유 리스닝 투 미 맨!!!" 하고 소리를 질렀다. 결국 더 주눅이 든 나는, 죄송하지만 무슨 말씀을 하시는지 도무지 못 알아듣겠다고 사과한 후 문자로 대화하자고 하고는 전화를 끊었다. 다행히 병원에서 얼굴을 대면하니 너무나 순박하고 착한 분이어서, 그 후로는 운동이나 서로의 문화에 대해 이런저런 이야기를 나눌 정도로 잘 지내고 있다.

그런가 하면 사막에서 만난 오아시스 같은 환자도 있다. 병원의 배려로 내 담당 환자가 된 칠십 대 노부부로 이민을 온 지 30년이 넘은 한국인이다. 병원에 올 때면 두 분이 손을 꼭 잡고 오시곤 하는데, 그 모습이 참으로 아름답다. 노부부는 이 병원에서 치료를 받은 지 꽤 오래됐는데 아무래도 의사소통이 자유롭지 못하다 보니 불편함이 많다고 하셨다. 그런 차에 한국인 의사인 나에게 치료를 받게 되어 정말 잘됐다며 크게 기뻐하셨다. 종종 안부 전화도 해 주시고 반찬도 갖다 주시는 고마운 분들이다.

　　내게 고마움과 동시에 즐거움도 안겨 주시는 또 다른 환자는 중남미 출신 아주머니다. 병원에서는 패셔니스타로 통한다. 오십 대의 나이가 무색할 만큼 정열적인 분이다. 꽃분홍 티셔츠에 꽃분홍 반바지 차림으로 나타나기도 하시고 호피무늬로 모자, 셔츠, 바지, 구두, 가방까지 맞춰 입고 병원에 오신 적도 있다. 패션도 패션이지만 목소리도 하이톤에 우렁차서 마치 한 마리 시베리아 호랑이를 보는 기분이 든다. 이분이 병원에 오는 날이면 더불어 나도 모든 이의 시선을 받는다. 치료 도중에는 조금만 아파도 고래고래 비명을 지르고 치료가 끝나면 언제 그랬냐는 듯 활짝 웃으며 격렬한 포옹을 해 주는 광경에 주변 친구들은 재미있는 구경거리가 생겼다며 즐거워한다.

　　이 밖에도 많은 환자 분들이 나름의 사연과 고통을 가지고 병원을 찾아온다. 의료진은 언어, 문화, 인종을 뛰어넘어 질 좋은 진료를 제공하기 위해 최선을 다하고 있고, 그에 따라 많은 환자들이 진료 결과에 만족하고 기뻐하면 그 모습을 옆에서 지켜보는 나도 보람과 기쁨을 느낀다. 환자를 치료하는 생활은 하루하루가 전투이자 고난의 연속이지만, 결국 의사는 환자에게 위안을 얻는다.

## "소주야, 고마워"

학교생활이 빡빡한 만큼, 금요일 저녁이 되면 함께 모여 스트레스도 풀고 즐기는 자리가 종종 있다. 학생들도 다양한 배경을 가지고 있기 때문에 서로를 알아 가는 재미가 쏠쏠하다.

젊은 남녀들이 모여 즐기는 자리에 술이 빠질 수 없는데, 놀랍게도 소주가 굉장히 인기가 좋다. 각자 먹을 것을 가져와서 즐기기로 한 어느 파티에 우연치 않게 가지고 간 소주가 그렇게 큰 인기를 얻을 줄은 꿈에도 몰랐다. '코리안 보드카'라고 하며 한잔 권했더니, 맛을 본 친구들이 맥주보다도 부드럽다며 너도나도 마시기 시작했고, 지금은 모임마다 소주를 가져와 달라고 내게 부탁할 정도다. 한국에서는 쓴맛에 마신다는 소주를 여기서는 부드럽다고 마시니, 입맛도 참 다양한 것 같다. 중동 출신 친구는 주말에 소주 맛을 보러 맨해튼 한인 타운에 단골로 놀러갈 정도이다. 한 가지 재미있는 점은, 소주가 부드럽다고 만만히 보고 마시다가 인사불성이 되어 업혀 가는 경우를 꽤 자주 본다는 것이다.

그래도 이렇게 다양한 언어와 배경을 가진 사람들을 가깝게 해 주는 소주가 나는 고마울 뿐이다.


## 인생에 대한 예의

한국에서 함께 치과대학을 다니고 수련을 받던 친구들에 비하면 지금 내가 처한 상황은 어쩌면 정체되고 어쩌면 후퇴한 것처럼 보일 수도 있다. 어떤 사람들은 한국에서 힘들게 수련을 받고 전문의까지 따고서 왜 다시 학생 신분으로 돌아갔냐며 비아냥거리기도 했다.

하지만 인생에서 가장 큰 실패는 '도전하지 않는 것'이다. 가슴을 뛰게 하는 꿈이 있다면, 더 늦기 전에 도전해 보는 것이 인생에 대한 예의다. 어떤 사람에게는 지금 내 모습이 많은 것을 잃고 퇴보하는 것처럼 보일 수 있지만, 단언컨대 그것은 사실이 아니다. 지금 하고 있는 공부는, 내가 살아오면서 얻은 것들에다가 값진 경험을 추가하는 것이니 오히려 얻는 것이 훨씬 더 많다.

미국에서 치대를 졸업한 후 내 앞에 어떤 미래가 펼쳐질지는 그 누구도 모른다. 하지만 고여서 썩어 가는 물이 되지는 않을 것이라는 것만은 분명하다. 내 가슴속에 뜨거운 열정이 살아 숨 쉬는 한 앞으로도 나의 무한도전은 계속될 것이므로.

# 순간을 잡자

| 최혜영 |

2008년 연세대 치과대학을 졸업하고 동 대학원에서 교정학 석사 과정을 마쳤으며 연세대 치과대학병원에서 교정과 인턴, 레지던트 수련 과정을 마치고 교정과 전문의 자격을 취득했다. 현재 서울에 연세우리치과를 개원해 교정 전문의로 일하고 있다.

"치과대학에 들어가려면 반에서 몇 등이나 해야 해요?"

"치과대학에 가려면 공부를 얼마나 잘해야 해요?"

"선생님은 공부하는 게 좋았어요?"

치대생 시절 아르바이트로 수학, 영어 과외 수업을 하곤 했는데, 학생 또는 학부모님과의 첫 만남에서 거의 빠짐없이 이런 질문을 받았다. 이럴 때면 뭘 어떻게 대답해야 할지 조금 난감하였다.

학창 시절에 공부하는 것이 즐겁고 좋아서 한 사람은 별로 없을 것이다. 나 역시 공부를 좋아해서 한 것은 아니며 오직 공부만 해서 여기까지 온 것도 아니다. 하지만 누구나 아는 사실이듯, 치과대학이라는 게 누구에게나 쉽게 문을 열어 주는 곳은 아니다.

## 공부, 어떻게 하냐고? 비법이 있냐고?

학창 시절, 내 꿈은 치과의사가 아니었다. 문과에 진학하면 뭐가 됐든 고시 공부를 할 가능성이 높다는 생각에 이과 쪽으로 진로를 결정했을 뿐, 특별히 어떤 목표의식이 있었던 것이 아니다. 가족 중에 치과의사가 있어 막연히 치과의사에 대한 환상을 가지고 있기는 했다. 머리가 남달리 좋아서 공부가 쉬웠던 것도 아니다. 집안에서 "너는 정말 똑똑하구나." 하는 칭찬을 받은 기억도 많지 않다. 그래서 그런지 오히려 좋지 않은 머리를 만회하고자 공부를 꽤 열심히 했던 것 같다. 지금 돌이켜 생각해 보면, 그때 나는 알 수 없는 어떤 미래에 대한 두려움을 느꼈던 듯하다. '지금 공부하지 않으면 나중에 성인이 됐을 때 할 수 있는 일이 없을지도 모른다.'고 생각했기에 공부에 몰두한 것 같다.

내가 공부에 몰두한 한 가지 요인은 내 삶의 신조에도 있다. 내 삶의 신조는 '주어진 시간에 항상 충실하고 그 순간을 열심히 살아 나가자.'이다. 만일 누구에게든 주어진 시간은 같고 무언가를 하거나 하지 않아도 시간이 똑같이 흘러가는 상황이라면, 내 답은 항상 '하자!'이다. 그 일이 당장에 눈에 보이는 이익이 될지, 되지 않을지는 크게 중요하지 않다. 앞뒤를 재거나 하지 않고, 심지어 무언가에 목적을 둔 일이 아니더라도 나는 '하지 않는 것'보다는 '하는 쪽'을 택해 왔다. 남보다 조금 더 열심히 살았다는 내 삶에 대한 자부심일 수도 있고, 내 오랜 습관일 수도 있는 이 얘기를 "얼마나 공부해야 치과대학에 갈 수 있나요?"라고 묻는 친구들에게, 이 책을 빌려, 조심스럽게 그리고 진심을 담아, 해 주고 싶다.

치과대학에 가기 위해, 전국 몇 위 안에 들기 위해 노력하는 것보다

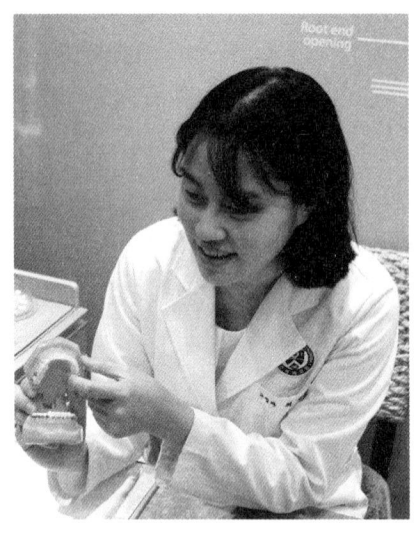

:: 환자에게 치아 모형을 보여 주며 진료 방법을 설명하고 있는 필자.

는 앞으로 내가 치과의사가 될 수도 있고 공학자나 수학자가 될 수도 있겠지만, 당장은 미래를 알 수도 없고 정할 수도 없으니 '그냥 열심히 하자!'라는 생각을 가지라고 말하고 싶다.

다시 말하지만, 나는 머리가 좋지 않은 편이다. 하지만 언젠가 나에게 올지도 모르는 그 어떤 기회를 놓치지 않으려고 남보다 조금 더 열심히 했다는 것만은 스스로 인정해 주고 싶은 대목이다.

어쨌든 공부 열심히 해서 대학에 들어갔지만, 대학만 들어가면 모든 고생이 끝이라고 생각했지만, 누구나 경험하듯 대학생이 되고 나면 또 다른 시련이 기다리고 있다. 내 경우, 철없이 놀고먹던 2년간의 치의예과 시절이 지나자 해부학, 조직학, 약리학 등 수많은 전공과목들이 나를 압박하기 시작했고, 1년 더 지나니 치과보철학, 교정학, 구강외과학 등 임상과목들이 엄청난 분량의 시험으로 나를 힘들게 했다.

그러나 나는 고등학생 때와 별반 다르지 않게 공부했다. 밤을 새워 공부하지도 않았고 특별히 머리 싸매고 공부하지도 않았다. 어차피 '수업 시간에 딴짓을 해도 1시간, 수업을 들어도 1시간이라면 지금은 그냥 경청해서 듣자.'라고 생각했고, 이것이 대학 생활 내내 비교적 괜찮은 성적(학점)을 유지할 수 있는 비법이 되었다.

돌아보면, 예나 지금이나 나는 목표를 설정하고 노력하기보다는 순간순간 내게 주어진 일을 열심히 해 나가는 삶을 살고 있는 것 같다. '서울대를 갈 거야. 나는 꼭 의사가 되어야겠어. 나는 교정과 의사가 돼야 해.'라고 생각하기보다는 언젠가 내게 올지도 모르는 막연한 기회를 놓치지 않기 위해 그저 꾸준히 노력하였다. 그런 작은 노력들이 대학에 진학하고 전공을 정할 때도 그리 힘들지 않게 내가 원하는 교정과 치과의사로서 살 수 있게 해 준 가장 큰 비결이 아닐까 생각한다.


### 치대생 선배들의 덕담, "졸업 잘해라"

"치과는 왜 6년 과정이야? 사람 목숨이 달린 일도 아닌데, 6년이나 무슨 공부를 하는 거야?'

치대생 시절 내가 주변인들에게서 두 번째로 많이 받은 질문이다. 심지어 치과대학에 입학하고 동기들이랑 이야기를 나누던 중, 고3 때까지 치과대학이 6년제인 줄 전혀 몰랐다고 한 동기생이 있을 정도로 나와 내 주변 사람들은 치과대학에 대해 무지했다.

치과대학은 6년제이다. 내가 치대생 때는 모두 6년제였고, 요즘은 치의학전문대학원 제도가 도입되어 대학별로 기존의 대학 6년제와 대학 졸업 후 대학원제(4년제)로 나누어 시행되고 있다.

나는 2년은 치의예과생으로서, 4년은 치의학 본과생으로서 수업을 받았다. 2년은 말 그대로 준비 기간으로 수학, 물리학, 생물학, 유전학 등 의학에 베이스가 되는 기초 학문을 배우는 시기이다. 그 2년간 공부도 했지만, 파릇파릇한 대학교 잔디밭에서 다른 단과대 학생들과 함께 연고전 등을 즐기며 즐거운 시간을 보냈다. 하지만 요즘은 경쟁이 점점 심해져서 학생들이 대학에 입학하자마자 도서관으로 향한다고 하니, 안타깝다.

치의예과 2년 후에 이어지는 본과 4년의 장벽은 꽤 높았다. 처음부터 카데바(시신)를 두고 해부학 실습을 하느라 벚꽃이 피고 지는 줄도 몰랐고 옷에 밴 포르말린 냄새 때문에 대중교통을 타면 괜스레 주눅이 들었다. 게다가 학년이 올라갈수록 무한히 늘어나는 전공과목의 분량 압박에 심히 버거웠다.

치과대학에 입학한다고 모두 치과의사가 되는 것이 아니었다. 시험을 잘 보지 못하면 재시(재시험), 삼시(두 번째 재시험)까지 쳐서 그해의 시험을 모두 통과해야 하고, 실습 케이스 수를 채우지 못하면 수련의 선생님이 허락할 때까지 어시스트(진료 보조)를 서야 한다. 환자 케이스를 잘~ 보고 어시스트를 잘~ 하고 오럴 테스트(구술시험)까지 통과하고 나면, 교수님들과 선생님들이 사인을 해 주셨는데 그 사인 하나하나가 얼마나 소중했는지 모른다. 이조차도 어려우면 1년씩 또는 그 이상으로 유급하는 경우도 있었다.

본과 4학년(대학 6학년) 때 선배들이 늘 해 주는 덕담이 "졸업 잘해라."이다. 치과대학을 졸업해 국가고시를 치를 자격을 얻기가 그만큼 힘들다.

## 코끼리를 냉장고에 넣는 방법? 인턴에게 시킨다

치과대학을 졸업하고 나면 또 다른 시련이 치대생을 기다린다. 바로 인턴 과정이다. 치과의사는 전문의 제도가 도입된 지 그리 오래되지 않아서 수련 과정을 거치지 않은 GP(general practitioner)인 일반 의사들도 많지만, 나는 수련 과정을 거치기로 하고 모교 병원에 남았다.

인턴 생활을 시작하고 처음 맞는 명절 때였다. 친척들과 한자리에 모였는데, 나의 늘어난 다크서클에 "왜 공부가 힘드니? 아직 졸업 못했어?"라는 질문이 쏟아졌고, "치과에도 당직이 있고 새벽에 집에 잘 가지 못해요."라는 말을 하자, 모두 놀라워하던 기억이 난다.

학교마다 차이가 있겠지만, 치과에서 인턴 생활을 하기에 가장 힘든 과를 꼽으라면 역시 교정과, 보철과, 구강악안면외과일 것이다. 개업의들은 잘 하지 않는 다양한 기공 과정과 온갖 뒤처리(?)를 대학병원에서는 작은 기공실에 삼삼오오 모여 있는 인턴들이 무시무시한 속도로 처리해 낸다. 물론 정규 근무시간은 오전 8시 반부터 5시 반까지이지만, 칼퇴근이 가능한 인턴은 거의 없다.

의과대학에서 나온 것으로 추정되는 농담 중에 이런 것이 있다.

코끼리를 냉장고에 집어넣는 방법은?
정답! 일, 인턴에게 시킨다. 이, 인턴에게 시킨다. 삼, 인턴에게 시킨다.

치과대학병원에서도 마찬가지다. 아침부터 내원 환자의 초진 검사를 시행하고, 치아 본을 뜨고, 교수님들 어시스트에 들어가고, 중간중간 기공실에 침투(?)하여 밀린 기공 작업을 하고, 본뜬 모형을 석고 모형으로 만들며 다듬는다. 치과대학병원 인턴의 업무는 한마디로 '진정한 3D(Dirty, Dangerous, Difficult)'인 것이다. 가장 힘들다는 교정과와 구강악안면외과 인턴 생활을 하다가 수련 과정을 포기하고 도망(?)간 선배와 동기가 있을 정도다.

구강악안면외과는 치과 분야 중에서 일반 메디컬 분야와 통하는 것이 많다. 가장 흔하게는 매복 사랑니를 발치하지만, 말 그대로 개인 의원에서 하기 힘든 진료를 하는 대학병원인 만큼 구강종양, 악안면기형, 외상 환자들을 수술하고 관리한다. 목숨이 왔다 갔다 하는 혈관과 신경이 다양하게 분포된 얼굴과 머리 쪽의 수술을 담당하는 만큼 고도의 집중력과 노력이 요구되는 과이다.

구강악안면외과 인턴, 레지던트는 매우 다양한 업무를 수행한다. 외래환자 진료와 입원환자 입퇴원 관리를 비롯해 수술 준비와 치과에서는 빠질 수 없는 다양한 기공 작업은 물론 교수님 진료 어시스트 및 수술 방 어시스트까지—의과대학 인턴에 비하면 '새 발의 피'일 수도 있겠지만—많은 부분에서 새롭고 힘든 경험을 한다. 당직도 서고, 좁은 당직실 이층 침대에서 응급 콜 전화를 부여잡고 쪽잠도 자는 등 메디컬 드라마에나 나올 법한 일상을 경험하게 된다.

게다가 예전과 달리 요즘은 내 전공과가 아니더라도 나머지 9개 치과 전문과를 로테이션 방식으로 경험하며, 대학병원 전 직원들의 치과 건강 검진은 물론 산업체 건강 검진까지 돈다. 야간 응급실 당직을 설 때면, 열악한 근무 환경 탓에 직접 접수 업무까지 해야 하고 술에 취해 넘어져서 이가 부러진 환자들과 다툼 아닌 다툼을 벌일 때도 있다. 그 외에 치과대학생의 시험 감독, 출석 체크 등도 인턴과 레지던트의 업무이다.

이렇게 말하면 인턴이 참 대단한 일을 하는 것 같으나, 어디까지나 인턴은 인턴이다. 언젠가 하루는 동기 인턴과 함께 새벽까지 기공 작업을 하고 쪽잠을 잔 후 무거운 눈으로 아이 환자의 본을 뜨고 있는데(당시 우리가 다소 지저분한 옷을 입고 있기는 했다.) 환자가 자신의 주치의에게 "선생님, 저 알바(아르바이트)생들이…"라고 얘기해서 충격을 금치 못했던 사건도 있었다.

가끔은 아주 따뜻하고 힘나는 일을 경험하기도 한다. 피곤에 절어 있던 인턴 시절, 한 할아버지 환자 분이 "내 손녀딸 같네."라고 하시며 수고한다고 밀크캐러멜 한 통을 주셨는데, 내게는 정말 감사한 기억으로 남아 있다.

## 레지던트를 거쳐 교정과 전문의가 되다

인턴 생활을 잘 마치고, 교정과에 들어가 층층시하에 권위적이기로 유명한 교정과 의국 생활을 하였다. 나중에는 의국장까지 맡게 되어, 출산 후에도(그 바쁜 가운데서 난 결혼도 하였다.) 별로 빠지지 않은 머리털이 한 줌 빠지는 경험을 하였다.

역시나 '세상에 쉬운 일은 없다!' 치과대학을 졸업하고 수련 생활을 마치면서 내가 얻은 인생의 교훈이다. 하지만 쉬운 일이 아닌 만큼 이루어 내면 그만큼 큰 보람과 성취감이 찾아온다. 수련의 생활 중에는 치과의사가 왜 그렇게 많은 일을 해야 하는지 이해하지 못했다. 무슨 일이든 열심히 하기는 했지만, 몸이 힘들어서인지 입에서는 늘 불평불

만이 쏟아져 나왔다. 그런데 시간이 지나고 보니, 그 시간들이 나를 제법 '괜찮은' 치과의사로 성장하게 해 주었던 것 같다. 모든 일은 의미가 있고, 주어진 시간에 아무것도 하지 않는 것보다는 작고 하찮아 보여도, 하기 싫어도 '하는 것이 나의 인생에 도움이 된다'는 나의 대원칙은 진리이지 싶다.

그렇게 레지던트 과정을 보내고 나서, 치과대학 졸업 즈음에 치른 국가고시 이후 또 한 번의 큰 시험을 보게 된다. 바로 전문의 시험이다.

치과는 전문과를 표방하는 데 있어 아직 제약이 많다. 무슨 얘기인가 하면 'OO안과', 'OO이비인후과' 하는 식으로 'OO교정치과', 'OO구강악안면외과' 하고 치과 간판을 내거는 것이 2014년부터 허용되었는데, 그마저도 아직은 많은 제약이 걸려 있고 법제도도 과도기적인 단계에 있다. 그런 가운데서도 치과에서는 전문의들을 배출하고 있는데, 불과 10년이 채 되지 않은 일이다.

나는 교정과 수련 과정을 마친 뒤 전문의 시험을 준비하였다. 수련 과정 중에 결혼을 했는데, 전문의 시험을 준비하는 동안 예기치 않게 임신도 하여 뱃속의 아기와 함께 공부하고 시험을 봤다. "공부를 많이 해서 똑똑한 아기가 태어날 걸세."라며 교수님들이 덕담도 많이 해 주셨다. 다행히 교정과 전문의 시험에 나와 동기들은 모두 합격했다.


## 치과 전문의의 현재와 미래

경영난으로 폐업하는 병원들이 수두룩하다는 뉴스 기사를 많이 접했다. 하지만 주변에 그런 경험을 한 선배를 보지 못해서, 실감하지 못했다. 그런 얘기는 그저 남 얘기라고만 생각했다.

사회에 나오니, 현실은 냉엄했다. 최고 대학, 최고 수련과에서 수련을 마쳤다는 자부심은 나만의 것이었고, 넘쳐 나는 의료 광고 속에서 나를 어필할 방법은 많지 않았다. 또 엄청난 경쟁 속에 자꾸만 낮아져 가는 치료비 할인 경쟁도 심각해 보였다.

처음 수련을 마치고, 나는 페이닥터(월급 의사) 생활을 시작했다. 수련 시기와는 다른 대우와 늘어난 월급에 마냥 흐뭇하기도 했지만, 난해한 케이스들을 접할 때마다 옆에서 조언해 주시던 교수님의 빈자리가 크게 느껴졌다. 또 새파랗게 젊은 여자 의사를 대하는 환자들의 시선도 고운 것만은 아니었고, 좋은 치료 결과를 보여 주기 전까지 많은 것을 궁금해하고 의심했다. '무조건 믿고 맡기겠다'는 환자의 태도는 대학병원의 울타리 안에서나 가능했던 것이었다.

말로만 듣던 의료 분쟁이 동료 의사와 환자 사이에 계속되는 것을 지켜보았으며, 나에게도 불만을 토로하는 환자들이 생겨났다. 역지사지(易地思之)라고, 상대방의 입장에서 생각하면 뭐든 다 이해할 수 있는 일이지만 처음부터 그게 잘 되지는 않았다. 나름 열심히 잘하고 있는데 환자들이 의심의 눈길을 보내면 억울하기도 하고 사회생활에 회의를 느끼기도 했다. 사회에 나오기 전, 나는 아마도 약간은 오만했으며 아집에 사로잡혀 있었는지도 모르겠다.

나는 현재 서울에 작은 개인병원을 개업해 교정과 전문의로 일하고 있다. 학교와 대학병원의 울타리를 벗어나 크고 작은 시련을 겪으며 하루하루 성장하고 있다. 한발 물러선 적도 있지만, 멀리 보면 조금씩 앞으로 나아가고 있다. 치대생일 때는 전혀 공감하지 못했던 경영학의 중요성에 대해서도 뼈저리게 느끼고 있으며, "의사는 최고의 의료 상품

:: 지금 내 환자에게 최선을 다하면, 미래에 내 앞을 지나가는 기회나 위기 앞에서 더 당당할 수 있을 거라고, 필자는 확신한다.

을 만들고 환자가 그것을 선택하여 구매하는 것"이라는 어떤 의사의 말도 이제는 이해할 수 있게 되었다.

영리병원의 등장과 의료 시장 개방, 의료 광고 허용 등을 보면서, 대학에서 내가 배웠던 의사의 길과는 너무나 다른 게 아닌가 하는 생각에 힘들어한 적도 있다. 하지만 자본주의 사회에 살고 있는 우리는 늘 경쟁해야 하는 숙명을 타고났다. 그것을 거부하고 눈감아 버리면 도태되어 버릴지도 모른다. 물론 나도 개업의로서 치열하게 경쟁하며 오늘을 살아가고 있다. 내 경쟁 상대는 우리 동네 치과 원장님일수도, 저 멀리 있는 누군가일 수도 있다. 처음엔 그런 현실을 부정하고 싶기도 했고, 독불장군처럼 나만 잘하면 누군가는 알아줄 거라는 막연한 기대도 했다.

하지만 수많은 고민 끝에 내린 작은 결론 하나는, '조금 더 멀리 보고 원칙에 어긋나는 행동은 하지 말자.'는 것이었다. 의료 광고나 병원 경영도 당연히 중요하겠지만, 환자 치료에 있어서는 누구에게나 늘 진심과 최선을 다하고자 한다. 지금 내 환자에게 최선을 다하면, 미래에 내 앞을 지나가는 기회나 위기 앞에서 더 당당할 수 있을 거라고 기대해 본다.

모든 일이 그렇듯 환자를 보는 일이 조금씩 익숙해져 가면서, 가끔은 작은 병원에 콕 틀어박혀서 매일 같은 하루를 반복하는 것이 답답할 때도 있다. 그렇게 생활에 지쳐 갈 때마다 초심을 잊지 않으려고 노력한다. 치과대학 4학년, 첫 환자를 보기 전날, 떨리는 마음으로 교과서를 찾아보고 새벽잠을 설쳐 가며 환자 진료에 실수하지 않으려 했던 그 마음을 잊지 않으려 노력한다. 그리고 내 자신의 위치에서 늘 조금이라도 성장하고 변화하는 삶을 살고자 내 마음을, 내 주변을 가만히 들여다본다.

# 치과의사, 아는 만큼 보인다

| 권민수 |

2000년 서울대 미생물학과를 졸업한 후 '매일경제신문'에서 3년간 기자로 일했다. 2009년 경희대 치의학전문대학원을 졸업하고 서울 잠실에 위드치과의원을 개원했다. 고대의료봉사단 회원으로 활동하고 있으며, 관심사가 다양해 『껌 같은 영단어』, 『도전! 나도 우주인』(공저) 등의 책을 쓰기도 했다.

### 1. 어떻게 하면 치과의사가 될 수 있나요?

치과의사가 되려면 국가에서 인정하는 국내 또는 국외 교육기관을 졸업한 후 국가고시에 합격해야 합니다. 국내 교육기관으로는 치과대학이나 치의학전문대학원(이하 치전원)이 있는데, 이들 11곳 중 1곳을 졸업해야 합니다.

이 외에도 국가에서 인정하는 외국의 치과대학을 졸업한 후 다시 국내에서 국가고시를 통해 치과의사가 되는 방법도 있습니다. 과거에는 필리핀 등에서 치과대학을 나온 후 국가고시에 합격해 치과의사가 되는 경우가 더러 있었습니다. 하지만 최근에는 외국 대학교의 수준과 커리큘럼 등을 살펴 일정 수준 이상의 대학 졸업자에게만 치과의사 국가고시 응모 자격을 부여합니다. 게다가 시험 전형도 국내 대학 졸업자의 국가고시와 달라 상당히 까다롭고 통과하기가 어렵습니다.

그러므로 치과의사가 되려면, 국내 치과대학이나 치전원에 입학하는 것이 쉬운 방법입니다. 그런데 상당수 학교들이 치전원을 폐지하고 치과대학으로 전환하고 있어 향후 2~3년간 수험생 입장에선 혼란이 불가피합니다. 전반적인 흐름은 고3 졸업생들의 문은 넓어지고 4년제 대학을 졸업한 타 전공자가 치과의사가 되는 길은 점점 좁아질 전망입니다. 그런데 치전원에서 치과대학으로 전환하는 과정에서 일부 학교는 한시적으로 편입생을 상당수 뽑을 예정이므로 대학별 모집 요강을 알아보는 것이 가장 정확합니다.

### 2. 현재 고3 학생입니다. 지원할 수 있는 대학이 어디인가요?

2013년까지 고등학교 졸업생이 들어갈 수 있는 치과대학은 강릉원주대, 단국대, 연세대, 원광대, 서울대, 전남대 등 6곳이었습니다. 이 가운데 서울대와 전남대를 제외하면 모두 예과 2년, 본과 4년의 6년제 과정입니다. 서울대와 전남대는 치전원제와 병행해서 고등학교 졸업생도 뽑고 있는데, 3년 학사+4년 석사 통합 과정을 운영합니다. 사실상 7년 제라고 생각하시면 됩니다. 부산대는 2015학년도부터 서울대와 전남대처럼 3년 학사+4년 석사 통합 과정을 실시할 계획입니다.

올해부터 고3 수험생들이 지원할 수 있는 치과대학은 더 늘어납니다. 2015학년도(2014년 입시)부터 경북대, 경희대, 전북대, 조선대 등 4개 학교가 치전원에서 치과대학으로 전환합니다. 전체 입학 정원도 300명 이상으로 대폭 늘어났습니다.

종합하자면, 고3 수험생들은 올해부터 전국 11곳 모든 치과대학에 지원 가능하다고 보면 됩니다.

### 3. 3, 4년제 대학을 졸업하고 치과의사가 되는 방법은 없나요? 치전원이 있다고 들었는데요.

4년제 정규대학을 졸업하고 치과의사가 되는 방법은 치전원에 입학하는 방법과 학사 편입이 있습니다.

치전원에 응시하려면 각 치전원에서 요구하는 특정 과목(주로 생물 관련)을 이수해야 하고(대학에서 해당 과목을 이수하지 않았다면 학점은행제를 이용할 수 있습니다.) 4년제 대학 졸업장이 있어야 합니다. 그리고 치의학교육입문검사인 DEET(Dental Education Eligibility Test) 시험 성적이 필요합니다. DEET에서는 대학 교양과목 수준으로 생물, 일반화학, 유기화학, 물리학 등 총 4과목의 시험 문제가 출제됩니다.

치전원 입시는 DEET 성적의 비중이 크고 대학 졸업 학점도 함께 봅니다. 치전원에 따라 공인 영어 성적을 요구하기도 합니다. 그런데 치전원을 통한 입학은 갈수록 문이 좁아질 전망입니다. 2016학년도까지는 경북대, 경희대, 부산대, 서울대, 전남대, 전북대, 조선대 등 7곳의 치전원이 입학이 가능하지만 2017학년도부터는 부산대, 서울대, 전남대 등 3곳으로 줄어들고 정원도 축소됩니다. 특히 경북대, 경희대, 전북대, 조선대 등 4곳은 치전원에서 치과대학으로 전환하는 과도기에 치전원생과 치과대학생을 동시에 뽑기 때문에 정원이 대폭 줄어듭니다.

일반적인 학사 편입은 4년제 대학을 졸업한 후 바로 본과 4학년에 편입되는 것인데, 대학마다 결원이 생겼을 때만 비정기적으로 소수의 인원을 뽑습니다. 아예 안 뽑는 해도 있기 때문에 잘 알아보고 준비하는 게 좋습니다.

**4. 샐러리맨으로 미래가 불투명한데 치전원에 도전해 보는 것은 어떨까요?**

정규 4년제 대학을 졸업한 직장인이라면 치전원을 통해 치과의사의 길에 도전할 수 있습니다. 단, 도전에 앞서 '내가 왜 치과의사가 되려는가'에 대해 냉정하고 솔직하게 고민해 봐야 합니다. 직장인이라면 합격 가능성과 5~6년간(수험생 기간 포함)의 학비, 생활비 등에 대한 경제적 대비책 등을 함께 고려해야 합니다. 막연하게 직장 생활과 수험 생활을 병행하는 것도 문제지만 대책 없이 직장을 그만두는 것도 자칫 경솔한 판단일 수 있습니다.

그러면 치전원에 합격할 가능성에 대해 먼저 알아보겠습니다. 일단 자신이 각 치전원에서 요구하는 생물, 화학 같은 특정 과목을 이수했는지를 확인해 보아야 합니다. 그리고 대학 4년간의 학점이 다른 지원자들에 비해 현저히 낮다면 다시 한 번 생각해 보아야 합니다.

TEPS나 토익, 토플 등의 공인 영어 성적이 있다면 공부의 수고가 다소 줄어듭니다.

가장 중요한 것은 DEET 공부인데, 자연과학 전공자라고 하더라도 쉬운 시험은 결코 아닙니다.

직장 생활을 병행하기보다는 최소 6개월을 수험 생활에 집중할 것을 권하고 싶습니다. 앞서 설명했듯, 치전원 정원은 점점 줄어드는 추세입니다. 혹시라도 도전을 고려한다면 2~3년 안에 승부를 보아야 합니다.

다음으로 중요한 것은 경제적 고려입니다. 일단 입학시험에만 합격하면 학자금 대출 같은 방법을 통해 어떻게 해서든지 졸업할 수는 있습니다. 하지만 학비가 사립치과대학은 한 학기에 1000만 원가량 되고, 국립치과대학도 수백만 원 이상입니다. 거기다 생활비까지 더해지면

경제적 부담이 만만치 않습니다.

다른 전문직도 마찬가지지만 치과의사도 개업만 하면 돈을 잘 벌던 시절은 지났습니다. 졸업 후에도 상당 기간 동안 빚을 갚아 나가야 하는 상황에 처할 수 있습니다. 물론 치과의사는 정년이 없는 전문직이라 고용 불안에 시달리는 샐러리맨보다 나은 점도 분명히 많이 있습니다.

이런 점들을 충분히 고려한 다음 더 나은 미래를 위해 인내의 시간을 보낼 마음의 준비가 되셨다면 도전하십시오. 그리고 일단 결심이 섰으면 뒤돌아보지 말고 마지막 청춘을 불사르십시오.

### 5. 치과의사는 돈을 많이 버나요?

치과의사는 메디컬 의사들과 달리 대부분 개업의가 됩니다. 개업은 일종의 자영업으로 무한 경쟁 시장입니다. 따라서 수입 역시 천차만별입니다.

환자가 없어 문을 닫는 병원이 있는가 하면 환자가 너무 많아 페이닥터를 고용해야 하는 치과도 있습니다. 치과마다 규모와 직원 수가 다르다 보니, 일률적으로 수입이 어느 정도라고 말하기가 힘듭니다. 양악수술을 하는 치과나 교정 전문 치과의 경우, 일반 치과보다 훨씬 매출이 많습니다.

먼저 페이닥터의 급여부터 살펴보겠습니다. 수련을 받지 않고 갓 대학을 졸업한 치과의사들이 수도권에서 취직하면 월 200~300만 원 정도의 급여를 받는다고 합니다. 지방으로 가면 급여가 조금 더 올라가는 경우도 있습니다. 수련을 받은 치과의사들은 전공과마다 차이가 나지만 대략 월 500~1000만 원 정도의 급여를 받습니다. 그런데 치과는 메디컬 쪽처럼 취직자리가 많은 편이 아닙니다. 따라서 대부분은 개업을 합니다.

개업을 할 경우에는 그 병원이 어떤 진료를 주로 하느냐에 따라 차이가 많이 납니다. 동일한 환자를 보더라도 크라운이나 임플란트 등 비보험 진료가 많으면 수입이 많고 보험 진료가 많으면 수입이 적습니다.

직원 수 3명에 하루 평균 10~15명가량의 환자를 보는 경우, 한 달 평균 매출은 2500~3500만 원 정도입니다. 여기서 위생사 월급, 기공료, 건물 임대료, 각종 재료비, 기타 비용 등을 제외해야 합니다. 또 초기 투자 비용과 감가상각비, 각종 세금 등도 고려하면 월 500~1500만 원 정도가 의사의 순수입이 될 것입니다. 단, 치과의사 역시 다른 자영업자처럼 퇴직금이 따로 없고 임대 기간이 종료되면 이전을 해야 하므로 이런 요소까지 고려한다면 실질 수입은 더 줄 수 있습니다.

개업을 선택하지 않고 대학병원 등에 남는 경우에는 개원의에 비해 대체로 수입은 더 적은 편입니다. 다만, 전공과목이나 개인의 능력에 따라 조금씩 다를 수 있습니다.

### 6. 직업으로서의 전망은 어떤가요?

샐러리맨은 샐러리맨으로서의 비애가 있고 자영업자는 자영업자 나름의 애로 사항이 있습니다. 의료직은 아주 오래된 직종으로, 특별히 장밋빛 전망이 있지는 않지만 경제적으로 어느 정도 안정된 직업이긴 합니다.

일반 회사의 정년이 점점 축소되는 것을 감안한다면 정년이 따로 없는 치과의사는 분명 매력적입니다. 그리고 아무리 치과의사들이 죽는 소리를 한다고 해도 일반 회사원에 비해 수입이 많은 것도 사실입니다. 따라서 나이 들어서까지 비교적 안정적으로 일을 하고 싶은 사람들에겐 괜찮은 직업이라고 말씀드리고 싶습니다.

그런데 치과의사는 분명 스트레스가 많은 직업이기도 합니다. 싫든 좋든 매일 피를 보아야 하고 환자의 통증과 싸워야 합니다. 노인 틀니가 이미 의료보험화됐고, 임플란트 역시 의료보험화되는 추세에서 치과의사들을 둘러싼 의료 환경은 결코 호의적이지 않습니다. 의료민영화는 물론 각종 불법 네트워크 치과들의 덤핑 공세까지 견뎌야 합니다.

치과의사의 전망은 70퍼센트가 넘는 치과의사들이 개업의가 된다는 것과 관련해 생각하면 좋을 듯합니다. 개업의는 의료인이기도 하지만 자신의 병원을 경영해야 하는 자영업자이도 합니다. 개인의 능력에 따라 많은 수입과 여유로운 시간이 생기기도 하지만 그 반대가 될 수도 있습니다. 물론 그럼에도 불구하고 다른 직업에서 느낄 수 없는 보람과 만족감도 분명 존재합니다.

### 7. 치과대학을 졸업한 후 진로는 어떻게 되나요?

메디컬 의사들은 의과대학을 졸업한 후 대부분 수련 과정을 거칩니다. 하지만 치과의사들은 3분의 1가량만 대학병원 등에서 수련을 받습니다. 나머지 대부분의 치과의사들은 다른 치과병원에서 월급을 받는 페이닥터 과정을 거쳐 개업의가 됩니다.

수련 과정을 거친 치과의사들은 전문의가 돼 대학병원에 남아 교수가 되기도 하고 규모가 큰 치과병원에 취직하기도 합니다. 물론 자신의 병원을 개업할 수도 있습니다.

치과의사 중 일부는 임상 분야가 아닌 기초학문의 연구에 매진하기도 합니다. 대학원에서 병리학, 생화학, 생리학 등 기초과학 분야의 연구를 계속해 교수가 되는 경우도 있습니다. 하지만 대부분의 치과의사는 환자를 보는 임상을 선호하기 때문에 이 분야의 지원자는 적습니다. 그만큼 일반 대학의 자연과학이나 공학 분야보다 교수로 남기가 용이하다고도 볼 수 있습니다.

메디컬 의사 중에는 보건복지부나 보건소장 등 공무원이 되는 경우도 있고 국제기구로 진출하는 경우도 꽤 있습니다. 그에 반해 치과 영역은 이런 쪽에 진출하는 경우가 드물고 메디컬 쪽과 비교해 스펙트럼이 약간은 좁은 편입니다.

### 8. 치과의사는 몇 살까지 일하나요?

치과의사는 정년이 없는 전문직이다 보니, 공식적인 나이 제한은 없습니다. 따라서 의사의 몸이 건강하고 그 의사에게 진료받기 원하는 환자만 있다면 죽기 직전까지도 일할 수 있습니다.

다만, 치과 진료는 의사가 몸을 움직여 직접 손으로 무언가를 해야하는 일이 대부분입니다. 또 협소한 공간인 구강 내에서 아주 작은 치아를 장시간 들여다보며 치료해야 하므로 시력과 집중력이 요구됩니다. 가만히 앉아서 상담만 하고 약만 처방해 주는 경우는 거의 없습니다. 그렇다 보니 치과에 오는 환자들은 한의원이나 가정의학과와 달리 너무 나이 든 의사를 선호하지 않습니다. 실제로 아주 나이 들어서까지 왕성하게 진료하는 치과의사는 드뭅니다. 물론 이런 선입견을 풍부한 경험과 편안한 진료로 극복하고 일흔이 넘어서까지 개업의로 활동하는 분들도 계십니다.

따라서 치과의사는 자신의 건강관리를 잘하고 환자에 대한 열정만 있다면 일반 회사원의 정년보다 훨씬 오랫동안 일할 수 있는 직업입니다.

## 9. 치과도 전문의 제도가 있나요?

현재 치과계도 전문의 제도가 시행되고 있습니다. 치과의 전문 과목은 교정과, 보철과, 구강외과, 보존과, 소아치과, 구강내과, 구강방사선과, 예방치과, 치과병리과 등 총 10개입니다. 실제로 대학병원에서는 이렇게 진료과가 나뉘어 있습니다. 해당 과목의 전문의가 되려면 대학병원 등에서 인턴 1년, 레지던트 3년의 수련 과정을 거쳐야 합니다.

치과 전문의 제도가 일반인에게 덜 알려진 이유는 아직 치과계 내 이견으로 제도가 원활히 시행되지 않고 있기 때문입니다. 전문의 제도가 정착되려면 전문의를 표방하는 병원이 있어야 하고 그 병원은 그 전문 과목만 진료를 해야 합니다.

그런데 동네에서 환자가 하나의 치아를 치료받으면서 신경 치료는 보존 전문 치과에서, 금니를 씌우는 것은 보철 전문 치과에서, 사랑니 발치는 구강외과 전문 치과에서…, 이렇게 따로따로 나누어 치료받기란 너무 번거롭고 불편합니다. 규모가 영세한 치과병원이 하나의 분야만 진료해 과연 병원을 운영할 수 있을지도 의문스럽습니다. 또 여기에는 과거에 대학병원에서 수련을 받았지만 전문의는 될 수 없는 치과의사들에 대한 처우 문제도 있습니다. 그래서 비교적 특수한 분야인 구강외과와 교정과만 전문의를 표방하자는 의견도 있는데, 아직도 논의 중입니다.

결론적으로 말하자면, 치과도 전문의 제도가 있고 전문의가 배출되고 있으나 아직 제도가 완전히 정착되지는 않았습니다.


## 10. 치과 쪽도 전문의를 반드시 따야 하나요?

치과의사들은 메디컬 의사들과 달리 3분의 2 정도가 수련을 받지 않은 일반 치과의사입니다. 아직은 전문의가 아닌 치과의사들이 대다수라는 이야기입니다. 또 특성상 치과 영역 자체가 메디컬의 한 전문 과목에 가깝다고 할 수 있습니다. 실제로 좋은 치과 개업의가 되려면 특정 영역의 치료뿐 아니라 신경 치료, 보철, 소아 환자 매니지, 발치 등 다방면을 다 잘해야 합니다. 따라서 치과 쪽은 메디컬 쪽과 달리 '전 문의가 되는 것이 대세'라고 말할 정도는 아닙니다.

하지만 언젠가는 전문의 제도가 정착될 것이고 사회와 환자들이 특정 분야의 스페셜리스트를 점점 요구하고 있습니다. 전문의가 된다는 것이 곧 치과의사로서 성공을 보장하는 것은 아니지만 하나의 좋은 무기가 될 수는 있습니다. 그러므로 여건이 허락한다면 전문의 과정을 밟는 것을 추천합니다.

### 11. 치과의사로서 언제 가장 힘든가요?

자신이 처한 위치에 따라 조금씩 다를 수 있지만 치과의사에게 가장 힘든 일은 역시 환자와의 관계에서 생기지 않나 싶습니다.

대부분의 치과 치료는 환자의 통증을 수반합니다. 그리고 환자에게 예기치 못한 경제적 부담을 안겨 줍니다. 치과 문을 열고 들어오는 환자들의 심리 상태가 결코 평소와 같지 않음은 당연한 거지요. 이런 상황에서 환자가 의사에 대해 조금이라도 불신하는 상황이 생긴다면 문제가 일어날 수 있습니다.

요즘은 인터넷 등 접하는 미디어가 다양해서 환자들의 의학 상식도 상당합니다. 문제는 환자들이 가진 지식은 그야말로 상식 차원인데 그것을 일반화해서 자신의 특수한 경우에 적용한다는 것입니다. 이럴 때는 아무런 사전 지식이 없는 환자들보다 더 대화하기 힘든 경우가 많습니다. 치과의사의 한 사람으로서 환자가 의사의 말을 있는 그대로 믿지 못하고 의사도 환자에 대해 방어적으로 대응하는 상황이 서글플 때가 참 많습니다.

그 밖에도 개인에 따라 병원 운영, 직원 문제, 직장 동료 등의 문제로 힘들어하기도 합니다.

### 12. 치과의사로서 보람을 느낄 때는 언제인가요?

치과는 사람의 생명을 다루기는 하지만 생사를 다투는 경우는 드뭅니다. 자연히 내가 누구를 살려 냈다고 하는 큰 보람을 느끼기는 힘듭니다. 그래도 남을 돕는 직업이다 보니, 사소한 보람들은 많습니다. 병원 입구에서부터 울고 오던 소아 환자가 웃으며 병원을 나갈 때, 앞니가 빠져 오랫동안 잘 안 웃으시던 할머니가 보철을 한 후 수줍게 이를 드러내며 웃으실 때, 우울한 표정의 여자 환자가 아플까 봐 엄청 걱정했는데 생각보다 안 아프다며 편안해하실 때 보람을 느낍니다. 가끔은 환자들의 작은 인사말 하나에 하루의 피로가 눈 녹듯 풀리기도 합니다.

### 13. 치과의사 국가고시는 어렵지 않나요? 합격률은 어느 정도인가요?

치과의사 국가고시는 대학 4년 동안 배운 내용을 한꺼번에 묻는 시험인 데다가 범위가 방대하기 때문에 준비하는 과정이 힘듭니다. 하지만 동기들이 하는 만큼만 열심히 하면 떨어지기도 힘든 시험입니다.

대부분의 치대생은 스터디 그룹을 짜서 함께 공부를 합니다. 100퍼센트 합격률을 자랑하는 학교도 있지만 대략 90퍼센트 이상이라고 보면 됩니다. 물론 떨어지는 10퍼센트 안에 내가 들면 어쩌나 하는 불안감도 없지는 않지만 보통의 치대생 수준에서 정상적으로 열심히 공부하면 대부분 붙는다고 보시면 됩니다.

### 14. 여자의 직업으로 치과의사는 어떤가요? 차별이 있지는 않나요?

치과 영역은 여자에게 큰 차별이 없습니다. 육체적으로 편하다고 말할 수는 없겠지만, 수련 과정까지 고려한다면 메디컬 쪽과 비교해 근무 여건이 더 낫습니다. 진료의 측면에서도 섬세하고 미적인 분야가 많아 오히려 여성의 장점이 부각되기 쉽고, 또 그러한 특성이 더 필요한 곳이라고도 할 수 있습니다.

### 15. 치과의사가 되기 위해 특별히 필요한 자질이나 성격이 있나요?

치과대학이나 치전원에 입학해 남들이 하는 만큼 공부하면 별일이 없는 한 치과의사가 됩니다. 즉 특출한 재능이나 자질을 요하지 않습니다. 오히려 주어진 과제를 묵묵히 수행하고 학업을 계속해 나갈 수 있는 인내력과 체력이 더 필요합니다. 또한 치과 진료는 메디컬의 외과적인 요소와 미술의 조소과적인 요소가 섞여 있기에 작고 아기자기한 것을 만지기 좋아하고 성격이 섬세한 편이면 도움이 됩니다. 미적인 감각까지 있다면 좋겠지요.

### 16. 피가 무서워 의대보다는 치과를 가고 싶은데 치과의사도 피를 보나요?

교정과 전문의를 제외한 대부분의 치과의사는 사실상 매일 피를 봅니다. 치아를 뽑을 때도 피가 나고 잇몸 치료를 할 때도 피가 납니다. 임플란트 수술은 잇몸을 째고 뼈에 나사 같은 것을 심는 과정이므로 정형외과 수술과 흡사합니다.

따라서 피 보는 일은 절대 할 수 없다고 생각된다면 차라리 메디컬 쪽의 방사선과나 가정의학과, 정신과 등을 선택하는 것이 좋습니다.

### 17. 치과를 개업하려면 돈이 많이 필요하나요?

개업 스타일에 따라 천차만별입니다. 개업은 크게 두 가지 스타일이 있는데, 하나는 남이 하던 병원을 인수하는 것이고 다른 하나는 신규 개업을 하는 것입니다.

다른 치과의사가 운영하던 곳을 인수하는 경우, 신규 개업보다는 비용이 적게 드는 편입니다. 단, 그 치과의사가 어떤 이유로 병원을 그만두려는지에 대한 철저한 사전 조사가 필요합니다. 자칫 비용을 줄이고자 시중에 싸게 나온 치과를 덜컥 인수했다가 낭패를 보는 사람도 종종 있습니다.

신규 개업은 병원 규모와 인테리어 수준에 따라 비용이 달라집니다. 치과는 엑스레이 장치인 파노라마, 임플란트 시술 기구, 진료 의자 등 장비 구입에 많은 돈이 들어갑니다. 요즘은 개인병원에서 CT까지 구비하는 경우도 있습니다. 이러한 장비는 초기에 전액을 다 내지 않고 매월 비용을 지불하는 리스 형식으로 구입하기도 합니다.

신규 개업 시 실평수 30평 이상인 경우, 최소 3억 원 이상 비용이 든다고 보면 됩니다. 물론 모든 치과의사들이 이 돈을 다 모아 놓고 개업하는 것은 아닙니다. 은행 등 금융 기관에서 대출을 통해 개원 비용을 조달합니다.

개원 비용 절감과 규모의 경제를 위해 공동 개원의 형태를 취하기도 합니다.

**18. 아무래도 개업의가 적성에 안 맞을 것 같은데 월급을 받는 페이닥터 자리는 많이 있나요?**

치과는 메디컬처럼 중소형 병원이 많지 않습니다. 대부분은 원장이 1명인 개인 의원급입니다. 비교적 잘되는 곳도 1, 2명 정도의 페이닥터를 두는 것이 고작입니다. 따라서 페이닥터 자리를 구하기란 생각만큼 수월하지 않습니다. 주로 동아리 선배 등 인맥을 이용해 취직하는 경우가 많습니다.

그리고 페이닥터를 한다고 해도 5년 이상 하기보다는 1~2년 정도 하다가 개업을 하게 됩니다. 급여가 적은 이유도 있고 메디컬처럼 오랫동안 페이닥터를 할 수 있는 여건도 안 됩니다.

개업의가 되기 싫다면 대학병원에 남아 교수가 되는 것도 방법입니다.

대형 치과병원에 취직하고 싶다면 교정이나 구강외과 등 전문의를 취득하는 것이 유리합니다. 하지만 이 경우도 한곳에 오래 있기보다 어느 정도 경험을 쌓은 후 결국 개업을 하는 경우가 대다수입니다.


**19. 치과는 왜 이렇게 진료비가 비싼가요?**

우리가 감기 등으로 병원에 가서 진료를 받을 때 대부분은 의료보험이 적용됩니다. 환자가 부담하는 치료비 외에 의료보험공단에서 상당 금액을 병원에 지원해 주는 것이지요.

하지만 치과에서는 크라운, 인레이, 레진 등 의료보험이 적용되지 않는 치료가 많습니다. 게다가 치과 진료는 재료 값이 들고 보철물을 제작할 경우에는 기공소에도 비용을 지불해야 합니다.

간혹 TV에서 비싼 임플란트 비용을 얘기하며 원가가 얼마 안 되는데 치료비가 너무 비싸다고 비난하는 경우가 종종 있습니다. 환자 입장에서 치료비가 부담되는 것은 사실입니다. 하지만 의료비를 원가 논쟁으로 몰고 가는 것은 의사 입장에서 억울한 측면이 있습니다. 임플란트 시술만 해도 마트에서 나사 조각을 단순히 더 싸게 구입하는 일은 아니지 않습니까. 그 비용에는 시술을 하는 의사의 교육과정에 대한 투자, 기회비용, 기술료 등이 반영돼 있는 것입니다. 원가 논쟁을 하자면 기자와 변호사의 원가는 도대체 얼마일까요? 쌍꺼풀 수술과 맹장 수술의 원가는 상처를 꿰매는 실 값뿐일까요? 가격 담합이 의심된다면 시장 경쟁을 유도해야 하고 국민의 건강을 위한다면 보험 적용을 확대하는 것이 맞다고 생각합니다.

## 20. 치과 치료는 왜 이렇게 아픈가요?

사람의 몸에서 가장 많은 신경이 분포돼 있는 곳이 손가락 끝과 구강입니다. 그만큼 우리의 치아와 혀, 잇몸 등은 예민한 곳입니다.

따라서 대부분의 치과 치료는 사전에 마취를 하고 진행됩니다. 엉덩이 주사도 무서운데 입안에 주사 바늘이 들어온다고 생각하면 일단 공포스럽기 그지없습니다. 이런 이유로 치과 하면 거의 대부분의 환자들이 '아프다', '가기 싫다' 등의 이미지를 먼저 떠올립니다. 물론 주사 마취를 하기 전에 잇몸 표면에 도포 마취제를 바른다든지, 수면 마취를 한다든지 하는 식으로 통증을 줄이는 방법도 있습니다.

# 전국 치과대학/치의학전문대학원 일람표

| 대학/대학원 | 학제 | 주소 | 전화번호 |
|---|---|---|---|
| 강릉원주대학교 치과대학 | 기존<br>(예과2+본과4) | 강원도 강릉시 죽헌길 7<br>http://dentistry.gwnu.ac.kr | 033)640-2447 |
| 경북대학교 치의학전문대학원 | 전문대학원제 | 대구광역시 중구 달구벌대로 2177<br>http://dent.knu.ac.kr | 053)420-6801 |
| 경희대학교 치의학전문대학원 | 전문대학원제 | 서울특별시 동대문구 경희대로 26<br>http://www.dental.ac.kr | 02)961-0341 |
| 단국대학교 치과대학 | 기존<br>(예과2+본과4) | 충청남도 천안시 동남구 단대로 119<br>http://dentistry.dankook.ac.kr | 041)550-1902 |
| 부산대학교 치의학전문대학원 | 전문대학원제 | 경상남도 양산시 물금읍 부산대학로 49<br>http://dent.pusan.ac.kr | 051)510-8203 |
| 서울대학교 치의학대학원 | 전문대학원제 | 서울특별시 종로구 대학로 101<br>http://dentistry.snu.ac.kr | 02)762-5108 |
| 연세대학교 치과대학 | 부분 전환 | 서울특별시 서대문구 연세로 50-1<br>http://dentistry.yonsei.ac.kr | 02)361-8010 |
| 원광대학교 치과대학 | 기존<br>(예과2+본과4) | 전라북도 익산시 익산대로 460<br>http://dentistry.wku.ac.kr | 063)850-6850 |
| 전남대학교 치의학전문대학원 | 전문대학원제 | 광주광역시 북구 용봉로 77<br>http://dent.jnu.ac.kr | 062)220-4400 |
| 전북대학교 치의학전문대학원 | 전문대학원제 | 전라북도 전주시 덕진구 백제대로 567<br>http://dent.jbnu.ac.kr | 063)270-4005 |
| 조선대학교 치의학전문대학원 | 전문대학원제 | 광주광역시 동구 필문대로 309<br>http://www.chosun.ac.kr/dentistry | 062)230-6862 |

* 2015년 2월 말, 대한치과의사협회 자료 기준. 현재 치과대학은 그 학제가 바뀌어 가는 과도기에 있습니다.